IDENTITEEDIVARGUS

IDENTITEEDIVARGUS

ESIMESE SAJANDI MESSIA TAGASITULEK

5 PÕHJUST, MIKS MEIL ON JUUDI MESSIA ASEMEL ROOMA KRISTUS

RAAMATU "JUURTE TERVENDAV VÄGI" AUTORILT
DOMINIQUAE BIERMAN, FILOS-DR

© Autoriõigus 2020 - Dominiquae Bierman
Raamatu IDENTITEEDIVARGUS autor on Dominiquae Bierman

Kõik õigused on kaitstud. Seda raamatut ei tohi ärilise kasu või kasumi eesmärgil kopeerida ega trükkida. Lühitsitaatide kasutamine, juhuslik kopeerimine isiklikuks vajaduseks või rühmaõppeks on lubatud ja heakskiidetud. Loa saab taotluse esitamisel.

Kui ei ole märgitud teisiti, siis eestikeelsed piiblitsitaadid on võetud Eesti Piibliseltsi 1968. a. võrgupiiblist Piibel.net (© AD 2005-2018), mida on lubatud kasutada. Kõik õigused on kaitstud.

Erinevatel juhtudel on sõnad nagu Jeesus, Kristus, Issand ja Jumal autori poolt muudetud nende algupärasteks heebrea nimekujudeks vastavalt - Jeshua, Messias, JHVH, Ruahh HaKodesh (Püha Vaim), Jahve ja ELOHIM.

Tsitaatidesisene paksem trükk või allakriipsutus on autoripoolne.

E-raamat ISBN: 978-1-953502-20-9
Pehme köide ISBN: 978-1-953502-19-3

Avaldatud kirjastuse Zion's Gospel Press poolt
shalom@zionsgospel.com
52 Tuscan Way, Ste 202-412,
St. Augustine, Florida 32092, USA

Esmatrükk juuni 2020
Trükitud ja avaldatud Ameerika Ühendriikides
Tõlge eesti keelde Eha Lõhmus 2020

"Kas neitsi unustab oma ehte, pruut oma paelad?
Aga minu rahvas on unustanud mind lugematuil päevil!"

— *Jeremija 2:32*

"Tõesti, sina oled ennast varjav Jumal,
Iisraeli Jumal, päästja!"

— *Jesaja 45:15*

PÜHENDUS

Yad Vashem'is, Jeruusalemma shoa (holokaust) memoriaalis, on spetsiaalne puudega ääristatud jalgrada. Iga puu all on silt nime ja riigiga. Seda rada nimetatakse Õiglaste alleeks. Iga puu esindab vaprat eurooplast, kes oma eluga riskides päästis juute natsirežiimi eest. Nende hulgas on nii katoliiklasi kui protestante.

Oma õiglaste tegudega suutsid nad võitu saada koletislikest antisemiitlikest teoloogiatest, mis olid viljakaks pinnaseks kõigile Kristuse nimel teostatud juutide tagakiusudele, alandustele ja mõrvadele natside shoa (natsirežiimi läbiviidud holokaust) ajal.

Ma pühendan selle raamatu kõigile tuntud ja tundmatutele kristlastele, kes osutusid suuremaks, kui nende teoloogiline kasvatus.

Ma annan au neile kõigile.—Peapiiskop dr Dominiquae Bierman, *Kad-Esh MAP Teenistuse* ja *Ühinenud Rahvad Iisraeli Eest* president.

EESSÕNA

Olen olnud täisajaga vaimulikus teenistuses 54 aastat. Olen kogu maailmas ringi rännanud, lugenud suurel hulgal raamatuid ja õppinud paljudel kursustel. Olen lugenud julgustavaid ajaloolisi fakte sisaldavaid raamatuid ja palju-palju raamatuid meie armsast Iisraelist, meie rahva olukorrast ja plaanidest, mis JHVH-l oma rahva jaoks on. Seda, peapiiskop Biermani uskumatut raamatut lugedes, avastab lugeja šokeerivaid tõdesid, mida ajaloolased ja teoloogid on põlvkondade kaupa varjanud. Raamatu autor on avastanud ja kuulutab julgelt neid tõdesid, mida paljud jutlustajad, vaimulikud ja tulevased õpetlased on kartnud ja olnud tõrksad neid avalikult arutama, soovimata laineid lüüa. See raamat on nagu tsunami, mis paiskab esile ilmutusi meie minevikust, olevikust ja JHVH rahva tulevikust.

Näib, et Jumala valitud rahva mineviku ja praeguse seisundi reetmine jääb tähelepanuta ka seal, mida nimetatakse tänapäeva kirikuks.
Seda raamatut ei saa läbi lugeda ja siis kõrvale panna. See köidab puhta südamega inimesi ja neid, kes tõesti siiralt soovivad taevase Isa meele järele olla.

Peapiiskop, ma aplodeerin teile teie vapruse, vankumatu usu ja julguse eest kui naisprohvetile, kes on ajalooliselt võtnud nii kindla seisukoha sellise elava ilmutusliku kirjutisega, mis võib ja peaks saama õppejuhendiks kõigile, kes otsivad puhast tõde.

Aastate jooksul olen teeninud koos paljude ja teeninud paljusid JHVH teenistuses olevaid vaimulikke – mehi ja naisi. Mitmed on olnud need, keda peetakse eesliini vaimulikeks, kuid võin ilma kahtluseta öelda, et seni pole keegi püüdnud kompromissideta meie tõelist identiteeti taastada.

Peapiiskop, naisprohvet, ma olen nii väga tänulik teie pühendumise ja kirglikkuse eest. Mul on eesõigus kutsuda teid "sõbraks" ja kaastööliseks usus.

Saagu shalom teie üle mitmekordistatud koos lakkamatute õnnistuste ja soosinguga;

— **Peapiiskop dr Lawrence Langston, Th.D. Ph.D.**

SISUKORD

Sissejuhatus: Roosi prohveteering 1
JUMALIK KUTSE ESTRI-SUGUSELE KOGUDUSELE 2
Antisemitism on taas tõusuteel! 2

Värav 1: Identiteedivarguse mürgine vili **13**
NIKAIA KIRIKUKOGU 14
AntiMESITOJUS 18
KRISTLIK ANTISEMITISMISM ERINEVATE ALLIKATE KOHASELT 19
Viljakas pinnas Hitlerile ja natside holokaustile 21
Mõned kristliku antisemitismi viljad 22
SAAME TUTTAVAKS 27

Värav 2: Tapmine Kristuse nimel **31**
FAKTE IDENTITEEDIVARGUSE KOHTA 33
Aleksandria Origenes (185 – 254 pKr)...................35
Johannes Chrysostomus (344 – 407 pKr) 36
Aurelius Augustinus (354 – 430 pKr) 36
Venerable Bede 36
Martin Luther "Juutidest ja nende valedest", 1543 a. (väljavõtted) 37
POLE IDENTITEEDIVARGUST, POLE HOLOKAUSTI 40

Värav 3: Võitlus 5-pealise koletise vastu **43**
ANTI-MESITOJUS.. 44
Võites vaenlast meie tunnistuse sõnaga 45

Värav 4: Võidmise kaotamine............................**55**
PEA NUMBER 1: MESSIA VASTANE 55
Tõelise identiteedi tähtsus 55
21. sajand, nagu 1. sajand! 59
Kas otsid populaarsust Jumala või inimeste silmis? 63
Palve tagasipöördumiseks Jeshua hingamisse...................64

Värav 5: Võidmise tagasitulek **65**
KAS ME OLEME TÕELISED MESSIAANLIKUD USKLIKUD VÕI
KRISTLASED?.. 67
TÕUSTES KÕRGEMALE 70
Palve teadmatuse vastu 72

Värav 6: Kuidas ma armastan sinu Vaimu **75**
NEED 3 "ÄRGE" 75
1: Ärge kustutage Vaimu (1Ts 5:19)................................75
2: Ärge kurvastage Vaimu (Ef 4:30)................................76
3: Ärge teotage Vaimu (Mt 12:31).................................86
Teshuva palve: meeleparandus, tagasipöördumine ja taastamine 89

Värav 7: Meie ema Iisrael **91**
PEA NUMBER 2: IISRAELI VASTANE 91
AABRAHAMI VÕTI.. 98
Meeleparanduse palve vabanemiseks Iisraelivaenulikkusest............ 104

Värav 8: Naastes Jumala sõna juurde **105**
PEA NUMBER 3: TOORA VASTANE.................................. 105
Vale, mis ütleb "käsuseadus on tühistatud." 108
Toora, õpetus ja juhised... 113
Nikaia kirikukogu.. 117
Shabbat ja COVID-19 123
Paasapüha, lihavõtted ja COVID-19................................ 127
On aeg pühkida välja vana haputaigen 128
Jumala seadused on igavesed....................................... 135
"Eemaldage minu inimestelt sea identiteet" 139
Kus puudub pühadus, puudub vägi ja au!........................... 145
Päästev palve meeleparanduseks 152

Värav 9: Ülbus ja Antisemitism................................. **155**
4. PEA: ANTIJUDAISM (JUUDIVASTASUS)........................... 155
Selle igivana viha juured peituvad armukadeduses 157
"Kristuse tapjad"... 159

Poeglaste mõrvamine Egiptuses 165
Amalek kõrbes.. 168
Bileam ja Baalak 170
Haaman Pärsias.. 175
Liitumispalve 180

Värav 10: Identiteedi Segadus Ja Antisemitism **181**
RELIGIOOSSE ANTISEMITISMI SÜND 182
"Meil ei peaks olema midagi ühist juutidega" 182
IDENTITEEDI SEGADUS JA SELLE DOOMINOEFEKT 183
JUUDA LÕVI 186
Miks on tema juudi nime taastamisega kiire? 187
Vale, et "juudid tapsid Kristuse" 190
KRISTLIK ANTISEMITISM 21. SAJANDIL 193
Seos Hitleri ja Lutheri vahel..................................... 197
Meeleparanduse palve antisemitismi vastu........................ 204

Värav 11: Iisraeli taastamine **205**
PEA NUMBER 5: SIONISMI VASTANE......................... 205
Kristlik, poliitiline antisemitism 208
Palestiinast ülesehitatud Iisraeli.................................212
Kishinevi pogromm küttis üles sionismi 212
20. SAJANDI SUURIM IME................................... 219
Heebrea keele taassünd 221
Palestiina rände ajalugu...233
Gladioolide ime...238
Gaza neetud liivad 239
Murtud lubadus ja Jordaania loomine...........................242
Iisrael on esimene, kes aitab isegi oma vaenlasi 248
Meeleparanduse palve vabanemiseks Iisraelivaenulikkusest 253

Värav 12: Kohtumõistmine rahvaste üle...............................**255**
ORKAAN IRMA 2017. AASTA SEPTEMBRIS..................... 261
COVID-19 JA IISRAELI JAOTAMINE 266

Elumuutev palve 272

Lõppsõna **273**

Lisa I: Elades hüvituse elu **277**

HÜVITUS ON ÕIGE ASJA TEGEMINE IGA KRISTLASE JA USKLIKU JAOKS MAAILMAS. 278

Iisraeli au taastamine 278

Au taastamine on Toora käsk! 279

See kõik puudutab Iisraeli au taastamist! 283

Lisa II: Rohkem teavet **285**

VÕTKE VEEBIKURSUS GRI ANTISEMITISMI VASTU 285

VARUSTAGE ENDID JA SAAGE MEIE PARTNERIKS. 287

Lisa III: Amalekivastane palve **289**

Lisa IV: Bibliograafia **295**

SISSEJUHATUS

ROOSI PROHVETEERING

1993. aastal sain ma prohvetliku sõnumi. "Miks on nii tähtis õpetada usklike kogudusele juudi juurtest?" küsisin ma Pühalt Vaimult, olles El Al'i lennuki pardal teel Zürichist Tel Avivi. Soovisin mõista põhjust, miks pean reisima nii paljude rahvaste juurde - "Jumal, mida sa räägid?"

Mul on siiani elavalt meeles tunnistused imelistest tervenemistest ja vabanemistest, mida kuulsime peale esimest *Tagasi juurte juurde* seminaril Herisaus, Šveitsis. Hanspeter ja Anita Vogt olid meid ja kõiki juute avasüli vastu võtnud. "Kirik peab meelt parandama," ütlesid nad.

Ühe noore naise tunnistus puudutas eriliselt.

"Mul olid hingelised probleemid", ütles ta. "Ma ei suutnud leida oma identiteeti. Nad ajasid minust palju vaime välja, aga ma ei saanud ikkagi vabaks. Kui selgitasite mulle meie usu juurtest ja murdumatust ühendusest juutide ja paganate vahel, täitis mind rahu ja tundsin, kuidas sain lepitatud oma juurtega. Olen nüüd vaba!"

Ma mõtisklesin sügavalt kõigi nende asjade üle sellel El Al'i lennul Zürichist Tel Avivi. Kui lennuk oli juba maandumas, vastas Püha Vaim mu algsele küsimusele, "Miks on nii tähtis kuulutada usklike kogudusele juudi juurtest?"

"Ta ütles: "See on elu ja surma küsimus. Kogudus on nagu oma aiast ära lõigatud imekaunis roos, mis on pandud kaheks päevaks veega täidetud vaasi. Kui kolmandal päeval teda ei istutata tagasi aeda oma juurtele, siis ta sureb."

Ma hakkasin nutma. See läbistas mu südame täielikult. Kui see on elu ja suma küsimus, siis ma olen valmis maksma seda hinda Jumala ja tema laste nimel. Pühakiri ütleb, et üks päev Jumala juures on nagu tuhat aastat. On möödunud juba kaks tuhat aastat sellest, kui Jeshua ilmutas ennast Iisraelile ja sellele kogudusele, mis uuendati Jeruusalemmas. See koosnes siis juutidest. Nüüd oleme sisenemas uude ajastusse. Meie taasühinemine juurtega on elu ja surma küsimus!

"Sest mina ei taha, vennad, et teile jääks teadmatuks see saladus - et teie ei oleks eneste meelest targad - et Iisraelile osalt on tulnud paadumus, kuni paganate täisarv on läinud sisse."

— Roomlastele 11:25

Jumalik kutse Estri-sugusele kogudusele

"2016. aastal võrdles Canterbury peapiiskop Justin Welby antisemitismi 'viirusega', lisades, et on häbiväärne tõdeda, et kirik, kes oleks pidanud pakkuma vastumürki, hoopis süvendas selle viiruse levikut oma õpetustega." (Telegraph.co.uk)

See raamat on äratuskell igale kristlasele, kirikule, uskkonnale, et tõusta selles põlvkonnas kuninganna Estrina. Antisemitismi lüüasaamine kõigis kristlaste ridades on ülitähtis, sest me valmistume juudi Messia naasmiseks Jeruusalemma.

"Ja ta ütles: "Jah, käsi JHVH lipu poole! JHVH'l on sõda Amaleki vastu põlvest põlve!"

— 2. Moosese 17:16

Antisemitism on taas tõusuteel!

Esmaspäeval avaldatud WZO (Maailma Sionistlik Organisatsioon) aastaaruandes ülemaailmse antisemitismi kohta leitakse, et koroonaviiruse pandeemia on aktiviseerinud antisemitismi ja taaselustanud selle tõekspidamised.

Lauren Marcus, World Israel News, 20. aprill 2020:

> Holokausti mälestuspäeva eelõhtul andis Maailma Sionistide Organisatsioon (WZO) välja oma aastaaruande ülemaailmse antisemitismi olukorra kohta. Selle aasta aruandes kirjeldatakse ülemaailmse antisemitismi järsku tõusu, mis on osaliselt seostatud koroonaviiruse pandeemiaga.
>
> Aruanne näitas vägivaldsete antisemiitlike juhtumite 18-protsendilist kasvu kogu maailmas aastatel 2018 - 2019. Nii Poway sünagoogi tulistamine Californias, kus tapeti üks naine ja mitu usklikku juuti said tõsiselt haavata, kui ka Halle sünagoogi rünnaku katse Berliinis, mis viis kahe kõrvalseisja surma ja veel kahe inimese vigastusteni, leidsid aset 2019. aastal.
>
> Pärast koroonaviiruse puhkemist 2020. aastal on antisemiitlik aktiivsus kasvanud ka veebikeskkonnas: "Juute, sioniste ja iisraellasi on nii üksikisikutena kui kollektiivselt süüdistatud koroonaviiruse põhjustamises ja levitamises". Juutide süüdistamine maailma hädades pole aga uus nähtus.
>
> "Juutide süüdistamine 'kõigis valesti läinud asjades' on sama vana arusaam, kui antisemitism ise," öeldakse kauaaegse antisemitismi uurija Eli Nachumi koostatud aruandes. (World Israel News).

Aastaid tagasi seisin Poolas Auschwitz-Birkenau surmalaagrite lähedal asuva kiriku massiivsete müüride ees ja küsisin Kõigeväeliselt järgmise küsimuse:

"Kuidas oleks saanud ära hoida shoa'd (natsireziimi poolt läbiviidud holokaust)?"

Ta vastas mulle: "Ei olnud Estri kogudust."

Kui oleks olnud Estri kogudus, siis ei oleks kuut miljonit minu rahvast hävitatud.

Iisraeli Jumala vastus pani vastutuse tema juudi rahva kaitse ja heaolu eest kogudusele, mida nimetatakse Estri koguduseks.

Ajalooliselt ei ole kirik olnud juudi rahva kaitsja, vaid pigem tagakiusaja. Selliste sündmuste taustal nagu juudi laste röövimine, nende kristlasteks kasvatamise eesmärgil, kristlikud ristisõjad, Hispaania jt inkvisitsioonid, lihavõtete ning jõulude tähistamisega seotud juutide vastased pogrommid ja mõrvad Euroopas ning Venemaal ja natside massimõrvad (holocaust), mis kõik sooritati ristiusu ja Jeesuse Kristuse nimel, tundus väga kaheldav, kas kirik võib kunagi üldse olla juudi rahva kaitsja.

Ma otsustasin kaasa aidata sellise Estri koguduse moodustamisele, et hoida ära veel ühte amalekslase Haamani juutide vastast antisemiitlikku raevupuhangut veelgi rohkemate juutide mõrvamiseks.* Antud ajakohane raamat on osa sellest ettevõtmisest, kuna antisemitism on laienenud sarnastesse mõõtmetesse, mis valitsesid enne Teist maailmasõda. Me ei saa *ega tohi* vaikida.

Minu rõõmuks on täna olemas mõned kristlikud organisatsioonid, mis näitavad Estri koguduse märke, kuid sellest ei piisa.

---

* Amalek on Piiblis Iisraeli vaenlane (vt 2 Moosese 17: 8-16). Haaman on amaleklane ja Iisraeli rahva vaenlane, kes vastavalt Estri raamatu sündmustele, püüdis juute hävitada (vt Ester 3: 6).

Roosi prohveteering

Niisiis, võite küsida: "Mis on Estri kogudus?" ja mis tegi Estrist ühe terve Piibli raamatu kangelanna?

Kui ma peaksin esile tooma ühe olulise teguri, mis tegi kuninganna Estrist oma rahva vaieldamatu päästja, siis oleks selleks tema *identiteet*.

Kui teda lapsendanud sugulane Mordokai talle üleskutse esitas, vastas ta kõigepealt eitavalt. EI, ma ei ole nõus oma eluga juudi rahva nimel riskima. Ta oli unustanud oma juudi *identiteedi*. Tal oli mugav ja kaitstud elu kuninga haaremis*, ja ta oli nõus oma inimesi pigem surmata laskma, kui oma mugavusi kaotama.

Mordokai andis samuti Hatakile (Estri eunuhhist teenija) ärakirja seadusekirjast, mis Suusas oli antud nende hävitamiseks, et ta näitaks seda Estrile ja selgitaks talle olukorda. Mordokai käskis Estril minna kuninga juurde, anuda tema soosingut ja paluda poolehoidu oma rahva nimel. Juudi Messia tõelise identiteedi ja sellega koos Tema pruudi *identiteedi* taastamine sõltub meist.

Hatak andis Estrile edasi Mordokai sõnad. Siis Ester ütles Hatakile ja käskis need sõnad Mordokaile edasi anda:

> "Kõik kuninga sulased ja kuninga maade rahvad teavad, et igaühe jaoks, olgu see mees või naine, kes kutsumata läheb kuninga juurde siseõue, on ainult üks seadus: ta peab surema; või olgu siis, kui kuningas sirutab oma kuldkepi tema poole, et ta võib jääda elama. Aga mind ei ole kutsutud juba kolmkümmend päeva, et võiksin minna kuninga juurde!" Estri sõnad anti edasi Mordokaile."

— Ester 4:11–12

---

* Haarem on maja osa, mis on eradatud naistele, liignaistele ja naissoost teenijatele.

Suur osa kirikust on samuti unustanud oma päritolu. Ta on pidanud ennast romaniseeritud kristlaseks, kellel on roomalikud pühade traditsioonid ning see on talle mugav. Antisemitism on tõusnud kõrgeimale tasemele pärast Teist maailmasõda, kuid kirikule on see mugav. Kas ta on juut, või ei ole?

Kui paganad võtsid juudi Messia vere kaudu vastu uuendatud lepingu, poogiti nad Iisraeli õlipuu külge, saades nõnda üheks Iisraeliga.

> "Kui nüüd okstest mõned on ära murtud ja sina, kes olid metsõlipuu, oled jätkatud nende hulka ja oled ühes nendega osa saanud õlipuu mahlakast juurest, siis ära kiitle okste vastu. Ja kui sa kiitled, siis mõtle, et sina ei kanna juurt, vaid juur kannab sind."
>
> — ROOMLASTELE 11:17

Jumal ei kutsu paganaid asendama või anastama Iisraeli kohta, vaid ühinema Iisraeliga nagu Rutt ühines Naomiga.

> "Kuid Rutt vastas: "Ära käi mulle peale, et ma sind maha jätaksin ja pöörduksin tagasi su juurest, sest kuhu sina lähed, sinna lähen ka mina, ja kuhu sina jääd, sinna jään minagi! Sinu rahvas on minu rahvas ja sinu Jumal on minu Jumal! Kus sina sured, seal tahan ka mina surra ja sinna maetagu mindki. Jehoova tehku minuga ükskõik mida, ainult surm lahutagu mind ja sind!"
>
> — RUTT 1:16

Kuid suurem osa tänapäeva kirikust ei ole poogitud õlipuu, vaid paganliku roomlaste päikesekummardamise sümboli- jõulupuu külge. Seega on ta kaotanud oma identiteedi. Mitte ainult juudi Messia identiteet ei ole asendatud romaniseeritud Kristusega, vaid ka koguduse enda identiteet on ära varastatud. Seetõttu polnudki ühtegi Estri kogudust, mis oleks võinud takistada *shoa* (holokaust) toimumist Teise maailmasõja ajal.

Kas üks selline võiks leiduda tänapäeval? Juudi Messia tõelise identiteedi ja sellega koos Tema pruudi identiteedi taastamine sõltub meist.

Selle igiaegadest *varastatud identiteedi* taastamine on aja küsimus, ja kui see ei sünni peatselt, siis langeb suur kohus kiriku ja rahvaste üle; ajamärgid on juba kohal!

> "Päästa need, keda viiakse surma, ja peata, kes vanguvad tapmisele! Kui sa ütled: "Vaata, me ei teadnud seda!", kas siis südamete läbikatsuja ei saa sellest aru? Su hinge hoidja teab seda ja tasub inimesele ta tegu mööda!"
>
> — Õpetussonad 24:11–12

Mordokai vastus tema leigele ja mugavale õetütrele oli:

> "Sest kui sa sel ajal tõesti vaikid, tuleb juutidele abi ja pääste mujalt, aga sina ja su isa pere hukkute! Ja kes teab, kas sa mitte ei olegi just selle asja pärast pääsenud kuninglikku seisusesse?"
>
> — Ester 4:14

Pane tähele, et Mordokai eraldas Estri ja tema isa pere ülejäänud juutidest, kellele JHVH oleks saatnud pääste mujalt. Kui Ester oleks vaikinud, siis tema ja ta isa pere ei oleks pääsenud, kuigi kõik teised juudid oleks pääsenud.

Ester oli Babüloonia pagulusest saadik orb ja Mordokai oli tema ainus isa või kasuisa. Kas Mordokai kuulutas iseendale hukatust või oli Estri isa pere hoopis teine pere?

> "Suusa palees oli Juuda mees, Mordokai nimi, Jairi poeg, kes oli Simei poeg, kes oli benjaminlase Kiisi poeg. Tema oli Jeruusalemmast vangi viidud ühes nende vangidega, kes vangistati üheskoos Juuda kuninga Jekonjaga, kelle Paabeli kuningas Nebukadnetsar oli vangi viinud. Tema oli oma sugulase tütre Hadassa, see on Estri kasvataja, sest sellel ei olnud ei isa ega ema; see tütarlaps oli ilusa jume ja kauni välimusega; ja et ta isa ja ema olid surnud, siis oli Mordokai võtnud tema enesele tütreks."
>
> — Ester 2:5

Estril polnud ei isa ega ema ega isakodu. Ta oli nüüd abielus Pärsia kuningaga, kellest oli saanud tema mees ja vastavalt sellele sai kogu kuninga isakodu tema pereks.

Kas võib olla, et Mordokai teatas Estrile, et kui ta ei aita oma rahvast, siis mõistab Iisraeli Jumal kohut tema ja tema seadusjärgse perekonna-Pärsia kuningliku perekonna üle, kuhu ta kuulus? Pärsia kuningat peeti oma rahva isaks. Selles mõttes oli ta ka Estrile nii isa kui abikaasa.

Mordokai hoiatus oleks ümbersõnastatuna olnud: Kui sa ei võitle lepingurahva - juutide eest, kes sind on sünnitanud ja kasvatanud, siis meid vabastatakse igal juhul ka sinu abita, sest ELOHIMIL on meiega leping, kuid sina, kes oled saanud Pärsia kuninga ja tema rahvaga üheks, hukkud, aga mitte ainult sina, vaid ka su kuningas ja isa ning kogu Pärsia rahvas.

Ilmselt mõistis Ester kogu asja olemust siis, kui ta meelt parandas ja paastus, enne kuninga ette minekut. Esmakordselt võttis ta omaks oma unustatud juudi identiteedi.

> "Ja kuninganna Ester kostis ning ütles: "Kui ma olen sinu silmis armu leidnud, kuningas, ja kui kuningas heaks arvab, siis kingitagu mulle mu palvel mu elu ja vastavalt mu soovile mu rahvas! Sest meie, mina ja mu rahvas, oleme müüdud hävitamiseks, tapmiseks ja hukkamiseks. Kui meid oleks müüdud sulaseiks ja ümmardajaiks, siis ma oleksin vaikinud, sest seesugune õnnetus ei oleks kuninga tülitamiseks küllaldane!"
>
> — Ester 7:3

Tema sekkumine oli riskantne, kuid ta ei sekkunud ainult juudi rahva heaks, ei! Tegelikult päästis ta ka Pärsia hävingust, kuna ta oli nüüd pärslane. See on põhimõte, mida korratakse kogu heebrea Pühakirjas. Iga inimene või rahvas, kes astub Iisraeli vastu, langeb Iisraeli Jumala viha alla.

> "Sest nõnda ütleb JHVH Tsevaot (vägede JHVH) pärast seda, kui ta au mind läkitas paganate juurde, kes teid riisusid, sest kes puudutab teid, see puudutab tema silmatera: tõesti, vaata, ma viibutan oma kätt nende kohal ja nad saavad saagiks oma orjadele! Siis te mõistate, et JHVH Tsevaot on mind läkitanud!"
>
> — Sakarja 2:12-13

Loo lõpuks poodi kuri Haaman võlla, mille ta Mordokai ja juutide jaoks oli lasknud valmistada.

> "Ja Haaman poodi puusse, mille ta Mordokai jaoks oli lasknud valmistada; siis lahtus kuninga viha."
>
> — Ester 7:10

Pärast kõigi ohtlike madude tapmist, said juudid end kaitsta ja oma vaenlaste üle võidu saavutada. Kuninganna Ester tõsteti aukohale ja Mordokaist sai kuninga nõunik amalekklase Haamani asemel.

> "Ja Mordokai tuli kuninga juurest kuninglikus kuues, purpursinises ja valges, suure kuldkrooniga ning valge ja purpurpunase mantliga; ja Suusa linn hõiskas ja rõõmustas! Juutidel oli õnn ja rõõm, õndsus ja au! Ja igal maal ja igas linnas, igal pool, kuhu kuninga käsk ja tema seadus jõudis, oli juutidel rõõm ja ilutsemine, pidu ja head päevad; ja maa rahvast tunnistasid paljud endid juutideks, sest neid valdas hirm juutide ees."
>
> — Ester 8:15-17

Kuninganna Estri identiteet sai täielikult taastatud ja tema juudist isa nimi ja isakoda on nüüd ära mainitud. Temast räägitakse kui Abihail'i tütrest. Abihail tähendab vägevat isa. Ta oli nüüd täiega Kõigeväelise

> "Ja kuninganna Ester, Abihaili tütar, kirjutas juut Mordokai võimust, et kinnitada seda teist puurimikirja."
>
> — Ester 9:29

Kõik on hästi kui see hästi lõpeb.

Kas see lõpeb hästi ka kiriku/koguduse ja rahvaste jaoks, keda see kirik esindab? Ainult siis, kui mõni Estri kogudus sekkub nende valitsuste ja võimukantsidesse, et purustada antisemitismi võigas tõus.

> "Siis ma õnnistan neid, kes sind õnnistavad, panen needuse alla need, kes sind neavad, ja sinu nimel õnnistavad endid kõik suguvõsad maa peal."
>
> — 1. Moosese 12:3

Sellise Estri koguduse tõusmiseks peab saama taastatud ta identiteet, kui Iisraeli õlipuu külge poogitud Messia ülistaja ja töötegija identiteet. Ainult juudi Messia koguduse sees võib antisemitismi ja rahvaste üle määratud kohtuotsuse "riiu pärast Siioniga" ümber lükata (Js 34:8). roomalik Kristus seda ei suuda!

Estri koguduse tõusmiseks peame taastama juudi Messia Jeshua varastatud identiteedi, mis nagu juut Mordokai koputab meie uksele.

> "Teie kummardate, mida te ei tea; meie kummardame, mida me teame, sest pääste (Jeshua) tuleb juutidelt."
>
> — Johannese 4:22

Ei ole sugugi liiga vara Estri koguduse *tõusmiseks!*

> "Sest JHVH-l on raev kõigi rahvaste ja viha kõigi nende väehulkade vastu: ta on pannud need vande alla, ta on andnud need tappa! Kes neist maha lüüakse, visatakse ära, nende

laipadest tõuseb lehk, nende verest nõretavad mäed! Sest see on JHVH kättemaksupäev, tasumisaasta riiu eest Siioniga."

— Jesaja 34:2,3,8

Kui jätkad lugemist, siis avastad viis peamist põhjust, miks kirik ja kogudus on kaotanud oma heebrea või juudi identiteedi. Samuti saad teada, kuidas seda tagasi võtta! Esimeses väravas (peatükk üks) paljastame Messia identiteedivarguse vilja.

Juuda lõvi eest—peapiiskop dr Dominiquae Bierman,

Kad-Esh MAP Teenistuse ja Ühinenud Rahvad Iisraeli Eest president

VÄRAV 1

IDENTITEEDIVARGUSE MÜRGINE VILI

"Nõnda nagu puud tuntakse viljast,
nii ka inimest tema tegude järgi."

— MATTEUSE 7:20

Kristlikes ringkondades on laialt levinud arvamus, et suur osa juudi rahvast ei tunne oma Messiat ja Päästjat. Aga kui paljud inimesed mõistavad, et enamik maailma kristlasi ei tunne teda samuti? Kristlus kui religioon on kohtunud roomapärase Kristusega, kuid mitte juudi Messiaga. Selle identiteedivarguse tagajärjel valitseb paljudes kristlikes ringkondades põlastusväärne suhtumine juutidesse ja antisemitism. Suhte viljadeks rooma Kristusega, juudi Messia asemel, on verevalamine ja julmus.

Sündmused nagu juudi laste röövimine, et kasvatada neid kristlasteks, kristlikud ristisõjad, juutide suhtes piiravate ja diskrimineerivate seaduste kehtestamine, Hispaania inkvisitsioon ja muud inkvisitsioonid, *pogrommid**, natside holokaust ja suur osa

---

* Pogrommi definitsioon: konkreetse etnilise rühma, eriti Venemaa või Ida-Euroopa juutide organiseeritud massimõrv. Oxfordi sõnaraamat.

tänapäevasest sionismivastasusest on selle igivana identiteedivarguse kohutav pärand, mis on kestnud üle 18 sajandi. Keiser Constantinuse Nikaia kirikukogul aastal 325 kehtestatud "uus kurss", nõudis täielikku lahutust juutidest, mis hõlmas ka lahutust juudi Messiast.

Järgmised lõigud on pärit sellest, mida ma nimetan *lahutuskirjaks* juudi rahvale, mis eraldas kiriku Iisraelist ja kõigest juudilikust. See lahutus on kristlasi mõjutanud tänapäevani ja olnud kogu kristliku antisemitismi tekke peasüüdlane.

Nikaia kirikukogu

Keisri (Constantinuse) kirjast kõigile neile, kes kirikukogul ei viibinud (Eusebius, Vita Const., Lib III 18-20)

Kui kerkis esile küsimus lihavõttepühade (ingl Easter) sakraalsest tähistamisest, siis otsustati universaalselt, et oleks mugav, kui kõik tähistatavad seda ühel ja samal kindlaksmääratud päeval. Sest mis võiks olla kaunim ja ihaldusväärsem, kui näha seda püha, mis toob meile surematuse lootust, tähistatuna üheskoos ja samal viisil? Nagu juba teatavaks tehtud, oleks eriti vääritu, kui see kõige suurem püha järgiks juutide kombeid (ajaarvestust), kuna juudid on määrinud oma käed kõige jubedama kuriteoga ja nende mõistus on pimestatud. Hüljates nende tavad, võime oma järeltulijatele edasi anda seaduspärase viisi lihavõttepühade tähistamiseks, mida oleme järginud Päästja kannatustest alates (vastavalt nädalapäevade järjestusele).

Seetõttu ei peaks meil olema midagi ühist juutidega, sest Päästja on meile näidanud teise tee. Meie jumalateenistus järgib palju seaduspärasemat ja mugavamat kurssi (pidades silmas nädalapäevade järjestust). *Seega, kallimad vennad, võttes üksmeelselt omaks selle viisi, me igatseme eralduda juutide jälestusväärsest seltskonnast.* Sest on tõesti häbiväärne kuulda juute hooplemas, et ilma nende juhtimiseta ei saa me neid pühi pidada. Kuidas võib olla õigus neil, keda peale Päästja surma pole enam juhtinud mõistus, vaid nende eksiarvamusest tulenev metsik vägivald vastavalt neid tagant sundivale meelepettele? Neil puudub tõde lihavõttepühade küsimuses, sest oma pimestatuses ja vastumeelsuses kõigele edumeelsele, tähistavad nad sageli aastas kahte paasapüha. Me ei saa jäljendada neid, kes on kõigile nähtavalt eksituses.

Kuidas me siis saaksime järgida juute, kes on kaheldamatult eksitusest pimestatud? Sest paasapüha pidamine samal aastal kaks korda on täiesti vastuvõetamatu. *Aga kui see isegi poleks nii, on siiski meie kohuseks mitte rüvetada oma hingi suhtlemise läbi sellise jälestusväärse ja kurja rahvaga (juutidega).* Te peaksite arvestama mitte ainult seda, et kirikute arv nendes provintsides moodustab enamuse, vaid ka seda, et on õige nõuda, mida meie mõistus heaks kiidab - et meil ei peaks olema juutidega midagi ühist.

Sellest ajast peale võeti vastu rooma Kristus kristlaste valitsevaks Päästjaks. See romaniseeritud Kristus tuli roomapärase nimega, roomalike pühade ja traditsioonidega ning vihkamisega kõige juudiliku vastu. Selle tulemus on midagi laastavat. Tänapäeval leiab noor põlvkond end ristteel, kus tuleb valida millesse uskuda, ja miljonid kristlased lahkuvad kirikutest, tundes end tühjana ja petetuna. Püha Vaim on koputanud ja koputamas kõigi kirikute ustele, et parandada meelt ja taastada Kõigeväelise Jumala Poja identiteet, kes on maailma ainus Päästja.

Enne oma esimese selleteemalise raamatu (ülemaailmselt tuntud kui *"Juurte tervendav vägi"*) kirjutamist küsisin Kõigeväeliselt: ""Miks on nii tähtis õpetada kirikule juudi juurtest?" Tema vastus mulle oli vali ja selge ning see sõnum on mind hoidnud liikumas ligi kolm aastakümmet: *"See on elu ja surma küsimus; kogudus on nagu oma aiast ära lõigatud imekaunis roos, mis on pandud kaheks päevaks veega täidetud vaasi. Kuid kui kolmandal päeval teda ei istutata tagasi aeda oma juurtele, siis ta sureb ."* Üks päev on Jumalale nagu tuhat aastat (2 Pt 3:8). See on kolmas päev, kolmas aastatuhat ja roos on suremas.

Hiljuti osalesime koos oma meeskonnaga Ameerika Ühendriikides, Tennessee osariigis Nashville'is toimunud NRB (Kristlikud ringhäälinguorganisatsioonid) konverentsil. See oli minu jaoks kolmas kord sellel osaleda.

See oluline ühing loodi 1944. aastal. Nad on lõvina võidelnud kristliku raadio, televisiooni ja meedia vabaduse eest. See on mõjutanud paljusid silmapaistvaid orgamisatsioone ja isegi valitsusi, olles suurepäraseks koolitusallikaks kõigile meediaasutustele. Meie saabudes märkasin, et vastupidiselt varasematele aastatele oli külastatavus väga madal ja õpitoad olid pooltühjad. Samuti märkasin, et paljud meediaasutuste tasuliseks reklaamiks eraldatud kohad olid vabad. Tundus nagu oleks NRB tõsises lahingus. Dr Ravi Zacharias, kes määrati avakõne pidama, tuli viia kiirabiga erakorralisele operatsioonile. Kahjuks kolm kuud hiljem, 19. mail 2020. aastal, dr Ravi, paljude vaimne mentor ja geniaalne juht, suri operatsiooni käigus avastatud lülisambavähki. Lauren Green Fox News'ist kirjutas: "Ravi Zachariase surm on nagu ajastu lõpp." Paljud, sealhulgas meie meeskond, palvetasid sel hetkel tema paranemise eest.

Konverentsi viimasel päeval osalesime NRB nõuandekogu avatud koosolekul. Kõik osalejad said avaldada oma arvamust ja teha ettepanekuid järgmise aasta konverentsi parendamiseks. Nõukogu esimees tunnistas, et NRB oli sel aastal peaaegu lakanud eksisteerimast ja selle 2020. aasta konverentsi toimumine oli lihtsalt ime. Teadsin oma vaimus, et see 1944. aastal loodud võimas ühing, paljude lahingute veteran, seisab nüüd silmitsi koletisega, kellega nad polnud varem silmitsi seisnud.

Ma palusin sõna ja ütlesin neile järgmist:

"Soovitan, et selleks, et NRB saaks tagasi oma endise jõu ja omaks tulevikku, peaks ta tooma esiplaanile sõnumi Iisraeli tähtsusest ning asetama usu juudi juured selle keskpunkti. See tooks tagasi ka kaotatud võidmise. Peame ringhäälinguorganisatsioone teavitama sellest, kui suur on tavainimeste hulgas teadmatus antisemitismi kohta, sest see on tõusmas väga ohtlikule tasemele. Peatselt saabuva ärkamise võti on antud Roomlastele 11:15- *Juutide vastuvõtt on surnuist ellusaamine.*"

Pärast minu sõnu valitses sügav vaikus. Kuid selle juhatuse reaktsioon oli see, et mind kutsuti televisiooni nõuandekogu juhatuse liikmeks. Oleksin meeleldi liitunud, kuid tehnilise vea tõttu ei olnud mul veel NRB liikmelisust; olin ainult konverentsil osaleja. Nad avaldasid siiski lootust, et see võib juhtuda järgmisel aastal. Ma palvetan, et nad võtaksid mu sõnu arvesse, kuna sellest sõltub NRB ja kõigi selle liikmete tulevik.

See raamat räägib samast koletisest, mis peaaegu tappis NRB ja on hävitamas palju häid kristlasi, kuid meile on antud taevane strateegia selle üle võidu saavutamiseks.

Küsimus pole selles, kas *midagi saab* ära teha, vaid peame mõistma, et Messia identiteedi taastamiseks *peab* vaatamata raskustele tegema kõik võimaliku. Selle saatanliku plaani ohvrid pole mitte ainult juudid, vaid ka lugematud petetud kristlased, kes kannatavad kohutava religioosse segaduse all, mis viib selleni, mida ma nimetan vaimseks *skisofreeniaks*.

Patt levib kulutulena: homoseksuaalsus on aktsepteeritav isegi vaimulike seas, vaimuhaigus ja enesetapud on kõigi aegade tipptasemel, pornograafia on populaarne suure osa kristlaste seas, abielurikkumine ja hoorus pastorite seas on muutunud normiks, ahnus ja mammona taotlemine ületab Jumala otsimise. Usklike lahkumine (exodus) paljudest kirikutest on saavutanud kiiruse, mida pole varem nähtud, ja seda kõike tänu murtud suhtele ühe juudiga, selle ühega, kes suri meie eest.

See raamat viib lugeja vaimsele teekonnale, sarnasele Iisraeli laste väljarändele Egiptusest pärast 430 aastat orjapõlve. Siiski, hõlmab sinu teekond väljarännet 1800 aastat kestnud hoolikalt viimistletud pettusest, mis hakkas kombitsaid ajama 4. sajandil rajatud kirikudoktriiniga. Tänapäeval nimetatakse seda teoloogilistes ringkondades asendusteoloogiaks. Kuid see pole veel kõik. Isegi kui olete sellest varem kuulnud ja arvate, et teil pole sellega midagi pistmist, lugege palun edasi, sest see pettus on palju sügavam ja ohtlikum, kui arvate teadvat.

Isegi kui oled Iisraeli armastaja, on see raamat sinule.

Isegi kui oled messiaanlik usklik, on see raamat sinule.

Messia identiteedi varas on 5-pealine koletis, deemonlik võim/ülemvõim, mida ma nimetan,

AntiMESITOJUS

Igaühel selle peadest on fookus, mille abil ta saab petta oma pruuti, kes järgib "jumalakartuse kuju, kuid eitab väge" (2Ti 3:5), mille Jeshua ohvrisurm meile pakub. Selle strateegiaks on Piibli tekstide väänamine, et muuta meid selle koletise sarnaseks nii sõnades kui tegudes. Need viis pettusevaldkonda on:

- Messia vastane

- Iisraeli vastane
- Toora vastane
- Juutide vastane
- Sionismi vastane

See on salalik, peen, jõhker ja verejanuline. See on üritanud hävitada juute ja nüüd jahib see lisaks kristlasi, plaanides hävitada kõik rahvad.

Ühinege minuga, kui me paljastame selle koletise ning lammutame ta tõe Vaimu, Jumala sõna, tunnistuste ja ajalooliste faktide abil. Siis taastame meie juudi Messia varastatud identiteedi ja koos sellega tema võidmise, tõelise vaimse tervise, pühaduse ja Looja autoriteedi.

Kristlik antisemitismism erinevate allikate kohaselt

Kristlik retoorika ja juutide vastu suunatud antipaatia arenes välja kristluse esimestel aastatel ja seda tugevdas usk, et juudid tapsid Kristuse ja see suurendas juudivastaseid meetmeid järgnevatel sajanditel. Kristlaste juutide vastu suunatud tegevus hõlmas ostrakismi, alandamist, vägivalda ja mõrvu, mis kulmineerusid holokaustiga. (J. Harries)

Kristlikule antisemitismile on omistatud arvukalt tegureid, sealhulgas teoloogilised erinevused, kiriku ja sünagoogi vaheline konkurents, sunniviisiline kristianiseerimine, juutide uskumuste ja tavade mittemõistmine ning arusaam, et judaism on olnud kristluse suhtes vaenulik. Kahe aastatuhande vältel kinnistati neid hoiakuid kristlikus jutlustamises, kunstis ja rahvaõpetuses, mis kõik väljendasid põlgust juutide vastu*, samuti määrustes, mille eesmärk oli juute alandada ja häbimärgistada. (Koyzis; Gersternfeld)

Kaasaegset antisemitismi on peamiselt kirjeldatud juutide kui rassi vihkamisena ja selle uusim väljendus on juurdunud 18.

sajandi rassiteooriatesse, samas kui antijudaism on vaenulikkus juudi usu suhtes. Lääne kristluses sulandusid 12. sajandil antijudaism ja antisemitism ühte.* Teadlased on arutanud, kuidas kristlik antisemitism mängis rolli natside kolmandas Reichis, II maailmasõjas ja holokaustis. Holokaust on sundinud paljusid kristlasi mõtisklema kristliku teoloogia, kristlike tavade üle, mis sellele kaasa aitasid.** (J. Harries; Heschel)

Kirikuisad samastasid juute ja judaismi ketserlusega ja kuulutasid Iisraeli rahva ekstra Deum (ld "väljaspool Jumalat") viibivaks. Antiookia püha Peetrus nimetas kristlasi, kes keeldusid religioossete piltide kummardamisest, juudimeelseteks.* Teise sajandi alguses pKr kuulutas Sinope hereetik Marcion (u. 85 - u 160 pKr) juutide jumalaks mingi teise Jumala, kes on kristluse Jumalast madalam, ja hülgas juudi pühakirjad kui alama jumala sõnad.** Marcioni õpetused, mis olid ülipopulaarsed, hülgasid judaismi mitte ainult kui puuduliku ilmutuse, vaid ka kui valeõpetuse, kuid samal ajal panid juutidele isiklikult vähem süüks seda, et nad ei tunnustanud Jeesust, kuna Marcioni maailmapildis ei saatnud Jeesust mitte alam juudi Jumal, vaid kõrgeim kristlik jumal, keda juutidel polnud põhjust tunnistada. (Michael)

Marcioniga võitlemisel tunnistasid ortodokssed apologeedid, et judaism oli ristiusuga võrreldes ebatäielik ja alaväärtuslik religioon, pidades samas neid juudi pühakirju (Vana Testament) kanoonilisteks. Kirikuisa Tertullianus (umbes 155–240 pKr) tundis eriti teravat isiklikku vastumeelsust juutide vastu ja väitis, et Jumal valis juutide asemele paganad, sest nad olid auväärsemad ja väärtuslikumad. (Nicholls)

Patristilise ajastu piiskopid, näiteks Augustinus, väitsid, et juudid tuleks jätta elama, olles oma kannatustega pidevaks meeldetuletuseks selle kohta, et nad tapsid Kristuse. Nagu tema juutide vastane õpetaja Milani Ambrose, määratles ta juute kui põrguspiinadesse määratud inimeste erilist alamklassi. Ta pidas juutide kui "tunnistajate" orjastamist katoliiklaste poolt pühaks kollektiivseks karistuseks: "Mitte ihulise surma läbi ei hukku lihalike juutide jumalatu rass..." Hajutage nad teistesse maadesse, võtke ära nende jõud. Kisu nad maha, oo Issand". Augustinus väitis, et "armastab" juute, kuid vaid vahendina nende ristiusku pööramiseks. Mõnikord samastas ta kõiki juute kurja Juudasega ja töötas välja õpetuse (koos St. Cyprianusega), et "väljaspool kristlikku kirikut ei ole olemas mingit päästet." (Michael)

Viljakas pinnas Hitlerile ja natside holokaustile

Teised kirikuisad nagu Johannes Krisostomus, (John Chrysostom) läksid oma hukkamõistus veelgi kaugemale. Katoliiklik toimetaja Paul Harkins kirjutas, et Johannes Krisostomuse juudivastane teoloogia "ei ole enam kõlblik .. Nende objektiivselt ebakristlike tegude eest ei saa teda vabandada, isegi kui ta on oma ajastu toode." Johannes Krisostomus leidis, nagu enamus kirikuisad, et kõikide juutide patud olid kogukondlikud ja lõputud. Tema jaoks esindasid ta juutidest naabrid kollektiivselt kõigi olemasolevate juutide kõiki väidetavaid kuritegusid. Kõik kirikuisad rakendasid neid Uue Testamendi lõike, mis käsitlesid Kristuse ristilöömist, propageerides kõiki tolle aja juute kui ülima kurjuse kehastust. Johannes Krisostomus läks aga nii kaugele üteldes, et kuna juudid lükkasid tagasi inimkehasse sündinud kristliku Jumala, väärisid nad seetõttu surma: "olid küpsed tapmiseks". Uut Testamenti (Lk 19:27) tsiteerides väitis ta, et Jeesus rääkis juutidest, kui ta ütles: " Aga need mu vaenlased, kes ei tahtnud mind kuningaks, tooge tänna ja *tapke nad ära* minu ees!"

Püha Jerome samastas juute Juudas Iskariotiga ja raha patuse kasutamisega ("Juudas on neetud selleks, et Juudases saaksid kõik juudid neetud... nende palved muutuvad pattudeks"). Jerome'i homileetilised rünnakud, mis olid tihti Suure Reede juudivaenuliku liturgia aluseks, kõrvutavad juute kuradiga, ja et "juutide tseremooniad on kristlastele kahjulikud ja surmavad", ning kes neid järgib, on määratud kuradile hukkamiseks: "Minu vaenlased on juudid; nad on vandenõus minu vastu, mind risti löönud, kuhjanud igasugust kurja minu peale ja teotanud mind." (Michael)

Mõned kristliku antisemitismi viljad

Järgnevad on kristluse ajaloo antisemiitlikud ja juutidevaenulikud sündmused. Kristluse ajalugu on nii verine, et selle kohta on võimatu ühe raamatu piires kõigest rääkida. Ma võiksin kirjutada mitmeid köiteid tõeliselt julmadest lugudest, kuid see on vaid osaline kokkuvõte sinule teadmiseks, lugeja.

Keskaegses Euroopas seati juutidele mitmesuguseid seaduslikke keelde ja piiranguid. Nad jäeti paljudest ametitest välja. Lubatud ametid varieerusid vastavalt kohale ja ajale, mille määrasid erinevad mittejuutide konkureerivad huvid. Sageli keelati juutidel igasugused ametid, välja arvatud raha laenamisega seotud tegevus ja kaubitsemine, kuid mõnikord olid ka need keelatud. Juutide seotus raha laenamisega (mida hiljem nimetati liigkasuvõtmiseks) kannab edasi kogu ajaloo vältel välja kujunenud stereotüüpi, justkui oleksid kõik juudid (põlised) rahaahned kapitalistid..

Hilisemal keskajal oli teatud kohtades elada lubatud juutide arv piiratud; nad olid koondunud getodesse ja neil ei lubatud omada maad; nende sissesõidul muudesse linnadesse või linnaosadesse maksustati neid diskrimineerivate maksudega. Juutidest tunnistajatelt nõuti kohtutes "More Judaico" (lad juudi kombel) vande andmist, mis omas kohati eriti veidraid ja alandavaid vorme (näiteks 13. sajandi Švaabimaa seaduse kohaselt pidi juut tunnistust andes seisma verisel sea- või lambanahal). (Wikipedia Contributors)

1215. aasta IV Lateraani kirikukogu kuulutas esimesena välja seaduse, mis nõudis juutidelt millegi neid kui juute eristava riietuse või märgi kandmist (ka moslemitelt nõuti seda). Mitmel korral süüdistati juute veresüü laimus või rituaalmõrvades, mille kohaselt ohverdavad väidetavalt juudid igal aastal ristilapsukese ja kasutavad tema verd oma rituaalides, et sellega rüvetada kristlikku armulauda. (Avrutin, Dekel-Chen ja Weinburg)

Antisemitism Euroopa kristlikus kultuuris eskaleerus 13. sajandil. Juutide süüdistamine veresüü laimus* ja hostia rüvetamises** tõmbasid rahva tähelepanu ja tõid juutidele kaela palju tagakiusu. Paljud uskusid, et juudid mürgitasid kaevusid, et põhjustada katku. Veresüü laimu süüdistuste puhul usuti, et juudid tapavad

---

* "Veresüü laim" (blood libel), kui rituaalmõrv, on valele rajatud pahatahtlik süüdistus, mille kohaselt juudid mõrvavad mitte-juute (nagu kristlaste lapsed), eesmärgiga kasutada nende verd oma rituaalides.

** "hostia rüvetamine" on kristluses pühaduseteotuse vorm, mis hõlmab kiriku liturgia või missa armulauateenistuse pühitsetud hostia-armulaualeiva väärkohtlemist või kuritahtlikku kasutamist.

lapsi enne paasapüha, sest vajavad matsa (hapnemata leib) küpsetamiseks kristlaste verd.

Läbi ajaloo on kristlase lapse tapmise korral selles süüdistatud juute, olenemata sellest, kui väike on kohalik juudi elanikkond. Kirik on tihti valanud õli tulle, kujutades surnud last piinatud märtrina, kellele omistati imelised võimed nagu usuti Jeesusel olevat. Mõnikord kuulutati surnud lapsed isegi pühakuteks (The Butcher's Tale. Lihuniku lugu).

Kristlikus kunstis ja arhitektuuris kerkisid esile antisemiitlikud kujundid nagu *Judensau* (juudi siga) ja *Ecclesia et Synagoga* (kujud, mis esindasid kiriku võidukäiku juudi sünagoogi üle).

Juudivaenulikud lihavõttepühade kombed, nagu Juudase põletamine, jätkuvad tänapäevani. (Bachner, Poola rahvahulk peksab, põletab Juudast kujutava inimsuuruse ortodokssetele juudile omase musta mütsi ja mustade lokkidega nuku)

Esimene ristisõda (1096–1099) oli esimene paljudest keskaja ususõdadest, mille algatas, toetas ja tihti ka juhtis keskaegne ladina kirik (roomakatoliku ehk läänekiriku haru). Selle esialgne deklareeritud eesmärk oli Püha Maa ehk Palestiina vabastamine islami ülemvõimust. Esimesena reageerisid valdavalt vaeste kristlaste hulgad, kelle arv ulatus tuhandeteni ja keda juhtis prantsuse palverändur, munk Peeter Erak või Amieni. Saksamaad läbinud rahvaste ristiretk ristiusu levitamiseks, kasvas üle laialdaseks juudivastaseks liikumiseks ja veresaunadeks. (Wikipedia Contributors)

Reinimaa veresaunad, tuntud kui **Gzerot Tatnó** või 1096. a tagakiusud, olid juutide massimõrvad, mille panid toime ristiretkedel osalenud märatsevad saksa kristlaste jõugud aastal 1096 või 4856 juudi kalendri järgi. Mõnede teadlaste arvates olid Euroopa veresaunad varaseim teadaolev antisemitismi ilming. (Nirenburg)

Paljud juudid saadeti välja enamikust riikidest ja enamikust kristliku Euroopa linnadest.

1290. aastal saadeti kuningas Edward I otsusel Inglismaalt välja kõik juudid (umbes 3000 rikkaimat juuti said ennast välja lunastada), süüdistades neid liigkasuvõtmises ja ebalojaalsuses dünastiale. Aastal 1306 oli Prantsusmaal tagakiusu laine ja musta surma või katkuaegsed tagakiusud olid laialdased, kuna paljud kristlased süüdistasid katku tekkes või selle levitamises juute.* Aastal 1519 saadeti Regensburgi linnast välja 500 juuti kasutades selleks ära keiser Maximilian I surma. ** (Keter Books; Florida Center for Instructional Technology; Wood)

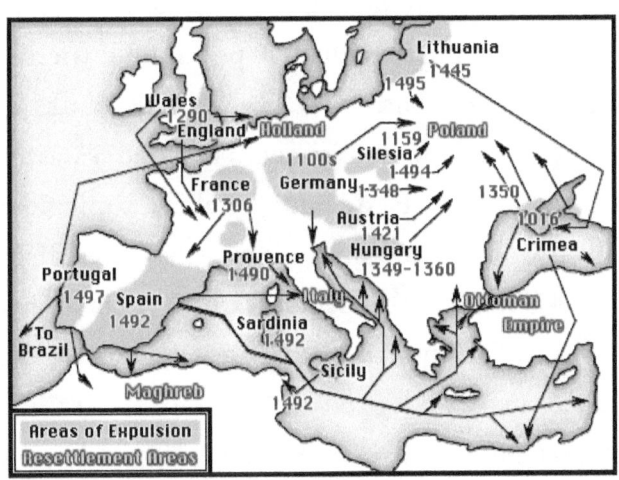

Ülal: Euroopa juutide väljasaatmis- ja ümberasustamispiirkondade kaart.

Hispaania inkvisitsioon

Hispaania juudi kogukond oli sajandite jooksul kasvanud nii arvuliselt kui mõjuvõimu poolest, kuigi antisemitism oli aegajalt esinenud.

Kastiilia ja Leoni kuninga Henri III valitsuseajal (1390-1406) seisid juudid silmitsi tagakiusu ja sunniviisilise kristlusse pööramisega. 1391. aasta pogrommid olid eriti jõhkrad ja vägivallalained katsid tervet Hispaania juutide kogukonda.

Seistes silmitsi valikuga sundristimise ja surma vahel, muutus nominaalsete ristiusku pöördunute arv peagi väga suureks. Palju juute tapeti ja need conversos (hisp "pöördunud"), kes võtsid vastu ristiusu, seisid silmitsi jätkuva kahtlustamise ja eelarvamustega. Lisaks oli märkimisväärne arv juute, kes olid pöördunud kristlusesse, kuid jätkasid salaja oma usukommete pidamist. Tuntud kui marranos (hisp "sead") olid need nominaalsed judaismist kristlusesse pöördunud (nominaalsed kristlased) sotsiaalsele korrale veelgi suuremaks ohuks kui need, kes olid sunniviisilise pööramise tagasi lükanud. Pärast Aragoni ja Kastiilia ühendamist Ferdinandi ja Isabella kuningliku abielu kaudu (1469) kuulutati marranod kristlikule Hispaaniale ohtlikeks. 1478. aastal andis paavst Sixtus IV välja seaduseelnõu, mis volitas katoliku monarhe ametisse nimetama inkvisiitorit, kelle alluvusse marranodega tegelemine anti. See ei tähendanud, et Hispaania monarhid pöördusid kiriku poole, et ühiselt tegeleda selle probleemiga. Vastupidi, nad püüdsid inkvisitsiooni ära kasutada oma absoluutse ja tsentraliseeritud režiimi toetamiseks ja eriti Aragoni kuningliku võimu suurendamiseks. Esimesed Sevillas tegutsevad Hispaania inkvisiitorid osutusid nii karmideks, et Sixtus IV üritas sekkuda. Hispaania kroonil oli nüüd aga relv, mis oli liiga kallis, et sellest loobuda, ja paavsti pingutused inkvisitsiooni volitusi piirata osutusid tulutuks. ("Spanish Inquisition | Definition, History, & Facts | Britannica")

Hispaania monarhid määrasid peainkvisiitori ametisse Tomás de Torquemada, kellest sai kõigi juutide jaoks õudusunenägu. Torquemada tungival nõudmisel andsid Ferdinand ja Isabella 31. märtsil 1492 välja käsu, mis andis Hispaania juutidele võimaluse valida väljasaatmise või ristimise vahel, mille tulemusena saadeti Hispaaniast välja enam kui 160 000 juuti, sealhulgas minu juudi perekond.

Saame tuttavaks

Olen Iisraeli juut ja ka Ameerika kodanik, kuid sündisin Tšiilis. Olen olnud täiskohaga teenistuses alates 1988. aastast. Aasta pärast abiellumist, 1991. aastal ordineeriti mind ja minu abikaasa Baruch Christ For The Nations kooli poolt Dallases, Texase osariigis ja meid läkitati välja misjonipõllule rahvastesse prohvetliku sõnaga selle kooli õppejõu, tuntud prohveti sõnadega: "Minge ja kuulutage, minge ja kuulutage, minge ja kuulutage!" Sellest ajast peale me oleme juudi apostlitena läinud ja kuulutanud rohkem kui 50 riigis. Meil on olnud eesõigus tervendada haigeid, ajada välja deemoneid ja näha tuhandeid päästele tulemas. Olen olnud televisioonisaadete edastaja alates 2015. a, mil taevane Isa andis meile käsu kolida Iisraelist Floridasse, St. Augustine linna, USA esimesele rannikule ja väravale. Me oleme siin, et seista müüripraos ja võidelda Ameerika rahva hinge eest.

Ma sündisin uuesti pärast dramaatilist kohtumist Messiaga Kinnereti (Galilea järv) vete ääres, kui Jeshua end mulle ilmutas. Ta viskas mind maha mu "hobuse seljast", sarnaselt juudi apostel Shaulile

(Paulus), välja arvatud see, et minu puhul ei olnud tegemist reaalse hobusega, vaid turismibussiga (kuna ma olin siis ja olen ka täna Iisraeli litsentseeritud giid). Keegi ei kuulutanud mulle evangeeliumi, vaid see oli jumalik kohtumine, mis raputas mind mu olemuse tuumani. See juhtus Bütsantsiaegses Püha Peetruse kirikus Galilea järve ääres, kus olin samal ajal ka Mehhiko katoliiklaste turismigrupile giidiks. Selle ülesande raames olin korraldanud neile selles kirikus missa teenistuse.

Kui ma kuulsin Messiat minuga rääkimas, siis tundsin väge, mis üritas mind selle iidse kiriku seinal oleva risimärgi ette põlvili suruda. Ma üritasin vastu hakata, sattudes paanikasse ja lõpetades siiski põlvedel. Siis ma kuulsin häält, mis ütles: "Dominiquae, jookse oma elu eest, saa kastetud ja päästetud." Ma olin šokis! Ma olen sefaradi juut, kelle esivanemad pagendati 1492. aastal Hispaaniast inkvisiitor Torquemada käe läbi, mehe, kes sooritas kõik need juutide vastased kuriteod Jeesuse Kristuse nimel ja risti all - ja siin selle risti ees pean ma põlvitama?

Esimene vastuväide sellele häälele minu sees oli: "Mis on sul tegemist minuga, juudiga, sest sa oled ju kristlaste Jumal?" Ma ei tundnud kristluses ja Jeesuses Kristuses ära oma juudi Messiat. Kuid midagi minust võimsamat pani mind jooksma elu eest, et saada kastetud ja siis saada päästetud. Ma teadsin, et olin patune inimene ja olin rikkunud Jumala käske. Ma vajasin andeksandmist ja päästet.

Täpselt 24 tundi varem, pärast viit kuud kestnud isiklikku ja perekondlikku tragöödiat, olin "rünnanud" lõuendit värvipliiatsitega, kirjutades järgmised sõnad:

""Valgus, kuhu sa kadunud oled, tule minu juurde!"

24 tundi hiljem olin põlvili risti ees ja siis jooksin oma elu päästmiseks maailma valguse poole. Minu kõrvus kõlas küsimus: "Mis on Iisraeli Jumalal, kelle poole ma hüüdsin, pistmist kristliku

Jeesuse Kristusega?" Minu teekond inimkonna ajaloo suurima identiteedivarguse avastamiseks oli alanud.

Sellest rohkema teabe saamiseks, soovitan teil lugeda minu raamatut *"Jah" (Yes)!* *

---

* https://kad-esh.org/et/pood/jah/

VÄRAV 2

TAPMINE KRISTUSE NIMEL

"Varas ei tule muu pärast kui varastama ja tapma ning hävitama. Mina olen tulnud, et neil oleks elu ja kõike ülirohkesti!"

— JOHANNESE 10:10

Kui toimub vargus, siis peab olema ka varas. Piibli määratluse kohaselt on saatan kõigi varaste varas. Kas võib olla, et algusest peale on see olnud saatana plaan varastada juudi Messia identiteet ja asendada see roomapärase Kristuse identiteediga, et hävitada kõik rahvad? Jah, kaasarvatud ka sinu rahvas!

Püüan selles raamatus tõestada, et kui me Messia juudi identiteeti ei taasta, on kogu maailm täieliku hävingu teel. Me näeme, et see toimub juba loodusõnnetuste, tormide, katkude (nagu Ebola ja koroonaviirus) kaudu, kuid suurim katk on miljonite inimeste vaimulik surm kirikutes - nii katoliiklaste, protestantide kui evangeelsete seas. Euroopas ja nii Põhja- kui ka Lõuna-Ameerikas on kasvamas antisemitismi oht. Ameerika Ühendriikides kasvas antisemitism 57% aastatel 2016 kuni 2017... (Anti-Defamation League)

Messia identiteedi tagasivõtmine viib enneolematu ülemaailmse taaselustamise ja ärkamiseni, vastavalt tõotusele Rm 11:15: *"Sest kui juba nende (juutide) hülgamine on maailma lepitus, mis on siis nende vastuvõtt muud kui surnuist ellusaamine?"* Juutide lepitus Messiaga toob elu kirikutesse ja rahvastele. Kuid Iisraeli rahvas ei saa kunagi lepitatud roomaliku Jeesuse Kristusega, kelle nimel on mõrvatud miljoneid juute. Nad saavad lepitatud ainult juudi Messiaga, kelle nimeks on Jeshua.

Antisemitism ei vähene kunagi, nii kaua kui kristlased kuulutavad rooma Kristust. See on ainult kasvanud pärast seda, kui roomalik Kristus asendas 4. sajandil juudi Messia. Kuid kui kõik kristlikud evangelistid, pastorid ja prohvetid hakkavad juutide Messia nimel jutlustama, saab antisemitism kirikutes lüüa ja paljud juudid leiavad nende Messia. See toob ellutõusmise surnuist või selle, mida ma nimetan "Kolmanda päeva ärkamiseks". Kolmanda aastatuhande võidukäik.

Messia juudi identiteedi tagasilükkamine viib kohutava kohtuni, mis algab Jumala kojast. Elava Jumala truu poeg või tütar peab armastama Jumala poega sellisena, nagu ta on ja ta on juut ning tema nimi on *Jeshua*, mis heebrea keeles tähendab *"päästet"*. Kuidas saab inimene, kes väidab, et kuulub Päästjale, teda juudina tagasi lükata? Jumala Poega kutsutakse endiselt kuni Ilmutuse raamatuni Juuda lõviks, ja see juut on ainus, kes on väärt avama kohtumõistmise raamatut.

> "Ja üks vanemaist ütles mulle: "Ära nuta! Vaata, lõvi Juuda suguharust, Taaveti juur, on võitnud nii, et tema võib avada raamatu ja lahti võtta selle seitse pitserit!"
>
> — Ilmutuse 5:5

"Sest aeg on kohtul alata Jumala kojast; kui see aga algab kõigepealt meist, missugune ots ootab neid, kes ei ole sõnakuulelikud Jumala rõõmusõnumile?"

— 1 Peetrus 4:17

Ühel päeval sosistas Elohimi Vaim mu kõrva, *"Minu pruut armastab minu (heebrea) nime (ja minu juudi identiteeti)."*

Tema nimi on Jeshua, ja ta on juutide kuningas — mine ja kuuluta seda.

Fakte Identiteedivarguse kohta

Identiteedivargus on kellegi teise identiteedi tahtlik kasutamine, tavaliselt selleks, et saada teise isiku nimel rahalist kasu või muid hüvesid, ja võib-olla ka tegutseda teise inimese kahjuks. *Isik, kelle identiteeti kasutatakse, võib kannatada kahjulike tagajärgede käes, eriti kui teda peetakse varga vägivallategude eest vastutavaks.* (Wikipedia Contributors)

Juudid eeldavad, et nende Messia ei ole kindlasti mitte Jeesus Kristus, sest tema nimel on juute alandatud, taga kiusatud, piinatud ja mõrvatud. Hea uudis on see, et kedagi pole piinatud ega mõrvatud Jeshua nimel.

Isiku identiteedi varastamise korral võib varas imiteerida varguse ohvrit ja teeselda, et ta on see inimene. Miljonid kristlased usuvad rooma Kristusesse isegi siis, kui nad oma sügavas sisemuses teavad, et Ta on juut. Ent neid on õpetatud tagasi lükkama, kahtlustama ja isegi vihkama kõike juudilikku. Ainuüksi tõsiasi, et inimesed nimetavad teda endiselt Jeesuseks Kristuseks, on suurim suitsukate, nii et keegi ei suhtu temasse kui juuti. See trotsib taevase Isa tahet, kes valis Pojale heebreakeelse nime Jeshua. Igaüks, kes kutsub teda Jeshuaks, ei saa ignoreerida tõsiasja, et ta on juut. Nime muutmine on väga tõsine, kuna see tähendab identiteedi muutumist. Esimene Messia identiteedi varguse etapp on tema nime transliteratsioon, mis ei ole tõlge. Nimi latiniseeriti roomapäraseks *Iesous Christos'ks,* kuna see oli massidele meelepärasem, kuid sellega läks kaduma Isa poolt Iisraelile antud igavese lepingunimi.

Mõnede teadlaste arvates sarnanes nimi ise nimega Zeus või Jupiter, päikesejumal. See kõlas nagu Je-Zeus ja kuna enamik inimesi ei osanud lugeda, siis seostasid nad selle kuulmise kaudu Zeusi nimega, jumalaga, keda nad juba kummardasid. Neid oli lihtne veenda, et selline jumal suri nende eest. See muutus eriti lihtsaks, kui kristlikku kirikukalendrisse kohandati paganlikud roomalikud pühad. Päikesejumal Zeusi kummardavad pühad asendasid Iisraeli rahvale antud algsed, Piibli messiaanlikud pühad.

Pange tähele ka seda, millist tarkvara on 21. sajandil identiteedivarguste jaoks kasutatud.

2010. aasta oktoobrikuu artikkel pealkirjaga "Küberkuritegevuse lihtsustamine" selgitas häkkerite pahavara taset. Nagu ütles Microsofti turbetehnoloogia peaspetsialist Gunter Ollmann: "Kas olete huvitatud krediitkaardi vargusest? Selle jaoks on olemas rakendus." See avaldus võttis kokku, kui hõlpsalt pääsevad need häkkerid veebis igasugusele teabele ligi. Uus programm arvutite nakatamiseks sai nimeks Zeus, mida peetakse nii häkkerisõbralikuks, et isegi kogenematu häkker suudab seda kasutada. Ehkki häkkimisprogrammi on lihtne kasutada, ei vähenda see asjaolu laastavat mõju, mida Zeus (või muu tarkvara nagu Zeus) arvuti ja kasutaja jaoks teha võib. Näiteks väitis artikkel, et sellised programmid nagu Zeus võivad varastada krediitkaarditeavet, olulisi dokumente ja isegi riigi turvalisuse tagamiseks vajalikke dokumente. Kui häkker selle teabe hankimisega hakkama saaks, tähendaks see identiteedivargust või isegi võimalikku terrorirünnakut. Integreeritud ohtude hindamise keskuse (ITAC) andmetel on 2012. aastal varastatud umbes 15 miljoni ameeriklase identiteet. (Wikipedia Contributors)

Zeus on nakatanud ka usu, asendades piibellikud pühad, Messia juudi nime ja identiteedi rooma Kristusega.

Kui nimi Jeshua translitereeriti Jesous (või Jeesus), siis kaotas see oma prohvetliku tähenduse, milleks on "pääste" ja hõlmab endas kogu lunastuse paketti, tervenemist ja vabastust. Kuna see nimi kaotas oma heebrea iseloomu oli paganatest kristlastel palju lihtsam suhelda romaniseeritud Jeesuse kui juudi Jeshuaga, muutes seeläbi ka lihtsamaks juutide vihkamise ja tagakiusamise Kristuse nimel.

Järgnevalt on üldtuntud kirikuisade antisemiitlikud tsitaadid juutide kohta.

Aleksandria Origenes (185 – 254 pKr)

Origenest on peetud üheks mõjukaimaks kristlikuks teoloogiks enne Augustinust ja üheks vastuolulisemaks kristlikuks mõtlejaks läbi aegade.

> Seega võime täie usaldusega väita, et juudid ei naase oma varasema olukorra juurde, sest nad on inimkonna Päästja vastu vandenõu vormistades toime pannud kõige koledamaid kuritegusid ... seega hävitati linn, kus Jeesus kannatas, juudi rahvas aeti oma maalt välja ja Jumala valiku kohaselt kutsus ta õnnistuste pärijaks teise rahva. (Seltman; YashaNet)

Johannes Chrysostomus (344 – 407 pKr)

Johannes Chrysostomus (Krisostomus) oli üks "suurimaid" kirikuisasid; tuntud kui "kuldsuu". Misjonärist jutlustaja ütles ühes oma paljudest jutlustes järgmist:

> Sünagoog on hullem kui bordell... see on kurinahkade urg ja metsloomade koobas...see on ebajumalate kultusele pühendunud deemonite tempel...röövlite ja liiderdajate pidupaik, paharettide koobas. See on kuritegelik juutide kogunemispaik ... Kristuse mõrvarite kohtumispaik... koht mis on hullem kui kõrts... varaste urg, halva kuulsusega maja, patuurgas, hukatuse kuristik ja sügavik."..."Ma ütleksin sama nende hingede kohta ... Mina isklikult vihkan sünagooge... ma vihkan juute samal põhjusel. (YashaNet; Hay)

Aurelius Augustinus (354 – 430 pKr)

Augustinuselt pärines teooria, et juutide saatuseks on elada kurjuse ja kristliku tõe tunnistuseks. Neid ei tohi tappa, sest nad on ära märgitud nagu Kain. Augustinuse tunnistuses 12.14, on öeldud:

> Kui vihatavad on mulle Pühakirja vaenlased! Kuidas ma soovin, et sina, Jumal, lööksid nad (juudid) maha oma kaheteralise mõõgaga, nii et su sõnale ei saa enam keegi vastu seista! Rõõmuga näeksin ma neid suremas, et elada sinule! (YashaNet; Outler)

Venerable Bede

Venerable Bede (Peter the Venerable) oli tuntud kui "kõige vagam inimestest, kristliku heategevuse eeskuju."

"Jah, teie juudid. Ma ütlen: kas ma pöördun teie poole; teie, kes te tänapäevani eitate Jumala Poega. Kui kaua, te armetud, ei usu tõde? Tõesti, ma kahtlen, kas juut võib üldse inimene olla... Ma toon selle koletisest looma tema urust välja ja paljastan tema naeruväärsuse kogu maailma amfiteatri silmades. Ma toon su välja kõigi inimeste silme ees, sina juut, sina metsaline." (YashaNet; Hay)

Adolf Hitler kuulutas juudid ebainimlikeks kahjuriteks ning seetõttu hävitamist väärt, mida kõik kristlased olid sunnitud uskuma oma hingekarjaste ja kirikute õpetuste kohaselt.

Oleme ülalnimetatud teolooge uurinud aastate vältel erinevate Ameerika ja teiste riikide teoloogiaseminaride ja piiblikoolide materjalide põhjal. Need teoloogid jätsid juudivaenuliku pärandi, mis mõjutab kristlust tänapäevani. Halvima juudivaenuliku pärandi jättis kuulus kiriku reformaator Martin Luther. Lutheri 1543. aastal välja antud raamat "Juutidest ja nende valedest", viis juutide vihkamise uuele tasemele. Selle raamatu juhised said Hitleri *Lõpplahenduse* manuaaliks. Adolf Hitler tsiteeris Lutherit oma raamatus "Mein Kampf" kui inspiratsiooniallikat enda rahuldamata püüdlustes juute Teise maailmasõja ajal täielikult hävitada!

Martin Luther "Juutidest ja nende valedest", 1543 a. (väljavõtted)

"Kuidas peame meie, kristlased, selle hüljatud ja neetud juudi rahvaga toimima? Kuna nad elavad meie keskel, ei peaks me nende käitumist sallima. Me peame palve ja jumalakartuse läbi praktiseerima karmust, et näha, kas saame vähemalt mõned neist tuleleekidest päästa. Me ei pea ise kätte maksma. Tuhat korda hullem kättemaks, kui see, mida me neile võiksime soovida, on juba nende kõri kallal. Annan teile siirast nõu:

Esiteks, süüdatagu põlema nende sünagoogid või koolid, ja mis ära ei põle, kaevatagu maasse, et ükski ei näeks enam kunagi selle kive ega jäänuseid. Seda tehtagu meie Issanda ja kristluse auks, et Jumal näeks, et oleme kristlased ning, et me ei ole meelega sallinud ega heaks kiitnud sellist tema Poja ja tema kristlaste vastu suunatud avalikku valetamist, needmist ja mõnitamist.

Teiseks, lõhutagu nende majad maatasa ja hävitatagu, kuna nad tegelevad seal samade asjadega, millega oma sünagoogideski. Selle asemel paigutatagu nad varjualustesse või küünidesse nagu mustlased. See toob nad arusaamisele, et nad ei ole meie maal isandad, nagu nad hooplevad, vaid elavad ainult pagenduses ja vangis, nagu nad lakkamatult Jumala ees meie üle halavad ja kaeblevad.

Kolmandaks, võetagu neilt ära kõik nende palveraamatud ja Talmudi kirjutised, milles sellist ebajumalateenimist, valesid, needmist ja jumalapilget õpetatakse

Neljandaks, keelatagu nende rabidel elu ja ihuliikmete kaotamise hirmus õpetada.

Viiendaks, keelatagu juutidel täielikult maanteedel liikumine, sest neil ei ole maapiirkondadesse asja, kuna nad ei ole maaisandad, ametnikud, kaupmehed ega muud sarnast. Nad jäägu koju. Kui teie, vürstid ja aadlikud ei sulge avalikke teid sellistele ekspluateerijatele, siis võib juhtuda, et mõni sõjaväeüksus kohtleb neid karmilt, sest nad on saanud sellest infolehest teada, kes juudid tegelikult on ja kuidas neid kohelda ning et neid ei või kaitsta. Te ei tohiks, te ei saa neid kaitsta, kui te ei soovi Jumala silmis olla osalised kõigist nende jäledustest.

Lühidalt, kallid vürstid ja isandad, kelle alluvuses on juute: kui mu nõu teile ei meeldi, leidke parem, nii et teie ja meie kõik saaksime lahti sellest talumatust saatanlikust juutide koormast."

Las valitsus tegeleb nendega nagu ma olen soovitanud. Kuid olenemata sellest, kas valitsus tegeleb või mitte, las igaüks vähemalt laseb ennast juhtida oma südametunnistusest ja kujundab endale juudi kohta pildi. Juuti vaadates või tema üle mõtiskledes peate endale ütlema: Ohh häda, see suu, mida ma näen, on igal laupäeval needmud, hukanud ja halvaks pidanud mu kallist Issandat Jeesust Kristust, kes on mind lunastanud oma kalli verega. Lisaks on see suu palvetanud Jumala ees, et mind, mu naist ja lapsi ning kõiki kristlasi löödaks surnuks ja me kõik hukkuksime, et meie varandust enda kätte saada ja kasutada...

Niisugused läbinisti kurjad, mürgised ja kuratlikud on need juudid, kes need tuhat nelisada aastat on olnud ja on endiselt meile nagu katk ja õnnetus. (Martin Luther "Juutidest ja nende valedest", tühik üle koma ja jm vahel YashaNet).

Ajalooliselt teame, et Hitleri Saksamaa natsid trampisid poolsurnud juutide kehadel ja rammisid nad surnuks, samal ajal kui natsismist mõjutatud Euroopa kristlik elanikkond, kas eiras seda hävitustööd või tegi natsidega koostööd, sest Saksa rahvuse ja kõigi protestantide ja evangeelsete kristlaste vaimne juht (Luther) ei lubanud neid (juute) kaitsta. Lutheri sõnul põhjustaks juutide kaitsmine viletsuse, surma või hävingu ja Jumala viha. Protestantlike kristlaste kohus oli mitte kaitsta juute. Oli inimesi, kes riskisid oma eluga, nagu Oskar Schindler, Corrie Ten Boom Hollandist ja mitmed teised, keda me väga austame, kuid enamus tolleaegsete inimeste käitumise määras määras *tühik üle* nende kohalik kirikuisa, mis tähendas juutide laimamist, reetmist, alandamist ja mõrvadele kaasaaitamist.

Hitler ütles samuti, et ta järgis Jumala tahet nagu seda oli välja öelnud kõigi aegade suurim reformaator. Tema plaaniks oli juutide hävitamine ja ta kutsus neid nagu Luther - parasiitideks, taudiks, katkuks ja ebaõnneks. Protestantlike ja katoliku kirikute juhid pidid nüüd kõik hoolt kandma selle eest, et kõik näeksid juute kui ebainimlikku kahjurit, mida on vaja kõigi vahenditega hävitada.

Pole identiteedivargust, pole holokausti

Kui identiteedivargust poleks juhtunud, poleks natside holokaustil olnud vundamenti, millel seista! Hitler mõrvas ühe kolmandiku või veerandi juutidest. Kui kõik kristlased oleksid teadnud, et nende eest elu andnud päästja oli juut, poleks nad Hitleriga koostööd teinud. Saksamaal surusid nii katoliiklikud kui ka protestantlikud vaimulikud Hitleril võimuletuleku puhul kätt. Nii luteri kui ka katoliku kiriku esindajaid oli natside ja isegi SS-ohvitseride hulgas. Poolas ja Saksamaal tegutsevad kirikud, mis asetsesid koondus- ja surmalaagrite lähedal, laulsid teenistuse ajal "lihtsalt valjemini", et mitte kuulda loomavagunites surmalaagritesse veetavata juutide appikarjeid. Surmalaagrite lähedal asuvate linnade kirikud, näiteks Oswiecimis Auschwitz-Birkenau lähedal, võisid teadaolevalt isegi korstnatest eralduva juutide põleva liha haisu tunda, siiski tehes samaaegselt natsidega koostööd või olles tegevuseta nende massimõrvade peatamiseks.

Ja siiski, see oli juudi Messias ise, keda nad Jeesuse Kristuse nimel põletasid. Ta põles ka inkvisitsiooni tuleriitadel, kus paljud sunniviisiliselt katoliiklusesse pööratud juudid pärast kohutavaid piinamisi elusalt põletati. Neid piinati ja põletati tuleriitadel selle pärast, et nad tahtsid hoida piibellikke juudi tavasid nagu shabbati ja paasapüha pidamine. Kristlastest ristirüütlid põletasid ristisõdade ajal Jeruusalemmas ka juudi Messia Jeshua. Nad põletasid Jeruusalemmas kogu juudi elanikkonna 1099. aastal pKr kõrgele tõstetud Kristuse nime kandvate loosungitega ja laulsid "Kristus, me jumaldame sind."

Niikaua kui me jätkame kutsumast teda selle roomapärase nimega, tähistades roomalik- paganlikke pühi nagu jõulud ja lihavõtted, pole Messia juudi identiteedi taastamise võimalust ja antisemitism, sealhulgas antisionism, levib kulutulena kristlikes kirikutes, mis langevad suure kohtu alla, sest Iisraeli Jumal on väga tundlik "tema silmatera" suhtes.

> "Sest nõnda ütleb JHVH Tsevaot (vägede) pärast seda, kui ta au mind läkitas paganate juurde, kes teid riisusid, sest kes puudutab teid, see puudutab tema silmatera."
>
> — SAKARJA 2:12

Me ei saa tegeleda antisemitismiga pinnapealselt, me peame minema selle juure juurde ja selle välja juurima. Kui Messiasse uskujad saavad vabaks Messia romaniseeritud identiteedist, alles siis on neil jõudu ja meelevalda selle vastu võidelda ja võita.

> "Nõnda iga hea puu kannab head vilja, aga halb puu kannab halba vilja. Hea puu ei või kanda halba vilja ega halb puu kanda head vilja. Iga puu, mis ei kanna head vilja, raiutakse maha ja visatakse tulle."
>
> — MATTEUSE 7:17–19

Isegi kui sa oled Iisraeli armastav kristlane, peaks olema kohustuslik taotleda tema juudi identiteedi täielikku taastamist, sealhulgas tema lepingu nime, tema lepingu shabbatit ning piibellikke pühi. Iisraeli "romantiliselt" armastamisest ei piisa; ei piisa isegi meedias ja poliitikas Iisraeli eest võitlemisest. Peame armastama Iisraeli Messiat kui juuti, koos tema juudi nime, Toora, tema Iisraeli rahva ja maaga. See vabastab selle, mida ma nimetan "Kolmanda päeva ärkamiseks" ja *khavod* (chavod) - Jumala kaaluka au ilma piiranguteta. Saame tagasi esimese sajandi juudi jüngrite messiaanliku, apostelliku, prohvetliku väe ja autoriteedi ning see taastab kõik, mis on vaja taastada, et valmistuda Messia tagasitulekuks.

> "Sellepärast parandage meelt ja pöörduge, et teie patud kustutataks, et hingamiseajad tuleksid Jumala palgest ja et ta läkitaks teie jaoks määratud Messias Jeshua, keda taevas peab pidama enesele selle ajani, mil oma kohale asetatakse kõik, mis Jumal on rääkinud kõigi oma pühade prohvetite suu kaudu maailma ajastust alates."
>
> — APOSTLITE TEOD 3:19–21

Peame võitlema ja võitma 5-pealine koletise, mis on valitsenud ülekaalukalt ja peaaegu vaidlustamatult peaaegu igas kristlikus denominatsioonis või üldiselt nimetatud kirikus. Edu saavutamiseks peame kõigepealt määratlema lunastaja identiteedi meis endis, ja siis oleme üks ja miski pole võimatu.

Ma soovitan selle teema kohta lugeda minu raamatut "MAP revolutsioon".*

---

* https://kad-esh.org/et/pood/map-revolutsioon

VÄRAV 3

VÕITLUS 5-PEALISE KOLETISE VASTU

Ja nemad on tema võitnud Talle vere tõttu ja oma tunnistuse sõna tõttu ega ole oma elu armastanud surmani.

— ILMUTUSE 12:11

Päästjat ja Messiat kehastav varas on asendanud tema olemuse, milleks on:

- Juuda soost päästja
- Juuda lõvi
- Toora kehastus
- Juutide kuningas
- Jumala võitu

Selline kehastus tuletab mulle meelde lugu Punamütsikesest. Ta arvas, et hunt on ta vanaema, sest hunt oli riietanud ennast vanaema öösärki ja kandis vanaema prille. Kuid tegelikult oli suur kuri hunt varastanud vanaema identiteedi. Selle tõttu oleks väike tüdruk peaaegu surma saanud, kui jahimees-päästja poleks teda viimasel hetkel päästnud! On täiesti olemas suur kuri hunt, kes riietas ennast kristlikuks jumalaks, kuid sarnaneb pigem lohele. See *tegelane* on juute aastasadu hävitanud ning põhjustanud miljonite kristlaste vaimse surma alates 4. sajandist või isegi enne seda. Kõigi rahvaste üle mõistetakse kohut, sest see "hunt lamba riietes" on petnud kõiki rahvaid ja uskkondi, alustades kristlastest.

> "Sest JHVH'l on raev kõigi rahvaste ja viha kõigi nende väehulkade vastu: ta on pannud need vande alla, ta on andnud need tappa! Sest see on JHVH kättemaksupäev, tasumisaasta riiu eest Siioniga!"
>
> — Iesaja 34:2, 8

Messia identiteedivarguse lahingu võitmiseks peame tundma oma vaenlast. Vastupidiselt enamiku inimeste arvamusele pole vaenlane liha ja veri, vaid deemonlik jõud, mida ma nimetan:

Anti-MESITOJUS

Anti-Mesitojus (Messia-Iisraeli-Toora-juutide-sionismi vastane) koosneb viiest peast:

- Anti-Messia (Messia vastane) — on Püha Vaimu võidmise vastu
- Anti-Iisrael (Iisraeli vastane) — kuulutab, et kirik on Iisraeli asemel
- Anti-Toora (Toora vastane) — kuulutab, et Iisraelile antud Toora on iganenud
- Anti-juudi (juutide vastane)— soovib vabaneda kõigist juutidest
- Anti-sionism (sionismi vastane)— on vastu juudi rahva naasmisele Iisraeli maale ja ründab Iisraeli riigi eksistentsi. See vaim osutab sionismile kui rassismile.

Võites vaenlast meie tunnistuse sõnaga

Järgmistes peatükkides lammutame selle 5-pealise koletise viieks komponendiks, et seda võita. Kuid enne kui me seda teeme, lubage mul tutvustada teile usklike tunnistusi, kes on juba koletise alistanud, ning seda enamasti pärast meie raamatute lugemist ja õppimist meie veebipõhises piiblikoolis GRM (Global Revival MAP/Globaalne ärkamise MAP – messiaanlik, apostellik, prohvetlik piiblikool). Need inimesed on pärit erinevatest maailma riikidest ning on erineva uskkondliku tausta ja kasvatusega. Need on vaid mõned vähestest tunnistustest, mis meile saadeti, kuid need näitavad, et identiteedivarguse lammutamine ja tõe taastamine juudi Messia kohta on esile kutsunud Jumala ülemaailmse liikumise. Taaskord, me nimetame seda "Kolmanda päeva ärkamiseks."

Vaimne tervenemine

Lahkusin kodust 16-aastaselt. Ma olin pettunud Jumalas ja oma vanemates ning ma jätsin seljataha nii vanemad kui kõik usu või religiooniga seotud asjad. Kolisin Helsingisse ja proovisin kõike, mida sain, et leida elu mõtet. Suviti reisisin pöidlaküüti kasutades mööda Euroopat ja lahutasin oma meelt igasuguseid narkootikume ja alkoholi tarbides. Kõige selle keskel tundsin end väga üksikuna ja mitmeid kordi joobes olles üritasin kuulutada tuttavatele Jumalast.

Ma ei unusta kunagi, millisena kogesin Jumala ligiolu. Lapsena oli mul tavaks tundide kaupa Pühas Vaimus palvetada. Nüüd oli mu elu üks suur segadus, täis katkisi suhteid ja sõltuvusaineid.

26-aastaselt leidsin end vaimuhaigla kinnisest palatist. Olin mitu kuud võidelnud paanikahäirete, ärevuse ja depressiooniga, kuni kukkusin täielikult kokku. Sellele järgnes seitse aastat põrgut. Otsisin abi kõikjalt: teraapiast, meditsiinist, haiglatest, nõustajatelt ja kirikutest.

Lõpuks kinkis üks sõber mulle peapiiskop dr Dominiquae Biermani raamatu "Juurte tervendav vägi" ja selle raamatu kaudu õppisin ma Jumalat täiesti uuel viisil tundma.

Ma sain teada, et Jeesuse tegelik nimi on Jeshua, mis tähendab "päästet, vabastust ja tervenemist", asju mille järele ma olin terve elu igatsenud! Ma teadsin, et kui ma ei leia kiiresti toimivat abi, siis suren. Ma andsin oma elu juudi Messiale Jeshuale ja ta tegi mind terveks! Ma hakkasin tasapisi Jumala Toora seadusi pidama ja sain täidetud Püha Vaimuga. Ta puhastas mu meeled negatiivsetest ja surmamõtetest ja vabastas kõigist sõltuvusainetest, Ma hakkasin õppima GRM piiblikoolis ja see varustas mind uue vundamendiga elu jaoks.

—Hadassah Danielsbacka, Soome/USA

Tõeline võit

Minu osalemine GRM piiblikoolis oli üks minu elu pöördepunktidest. Elades aastaid kristlasena, hakkasin ma küsima, miks ma ei näe minu enda ümber olevate inimeste elus rohkem võite. Lugesin Piiblist, mis kõik on usu kaudu võimalik, kuid nägin seda väga vähe.

Mu silmad avanesid dr Dominiquae Biermani GRM piiblikooli õpetuste ja raamatute kaudu. Jätkates GRM õpingutega, sai mulle üha selgemaks, et ma vajasin täielikku vabanemist asendusteoloogiast, et nautida rikkumata ja puhast osadust mu oma Loojaga, mu taevase Isaga. See on võidukas teekond!

Ma tänan JHVH-t selle eest, et ta viis mind kokku selle teenistuse programmiga, mis vabastab vangid tõe läbi! Me oleme osa sellest samast vabadusest üle maailma paiknevate meeskonnaliikmetega, kuid see vabadus ühtsuses ei oleks võimalik ilma selle pühendunud juudi abielupaari rahvaid armastava juhtimiseta.

—Reverend Debra Barnes, Alabama, USA

Vaimne kasv

Peapiiskop Dominiquae Bierman on minu vaimulikus kasvus mänginud otsustavat rolli. Tema õpetused on erakordsed ja võitud ning ta oskus asendusteoloogiat paljastada on üks harvaesinevatest õnnistustest Messia ihus.

Dominiquae Bierman on mind isiklikult aidanud rasketel aegadel, näidates üles suurt kaastunnet ja tuues ohvreid teiste heaks. GRM piiblikool on kõrgetasemeline haridusplatvorm vaimseks kasvuks.

Biermanid on Messia ihu aare, mis puudutab tulevasi põlvkondi.
—Pastor Esther, New York, USA

Minu identiteet sai taastatud

Ma leidsin *oma* identiteedi Jeshuas. Temas on mul sisemine shalom (rahu) ja ma ei pea otsima maailmast oma tõelist identiteeti.

Ma olen ülistaja. Kui ängistus ja depressioon üritab minust võitu saada, siis asetan oma sõrmed klaveri klahvidele ja ülistan teda, et saada rohkem tema lähedusse. Siis kõik ängistus kaob.

Mu elu eesmärk on saanud selgeks ajast, mil mõistsin, kes Iisraeli Püha tegelikult on. Ülistades olen ma ka kogenud uut sügavust ja jõudu, kui ma õnnistan Iisraeli. Ma saan alati vastu õnnistatud!
—David Tuominen, Soome

Vaba leigusest ja amoraalsusest

Peapiiskop Dominiquae sõnumid ja õpetused on mind vabastanud leigest kristlikust usust, abielurikkumisest, hoorusest ja mässust, mis lähtuvad religioossetest Iisraeli-vastastest asendusteoloogiaga mürgitatud süsteemidest.

Minu viimase seitsme aasta teekond, mis on kantud juudi apostli ja misjonäri Dominiquae Biermani visioonist ja missioonist, on olnud sõna otseses mõttes surnuist ellusaamine (Roomlastele 11:15).

—Eicha Lohmus, Eesti

Tervenemine kuulekuse kaudu

Olen Isandas tugevamaks saanud tänu Jumala sõna uurimisele peapiiskop dr Dominiquae Biermani raamatute kaudu. Olen lugenud raamatuid "Juurte tervendav vägi", "Aabrahami võti" ja "Poogitud õlipuu külge", mille sõber kinkis, kui hakkasin tõde tundma õppima. Mulle on nende raamatute kaudu Jumala juhendamisest palju kasu olnud. Olin algselt roomakatoliiklane, kuid alates 18. novembrist 2018 olen hakanud Jumalat teenima shabbatil ja üha rohkem juurduma tõe sisse.

On juhtunud imesid ja olen palvetele saanud koheseid vastuseid. Ma rõõmustan ADONAIS ja sain taastatud möödunud aasta novembris leitud kolju osteomüeliidist hetkest, mil tervitasin shabbatit ja hakkasin läbi tegema meeleparanduse, andestuse ja täieliku Jumalale alistumise protsessi.

Olen anestesioloogia õde Arawa ringkonnahaiglas Bougainville'is, Paapua Uus-Guineas. Olen huvitatud Jumala tundmisest ja Jumala sõna kuulutamisest. Olen kuulutustöö jooksul olnud tunnistajaks tema võimsale ligiolule. Inimesed on üha enam huvitatud peapiiskop Dominiquae raamatutest. Koos saame levitada Jumala sõna ja vaimutuld. Olen väga tänulik peapiiskop dr Dominiquae Biermani eest.

—Alex Kehono, Paapua Uus-Guinea

Pimedusest valguse juurde

Juunis 2010, kui olin alles kuus kuud olnud usklik India lastekodus, lugesin raamatut Jeshua nimest, mille on kirjutanud üks juut nimega Dominiquae Bierman. See oli minu esimene kohtumine Messia juudi nimega raamatus, mille oli kirjutanud juuditar Dominiquae Bierman, kelle nime ma peaaegu ei osanud hääldadagi. Häbi ja kahetsusega pean tõdema, et ma ei teadnud tol ajal, et on üldse olemas sellised inimesed nagu juudid.

Tulles riigist, mis on Iisraeli ja juutide jaoks täielikult ukse kinni pannud, elasin 42 aastat oma elust teadmatuses, ehkki elasin viis aastat USA-s ja üheksa aastat Indias. Minu sünnimaa on täielik näide Constantinuse kurikuulsast dekreedist: "Seetõttu ei tohiks meil olla midagi ühist nende neetud juutidega."

HalleluJah! Ma annan tänu ADONAI'LE, sest ta on hea ja tema heldus kestab igavesti (Ps 106:1). Kuigi ma olin olnud pime 42 aastat, olen ma täna tohutult tänulik selle juudi naise Dominiquae Biermani eest ja tema raamatu *"Jeshua on see nimi"* eest. Olen samuti väga tänulik sellele inimesele, kes seda raamatut mulle lugeda andis aastal 2010.

Täna olen lugenud kõiki peapiiskop dr Dominiquae Biermani 19 raamatut, kaasa arvatud raamat "Naisetegur", mille kirjutas tema abikaasa, rabi Baruch Bierman. Mina ja minu pere oleme igavesti tänulikud selle juudi naise ja tema abikaasa eest, kes on andnud ennast elavaks ohvriks JHVH altarile ja toogu nad jätkuvalt esile lammas-rahvaid!

—Pastor Dawid Yosef Lee, Malaisia

Tõde teeb mind vabaks!

Jumal on mind sidunud Kad-Esh MAP teenistusega aastast 2011 ja täna olen ma Ühinenud Rahvad Iisraeli Eest Norra delegaat. Olen mitmeid aastaid olnud tihedalt seotud selle teenistusega ja olen uhke nende ennastsalgava, väärika ja kogu südamest tuleva teenimise eest Jumala kuningriigi heaks. Nad tõepoolest räägivad tõtt armastuses, mis on juhtinud nende endi elu, sest ainult tõde teeb inimese vabaks.

—Pastor Hanne G. Hansen, Norra

Võidmise dramaatiline kasv

Sain GRM Piiblikoolis suure läbimurde osaliseks, mis muutis minu elu ja teenimistööd. Siionis tehtud puhas, originaalne evangeelium viis mind tõotatud maale. Asendusteoloogia kole nahk ja struktuur lahkusid minust ja täna olen puhastatud tuleastja. Minu võidmine ja autoriteet on kasvanud. Olen igavesti tänulik peapiiskop dr Dominiquae vaimse taiplikkuse eest! Ta on mind noominud mu enda heaks, paljastades mu pimeda nurga, mis päästis mu elu ja viis mind sügavasse alandlikkusesse. Ma nimetan seda tõeliseks armastuseks!

—Apostel & prohvet Sana Enroos, Rootsi

Imede kogemine

Ma õppisin GRM piiblikoolis ja lõpetasin vahetult enne sukkoti püha 5780/2019. Olen kogenud imesid ja tunnustähti ja tervenemist nagu ei kunagi varem. Tõde on mind teinud vabaks.

"Te tunnetate tõe ja tõde teeb teid vabaks" (Jh 8:32). "Mina olen hea karjane ja tunnen omi ja minu omad tunnevad mind" (Jh 10:14). Lisaks, on peapiiskop Dominiquae aidanud mul mõista minu usu juudi või heebrea juuri ja ma võin uhkusega öelda, et olen nüüd Iisraeli õlipuu külge poogitud Aabrahami lepingu tütar.

—D'vora Cheung, Hong Kong

Murtud süda sai terveks

2017. aastal osalesin Dominiquae Biermani korraldatud sukkoti ringreisil Iisraelis, mis muutis mu elu. Tõde avanes otse mu silmade ees ja asendusteoloogia oli paljastatud. Uskumatu oli see, et Constantinus oli suutnud petta maailma juba üle 1600 aasta.

Tihti vaatan seda väiksekasvulist juuditari, apostel Dominiquae jutlustamas, teenimas ja palvetamas, mis on täis võidmist, entusiasmi ja maksimaalselt kõike seda, mida Jumala tõeline töötegija anda saab.

Ei ole palju neid, kes suudavad vaimset teenistust vedada ja juhtida üle kolmekümne aasta. On kordi, kus seda juuditari on tõrjutud ja reedetud, kuid ta on jätkuvalt valmis kuuletuma Jumalale, lastes vabaks isegi oma enda lapsed, rahvaste teenimiseks.

Ma ei unusta peapiiskop Dominiquae avatud südant Hiina rahva ees, kui ta palvetas kogu südamest ja võidis igat Hong Kongi paasapüha konverentsile kokkutulnud osalejat aastal 2018. Mingil hetkel lõppes võideõli otsa, aga JHVH tegi ime, mis võimaldas õlivoolul sellest ühest pudelist jätkuda. ADONAI saatis apostel Dominiquae meie juurde nagu Elijahu (Eelija), et pöörata isade südamed laste poole ja laste südamed isade poole. (Malaki 3:24) ja tervendada neid, kes murtud südamelt.

—Serena Yang, Taivan

Usu juudi juured vabastavad vangid

2014. ja 2015. aastal moodustasime meeskonna, kes külastaks naiste vanglat Peruus Limas. Õpetasime kinnipeetavatele tõelist Siioonist alguse saanud evangeeliumi, sama sõnumit, mida kuulutasid juudi apostlid, esimesed Jeshua järgijad. Rajasime oma õpetuse GRM piiblikoolil ja dr Dominiquae Biermani võitud raamatutel. Õpetasime neile teshuva (heebreakeelne sõna meeleparanduse kohta) vajadust Jahve käskude rikkumise pärast ja shabbati kui JHVH eraldatud päeva pidamise tähtsust, milles on õnnistus.

Üks kinnipeetavatest avastas oma heebrea päritolu ja hakkas järgima Toora seadusi ning pidama shabbatit. Vangla administratsioon võimaldas talle eraldatud avara õueala, et pidada shabbatit ja mitmed teised kinnipeetavad ühinesid temaga. Nad esitasid vangla juhtkonnale palve neid selles aidata ja lõpetada hoorus ja amoraalsus nende vangikongides.

Aja jooksul me nägime kuidas paljude kinnipeetavate käitumine muutus omavahelises sutlemises ja ka ülemuste vastu ja nad hakkasid leidma soosingut nende juhtumite kohtumenetlustes!

—Pastor Sonia Gotelli Gonzalez, Peru

Tühjusest täiuseni

Ma olen uskunud Jeesusesse lapsepõlvest saadik. Ühel päeval koguduses jutlustust kuulates, kogesin ma tohutut tühjust. Ma hakkasin otsima midagi enamat, kuid ei teadnud, mis see pidi olema. Käisin erinevates kirikutes, kuid tundsin end orvuna. Ma otsisin tõde keset seda segunenud vaimset maastikku.

Lõpuks leidsin ma GRM piiblikooli. Ma mõistsin, kuidas asendusteoloogia on meid lahutanud juudi usust, heebrea juurtest ja algsetest headest sõnumitest Messia tuleku kohta. Ma õppisin tundma Messia tõelist heebrea nime Jeshua ning selle kaudu ka Messiat ennast. Ma sain teada, kus on minu usu juured. Tühjusetunne kadus ja ma ei olnud enam orb, ma olin leidnud tee tagasi koju!

—Pastor Terhi Laine, Soome

Seadusetusest kuulekuseni

Ehkki olin juba aastaid olnud suurepärases koguduses, oli mu vaimne elu takerdunud. Ma pingutasin palju ja väsisin ära. Ma võlgnen oma elu sellele juudi naisele: kõik õpetused, mida ma olen temalt GRM piiblikooli kaudu saanud, raamatud, reisid Iisraeli jne, on puhastanud mind kõigest, mida Toora ei kiida heaks (seadusetusest) ja teinud mind kuulekaks. Olen leidnud usu heebrea juured, mis on tõelise rõõmu, julguse, pühaduse ja alandlikkuse tee.

Ma olen tänulik Jeshua ja tema juudi vendade-õdede, Biermanite eest!

Tänan sind juudi apostel ja peapiiskop Dominiquae. Ma armastan ja austan sind kui oma vaimset ema. Sa oled lepingu naine ja mina, soomlanna tahan seista sinu kõrval nagu seda tegi moabiit Rutt oma juuditarist ämma Naomi jaoks.

—Sinikka Bäcklund, Soome

Meeleparandus ja lepitus

Minust sai usklik enam kui 40 aastat tagasi, 1978. aastal. Olin "hea kristlane", lugesin Uut Testamenti sageli, kuid mu suhted lähedastega olid keerulised. Ma ei teadnud Iisraeli tähtsusest midagi ja paljud Vana Testamendi lõigud, kuigi olid põnevad lugeda, ajasid mind segadusse ja ma ei saanud aru, miks. Tõotusi oli nii palju, aga kelle jaoks?

2014. aastal juhtis Püha Vaim mind õppima GRM piiblikooli. Esimene tase oli seotud Iisraeliga ja ma mõistsin peagi, kuidas ma olin põlanud Jumala enda valitud maad ja rahvast, tema silmatera. Seejärel käisin Iisraelis sukkoti ringreisil *Piiblikool ratastel* ja seal nutsin ning parandasin meelt oma suhtumisest rahvaste emasse, Iisraeli.

Hiljem palusin ka vanematelt andestust, et olin neisse lugupidamatult suhtunud. Selle tulemusel hakkasid minu lapsed minu ja mu abikaasa, oma vanemate suhtes rohkem lugupidamist üles näitama. See omakorda taastas minu head suhted lähedastega. HalleluJah, Jeshua on vägev!

—Erja Lastunen, Soome

Uus lehekülg elus

Olen olnud "tavaline usklik" alates kümnendast eluaastast. Hilisematel aastatel küsisin isalt sageli: "Millal mu elu tegelikult algab?

Kiitus Iisraeli Pühale Jumalale, kes valmistas mind juba pikka aega ette Siionis tehtud evangeeliumi vastuvõtmiseks, paludes mul iga päev valjusti kuulutada: "Ma kõnnin tões ja ühelgi pettusel pole minu üle võimu."

Kui ma sain Dominiquae Biermani raamatu "Juurte tervendav vägi", tuletas Püha Vaim mulle seda kuulutamist meelde. Raamatut lugedes oli tunne, et kõik, mida see sisaldas, oli mu südamesse välja valatud. Ma lugesin, nutsin ja parandasin meelt. Kuidas küll tõde õnnistab ja vabastab!

Siis teadsin, et minu Päästjaks oli juudi Messias Jeshua. Temaga koos tulid minu ellu shabbatid, piibellikud pühad, Isa käsud ja toitumisseadused, mis Püha Vaim kirjutas minu südamesse ja meeltesse. GRM piiblikool tugevdas mu käimist Jeshuaga ja andis stabiilse vundamendi.

—Anneli Seppälä, Soome

"Ja ma kuulsin suurt häält taevast ütlevat: "Nüüd on õnnistus ja vägi ja kuninglik valitsus saanud meie Jumala ja meelevald tema Messia kätte, sest välja on visatud meie vendade süüdistaja, kes nende peale kaebab meie Jumala ees päevad ja ööd! Ja nemad on tema võitnud Talle vere tõttu ja oma tunnistuse sõna tõttu ega ole oma elu armastanud surmani."

— Ilmutuse 12:10–11

VÄRAV 4

VÕIDMISE KAOTAMINE

Pea number 1: Messia vastane

"Vaid te saate väe Ruahh Ha'Kodeshi käest, kes tuleb teie üle, ja te peate olema minu tunnistajad Jeruusalemmas ja kogu Juuda- ja Samaariamaal ning ilmamaa äärteni."

— APOSTLITE TEOD 1:8

Kui 4. sajandi kristlik kirik hülgas juudid ja kõik juudiliku või juutlusega seotu, siis hülgas kirik ka juudi Messia, selle Jumala Võitu koos tema võidmisega. Püha Vaim (Ruahh Hakodesh*) lahkus äralangenud kirikust, mis aeglaselt, kuid kindlalt sisenes pimedasse keskaega. Antimessia või antiMashiahh tähendab "võitu vastast ja võidmise asendamist võltsinguga"

Tõelise identiteedi tähtsus

Varas, kellele on kättesaadav inimese kohta kogu isiklik teave, ID-number ja muud üksikasjad, pääseb ligi oma ohvriks valitud

---

* Ruahh Ha'kodesh tähendab heebrea keeles Püha Vaim.

isiku pangakontole ja varastab kogu tema raha ja asjad. Esimene asi, mis varastati juudi Messia Jeshua asendamise käigus rooma Jeesuse Kristusega, oli võidmine ja apostellik meelevald.

Võidmine või heebrea keeles *meshikha* (tähendab Püha Vaimu väge), lahkus. Prohvteeringud, tunnustähed ja imed lakkasid, kui Constantinus lahutas kiriku juutidest ja usu juudi juurtest. Kuna Messias on juut, taandus ta sellest tagasilangenud kirikust. Messia või *Mashiahh* tähendab "võitut" ja see tähendab "Püha Vaimu võidmisega valitsema volitatud". Iisraeli maal olles ütles Jeshua: "Minu kuningriik ei ole sellest maailmast" (Jh 18:36) ja "kui ma Jumala sõrmega ajan deemonid välja, siis on Jumala riik jõudnud teie juurde" (Lk 11:20). Jumal võidis teda valitsema deemonlike jõudude ja valitsuste üle, tervendama haigeid ja välja ajama deemonid. Ta täitis Jesaja 61:1 "ADONAI ELOHIMI Ruahh (Vaim) on minu peal, Vaim on minu peal, sest JHVH on mind võidnud; ta on mind läkitanud viima rõõmusõnumit alandlikele, parandama neid, kel murtud süda, kuulutama vabastust vangidele…"

Sama võidmise kandis ta üle oma juudi jüngritele:

> "Jeshua kutsus oma kaksteist jüngrit enese juurde ja andis neile meelevalla rüvedate vaimude üle, neid välja ajada ja parandada kõike tõbe ja kõike viga."
>
> — MATTEUSE 10:1

Kuid see ei piirdunud kaheteistkümnega:

> "Pärast seda määras Jeshua teised seitsekümmend ja läkitas nad kahekaupa enese eele igasse linna ja paika, kuhu ta ise mõtles minna. Ja ta ütles neile: "Lõikust on palju, aga töötegijaid

vähe; seepärast paluge lõikuse Isandat, et ta läkitaks välja töötegijaid oma lõikusele! Siis need seitsekümmend tulid tagasi rõõmuga ja ütlesid: "Adonai, ka kurjad vaimud alistuvad meile sinu nime tõttu!"

— Luuka 10:1–2, 17

Jeshual ei olnud kavas ilma Püha Vaimu võidmise ja meelevallata lasta meil tunnistada, parandada kõike tõbe ja ajada välja kurje vaime.

Järgnevad on Jeshua viimased sõnad enne tema ülesvõtmist. See on tema tahe kõigile usklikele, nii juutidele kui paganatele!

"Aga te saate Püha Vaimu väe, kes tuleb teie peale, ja peate olema minu tunnistajad Jeruusalemmas ja kõigel Juuda- ja Samaariamaal ja maailma otsani!" Kui ta seda oli öelnud, siis tõsteti ta üles nende nähes ja pilv viis ta nende silme eest ära."

— Apostlite teod 1:8–9

Pärast surnuist ülestõusmist andis ta oma jüngritele juhised, et nad ei teeks mitte midagi enne, kui nad on saanud Püha Vaimu väe. Head religioossed teod ei toimi, vaid üksnes need, mis on tehtud Püha Vaimu võidmises ja väes.

"Ja kui shavuoti (nädalatepüha, nelipühapäev) kätte tuli, olid kõik ühes paigas koos. Ja taevast sündis äkitselt kohin, otsekui oleks kange tuul puhunud, ja täitis kõik koja, kus nad istusid. Ja neile ilmus nagu lõhestatud tulekeeli, ja need langesid üksikult igaühe peale nende seast. Ja nad kõik said täis *Ruahh*

Ha'kodesh (Püha Vaimu) ja hakkasid rääkima teisi keeli, nõnda nagu Ruahh neile andis rääkida."

— Apostlite Teod 2:1–4

Püha Vaim langes nende umbes saja kahekümne pühadeks kokku tulnud juudi jüngri peale, kes olid kogunenud templi ülakambris, kus nad palvetasid ja otsisid Jumalat. Nad olid kõik ühel meelel pidamas piibbellikku *shavuoti* (nädalatepüha) püha. Nad olid õpetuslikult kõik "samas arusaamises" ja neil oli üks ühine eesmärk-saada täidetud Isa väega kõrgest ja saada selle ühe Võitu tunnistajateks Jeruusalemmas ja kõigel Juuda- ja Samaariamaal ja maailma otsani. Järgnevad olid tunnustaähed, mis järgisid neid juudi Messiasse usklikke:

"Ja ta ütles neile: "Minge kõike maailma ja kuulutage evangeeliumi kõigele loodule. Kes usub ja keda kastetakse, see saab päästetud; aga kes ei usu, see mõistetakse hukka. Aga tunnustähed järgivad neid, kes usuvad. Minu nimel nad ajavad kurje vaime välja, räägivad uusi keeli, võtavad üles madusid, ja kui nad mõnd surmajooki joovad, ei tee see neile mitte kahju; haigete peale nad panevad käed, ja need saavad terveks." Ja Adonai Jeshua, kui ta oli nendega rääkinud, võeti üles taevasse ja ta istus Isa paremale käele. Aga nemad läksid välja ja jutlustasid igal pool. Ja Adonai töötas ühes nendega ning kinnitas sõna tunnustähtedega, mis pärast seda sündisid."

— Markuse 16:15–20

See ei oleks pidanud kunagi lõppema.

"Minge siis ja tehke jüngriteks kõik rahvad*, neid kastes minu nimesse, ja neid õpetades pidama kõike, mida mina teid olen käskinud. Ja vaata, mina olen iga päev teie juures maailma-ajastu otsani!"

— MATTEUSE 28:19–20

Tema jüngrid pidid kandma tema väe ja võidmise märke ja seda igal pool, kuhu nad läksid ja igas põlvkonnas.

Asendusteoloogia läbi Messia IDENTITEEDI VARGUSE, varastas aga evangeeliumi juudilikkuse ja väelise võidmise, mis käib koos võitud juutide kuninga tõelise identiteediga. Kõiki meie hulgast, nii juute kui õlipuu külge poogitud paganaid (Rm 11:11-24), kutsutakse messiaanlikeks, võitud usklikeks, et demonstreerida Kõigeväelise JHVH kuningriiki pühaduses ja väes.

Jeshua andis neile meelevalla teha jüngriteks terveid rahvaid, tervendada haigeid, ajada välja kurje vaime ja õpetada pidama kõike, mida nad olid temalt õppinud. Ta õpetas oma järgijatele kogu aeg Toorat. Ta selgitas kõike, mis oli "alla laetud" Moosese kaudu, ja tegi selle ülimuslikuks, sealhulgas kõik sotsiaalsed- ja moraaliseadused. Ta tõi esile iga Iisraeli piibeliku püha prohvetliku tähenduse täiuse ja pidas neid kõiki. Ta pidas shabbatit Püha Vaimu vabaduses teha head, tervendada ja päästa. Ta astus vastu oma aja usujuhtidele. Ta lükkas kummuli ahnete rahavahetajate lauad ja palju muud.

Selline oli juudi Messia Jeshua, kes ennast oma juudi rahvale ilmutas ja käskis neil teha sama ja õpetada teisi seda tegema, kuni ajastu lõpuni.

---

* *Matteuse heebreakeelses originaaltekstis on öeldud, et "neid kastetakse minu nimesse", viidates Jeshuale.*

21. sajand, nagu 1. sajand!

Siis, enne kui ta lahkus, et viia lõpuni oma kutset ja anda oma elu meie eest, palvetas ta Isa poole (Jh 17). Ta ütles, et paljud tulevad usule selle sõnumi kaudu, mida tema juudi jüngrid kuulutavad. Ta palus, et need "teised", kes tulevad, saaksid usklike juutidega üheks, nii et maailm usuks, et Isa on oma Poja läkitanud.

> "Aga ma ei palu mitte üksnes nende eest, vaid ka nende eest, kes nende sõna kaudu usuvad minusse, et nemad kõik oleksid üks, nõnda nagu sina, Isa, minus ja mina sinus, et nemadki meis oleksid ja maailm usuks, et sa mind oled läkitanud. Selle au, mille sa andsid mulle, olen mina andnud neile, et nad oleksid üks, nõnda nagu meie oleme üks: mina nendes ja sina minus, et nad täielikult saaksid üheks ja maailm tunneks, et sina oled mind läkitanud ja oled armastanud neid, nõnda nagu sa mind oled armastanud."
>
> — Johannese 17:20–23

Ainus eeldus selleks, et maailm usuks, on see kui juudid ja paganad on võitud Messias *ehhad*, mis tähendab heebrea keeles "üheks olemine, üks". Selle aga muutis võimatuks keiser Constantinus koos mitmete 4. sajandi piiskoppidega, kes Nikaia kirikukogul kirjutasid alla "lahutuskirjale", mis käskis kõigil kristlastel "eralduda juutide jälestusväärsest seltskonnast" teise ja erineva tee näidanud päästja jaoks". (Percival). See "päästja", keda Constantinus mainis, oli petis, kes oli varastanud juudi Messia identiteedi ja kutsumuse. "Teine tee", mida petturist "päästja" näitas, polnud midagi muud kui teistsugune evangeelium või tagasilangemine.

> "Aga kui me ise, või isegi mõni ingel taevast, peaks teile kuulutama evangeelimi peale selle, mida meie teile oleme kuulutanud - ta olgu neetud!"
>
> — GALAATLASTELE 1:8

Juudi Messia Jeshua ei olnud kirikus enam teretulnud. Need, kes teda tahtsid järgida, pidid minema väljaspoole peavoolu kirikut, olles tihti sunnitud end peitma "põranda alla". Üha leviva antisemitismi ja juudivaenuliku hoiaku tõttu ei olnud kirikus enam turvaline olla juut. Kallis Püha Vaim taganes sellest petetud religioosse kristluse süsteemist. Tunnustähed ja imeteod peatusid. Kirik triivis aeglaselt, kuid kindlalt pimedusse. Siis tulid ristisõjad, inkvisitsioonid, pogrommid ja natside holokaust - kõik ristiusu nimel, Jeesuse Kristuse nimel, jättes endast järele juutide verega täidetud jäljed, mille hääl siiani kisendab maa pealt.

> "Ja tema ütles: "Mis sa oled teinud? Sinu venna vere hääl kisendab maa pealt minu poole!"
>
> — 1. MOOSESE 4:10

Maailma valgus, Juuda lõvi ja Jeshua võidmine lühkati tagasi ja pimedus võttis üle mitmeid põlvkondi. 21. sajandi kirik peab alles hakkama toibuma sellest sügavast pimedusest, kuna paljudes usuringkondades on inimesed endiselt lahutatud Messia juutlusest ning Võitu Püha Vaimu võidmisest ja väest. Kirikus valitseb endiselt killustatus ja lahkhelid nende vahel, kes usuvad Püha Vaimu kastmisse, ja nende vahel, kes peavad seda ebapiibellikuks. Tegelikult teavad vähesed, et isegi 21. sajandil puudub Püha Vaimu vägi paljudel teenistustel, ükskõik kui professionaalsed need väljast ka ei paistaks

See on esimene juutide hülgamise ja nende juurtest lahtiütlemise tagajärg, mis ühtlasi eemaldab juudi Messia kristlikest kogudustest koos Püha Vaimu võidmisega.

Juudi Messiat ei saa lahutada tema võidmisest. Teisest küljest on usklikud paljudes kristlikes ringkondades langenud eneseõigustuse ja religioossuse lõksu. Seda teadmata, on nad omaks võtnud asendusteoloogia, asendades Püha Vaimu liturgiate ja traditsioonidega. Meie ühise elutee alguses andsime mina ja mu abikaasa (mõlemad juudid) Kõigeväelisele tõotuse, et kõik, mis on võidud, me teeme ja kõik, mis pole võidud, väldime. Oleme sellest tõotusest tänaseni kinni pidanud. Ilma tema Püha Vaimu, võidmise ja kohalolekuta pole me midagi. Kõik meie religioossed teod on nagu roojane kuuverest määrdunud riie tema ees.

"Me kõik oleme saanud roojaseks ja kõik meie õigused on määrdunud riide* sarnased; me kõik oleme närtsinud nagu lehed ja meie süü kannab meid ära otsekui tuul! (Js 64:5). Religioossed tavad ja meeldivad inimlikud teod ilma pühaduse ja õigsuseta on temale jäledad.

21. sajandil, nagu ka 4. sajandil, on religioon ja professionaalsus asendanud Jumala väe. Enamasti on Jumala teenimisest saanud äri või karjäär, mida tuleb teha raha või kuulsuse nimel (või isegi selleks, et midagi head teha), kuid mitte jumaliku kutse järgimine vaimuandides ja Püha Vaimu väes.

Meeleparandusele kutsuv soofarihääl on kõlanud alates Iisraeli riigi väljakuulutamisest 1948. a, kuulutades, et on aeg uuesti tundma õppida juudi Messiat Jeshuat. Samuti on käes aeg tundma õppida, mis on Isa südamel Iisreli heaks ja teha koostööd tema südameigatsuse täitumiseks.

See on ka üleskutse juudi rahva vastu ristiusu nimel tehtud väärtegude hüvitamiseks. Kuid see kõik saab täielikult toimuda alles

---

* Viitab menstruatsiooni ajal kasutatavale riidelapile.

siis, kui juudi Messia identiteet saab taastatud. Ilma selleta võidmine lahkub ja sellest saab *ikavod*, mis heebrea keeles tähendab "au lahkumine". See juhtus muistses Iisraelis, kui preestrid tegid pattu, sest nad armastasid ohvriande, kuid mitte inimesi. Nad olid hüljanud Toora ja kummardasid omatehtud jumalat.

> "Vaid pani poeglapsele nimeks Iikabod, et öelda: "Au on Iisraelist lahkunud!" sellepärast et Jumala laegas oli ära võetud, ning oma äia ja mehe pärast."
>
> — 1. Saamueli 4:21

Kas otsid populaarsust Jumala või inimeste silmis?

Tänapäeval kardavad mitmed teenistused, et kui nad jutlustavad Messia juudilikkusest, siis võivad kaotada oma liikmete kümnised, ohvriannid ja populaarsuse nende silmis. Kuid, kui meil peaks olema sama vägi ja meelevald, nagu jüngritel 2000 aastat tagasi, siis peame tagasi minema sama Siionis alguse saanud sõnumi juurde, sama juudi Messia Jeshua ja tema pühaduse, sõnakuulelikkuse ning õigsusega täidetud elu juurde. Püha Vaim võidis ja volitas neid jüngreid nii, nagu ka nende isand Jeshua. Miski ei saa võidmist asendada; religioosseid traditsioone ja isegi professionaalsust ei saa võrrelda ühegi piisaga Jeshua väest ega ühegi hetkega tema ligiolus.

Tuletagem meelde, et Püha Vaim lahkus mitmetest kirikutest, kes olid end lahutanud Messia juudilikkusest ja tolle aja juudi usklikest. Iga järgnev vaimuliikumine on pärast seda taastanud samm sammu haaval selle, mille asendusteoloogia pettus varastas.

Lahing ei käi erinevate kristlike uskkondade vahel, vaid lahing käib kõigi usklike ja anti-MESITOJUS koletise vahel.

> "Meil ei tule ju võidelda inimestega, vaid meelevaldade ja võimudega, selle pimeduse maailma valitsejatega, kurjade taevaaluste vaimudega."
>
> — Efeslastele 6:12

Lahing ei ole sinu vendade ja õdede vastu, vaid see on saatana enda vastu, kes püüab hoida kirikut lõhenenu ja nõrgana. Selle 5-pealise koletise antimessia või võidmisevastane pea tuleb kirikust ära lõigata ja ainus viis selle tegemiseks on meeleparandus. Heebrea keeles on meeleparanduseks sõna *teshuva*, mis tähendab "tagasipöördumist ja taastamist". See tagasipöördumise teekond võib alata lihtsa palvega.

Palve tagasipöördumiseks Jeshua hingamisse

> Taevane Isa, anna mulle andeks, et olen hoolimatult suhtunud Messia juudi olemusse ja tema kui juudi tagasi lükanud, lükates sellega tagasi ka Püha Vaimu võidmise ja väe. Ma avan nüüd oma südame sinule Jeshua, mu juudi Messia ja Päästja. Palun täida mind oma Püha Vaimu ja tulega just nii, nagu said täidetud sinu jüngrid enne Messia IDENTITEEDI VARGUST. Tänan, et taastad minus Siionis tehtud algse rõõmusõnumi, Jeshua nimes. Aamen!

VÄRAV 5

VÕIDMISE TAGASITULEK

"Jah, teist alust ei saa keegi rajada selle kõrvale, mis on juba olemas - see on Messia Jeshua."

— 1. KORINTLASTELE 3:11

Messia on Iisraeli kuningas. Kõik Iisraeli kuningad pidid kuninga ametisse astumiseks saama õliga võitud Jumala prohveti poolt. Siis Püha Vaimu vägi langes kuninga üle ja temast sai "teine inimene".

"Siis Saamuel võttis õlikruusi ja valas temale pähe, suudles teda ning ütles: "Eks ole nõnda, et ADONAI on võidnud sind vürstiks oma pärisosale? Ja selle järel tuled sa Jumala künkale (Gibeasse), kus asub vilistide linnavägi; ja kui sa jõuad sinna linna, siis sa kohtad ohvrikünkalt alla tulevat prohvetite salka, naablid, trummid, viled ja kandled ees, ja nad ise räägivad prohvetlikult."

— 1. SAAMUELI 10:1,5

Shaul sai taevase väega ülilaetud, et kuningana valitseda.

Ükski "kuningate poliitiline kool" ei saanud Iisraeli võitud kuningaid väega täita ega õpetada neile, kuidas omal jõul valitseda. Iisraeli Jumal JHVH pidi nad üleloomulikult selleks volitama. Siis võis kuningat kutsuda Mashiahh ADONAI või "Adonai võitu".

> **"JHVH, ära hülga oma võitut! Mõtle oma sulase Taaveti osadusele!"**
>
> — 2. AJARAAMAT 6:42

Jumala Vaim võidis Jeshua kuningaks pärast tema *mikve'd* (kastmine) Johanani (Johannes) poolt Jordani jões.

"Jumala Vaim laskus alla kui tuvi tema peale. Ja taevast kostis Iisraeli Jumala hääl, mis ütles: "See on minu armas Poeg, kellest mul on hea meel!" (Mt 3:16-17)

Püha Vaim on alati see, kes volitab kuninga valitsema kui Mashiahh ADONAI. See sündis ka Jeshuaga, kes sai volitatud Püha Vaimu võidmise ja väega.

> "Sa tead, kuidas Jumal Jeshua Naatsaretist oli võidnud Ruahh Hakodesh (Vaimu) ja väega ja kuidas tema käis mööda maad ja tegi head ning parandas kõiki, kelle üle saatan oli saanud võimuse; sest Jumal oli temaga."
>
> — APOSTLITE TEOD 10:38

Messiaanlik tähendab *olla võitud*, saada üheks võitud juutide kuninga ja tema võidmisega, et valitseda ja kukutada deemonlikud võimukantsid.

"Aga nemad läksid välja ja jutlustasid igal pool. Ja Jeshua töötas ühes nendega ning kinnitas sõna tunnustähtedega, mis pärast seda sündisid."

— MARKUSE 16:20

Kas me oleme tõelised messiaanlikud usklikud või kristlased?

Messiaanlikuks kutsuvad ennast paljud, kes on samas Püha Vaimu võidmise tagasi lükanud ja mõistavad hukka neid, kes seda võidmist kannavad. Skeptitsism, teiste arvustamine, eneseõigustus ja ilmne uskmatus röövivad mõnedelt messiaanlikelt ringkondadelt Püha Vaimu võimsa võidmise. See on IDENTITEEDIVARGUS - kuna antimessia ülemvõim valitseb endiselt nii mõneski messianistlikus koguduses ja paljudes kristlikes kirikutes.

Keegi ei ole tõeliselt "messiaanlik" kui ta ei armasta võidmist ega liigu selles. Olla messiaanlik, tähendab tänapäeval tihti kuulumist teise usulahku, kus peetakse juudi liturgiaid ja kasutatakse heebrea keele terminoloogiat. Paljud, keda nimetatakse messiaanlikeks, on endiselt sügavalt juurdunud asendusteoloogiasse, kuna nad on Püha Vaimu väe ja tule asendanud inimeste traditsioonidega.

Nad on omaks võtnud juudi Messia ühe tahu - nimelt, et ta on juut ning et shabbat, piibellikud pühad ja Toora ei ole tühistatud, nagu Jeshua sellest tungivalt rääkis. (Mt 5:17-22).

"Ärge arvake, et ma olen tulnud tühistama Toorat või prohveteid; ma ei ole tulnud neid tühistama, vaid täitma. Sest tõesti ma ütlen teile, kuni kaovad taevas ja maa, ei kao Toorast mitte ühtki tähekest või ühtki märgikest, enne kui kõik on sündinud. Kes nüüd iganes tühistab ühe neist vähimaist Toora seadustest ja nõnda õpetab inimesi, teda hüütakse vähimaks taevariigis; aga kes seda mööda teeb ja nõnda õpetab, teda hüütakse suureks taevariigis."

— Matteuse 5:17–19

Kuid mitmed, kes end messiaanlikuks nimetavad, on hüljanud Püha Vaimu väe, ilmingud ja tule. Selliselt on Püha Vaim kurvastatud mõnedes messiaanlikes kogudustes ja see annab patule voli vohada ning peatada vaimne kasv, nagu mitmetes kristlikes kirikutes.

See, kas me oleme valitud tema messiaanlikuks, võitud järgijaks, saab selgeks, kui Jeshua Ruahh (Vaim) tuleb meie üle ja meid täidab. Sellepärast ütles Jeshua oma jüngritele, et nad ei teeks *mitte midagi* enne kui nad ei ole saanud Püha Vaimu. See muudab meid, volitab meid väega üleloomulikeks saavutusteks ja valitsemiseks deemonite üle, nagu tema valitses.

Jeshua kostis: "Minu riik ei ole sellest maailmast" (Jh 18:36). Mitte kordagi ei julgustanud ta oma jüngreid järgima mis tahes religioosset süsteemi, samas väljendades väga selgelt kuuletumise vajalikkust JHVH käskudele.

"Kui te peate minu käsusõnu, siis te jääte minu armastusse, nõnda nagu mina olen pidanud oma Isa käsusõnu ja jään tema armastusse."

— Johannese 15:10

Ta rääkis ainult kuningriigist. Selleks, et me võiksime olla tema kuninglik preesterkond, peame me olema kuningliku perekonna liikmed. Püha Vaim peab võidma kogu lepingu ja piibelliku kuningaskonna valitsema, sest vastasel juhul saab kõigest poliitika, religioosne poliitika.

"Ja ta valas võideõli Aaronile pähe ning võidis teda, et teda pühitseda."

— 3 Moosese 8:12

Nagu kuningaid võiti võideõliga ametisse, et valitseda, samamoodi võiti ka preestreid teenistusse. Tervet kogudusetelki ja kõiki selle riistu pidi võideõliga võidma. Ühtegi teenistust JHVH ees ei saanud pidada ilma võidmiseta.

"Võta võideõli ja võia elamut ja kõike, mis selles on; pühitse seda ja kõiki selle riistu, et see saaks pühaks!"

— 2. Moosese 40:9

Me peame olema Jumalale võitud kuningad ja preestrid. Me peame samuti saama Kõigeväelise ligiolu kandvaks elamuks ja tema ülistuse astjateks. Ta peab meid võidma. See on Püha Vaimu võidmine, mis pühitseb meid teenistusse, et eraldada meid selle maailma saastast ja jääda puhtaks. Ei inimlikud seadmised ega religioossed traditsioonid, ega miski muu peale tema Püha Vaimu võidmise ei saa meid täita väega teenida ja käia koos Kõigeväelise Jumalaga.

4. sajandi kirik rajas võidmiseta asendusreligiooni süsteemi, sest nad hülgasid juudi Messia, juudi juured, shabbati, piibellikud pühad ja kõik juudiliku. Igaüks peab vastu võtma Messia, nimelt selle ühe võitu, koos tema võidmisega, kaasa arvatud ka need

messiaanlikud usklikud, kes tunnistavad Messia juudilikkust ja Toorat. Meie tiitlid ei määratle meid - meie tegude viljad teevad seda.

Tõustes kõrgemale

Võidmine kutsub meid kõrgematele sõnakuulelikkuse ja vastutuse tasanditele Kõigeväelise ees ning ka sügavamale läheduse ja ohverdamise tasandile. Ehkki paljud inimesed üritavad võidmist vaimsete manipulatsioonide ja professionaalsusega jäljendada, ei saa võidmist matkida ega osta. Jumal saab seda kinkida ainult meelt parandanud südametele.

> "Aga kui Siimon nägi, et Vaim antakse apostlite käte pealepanemise kaudu, tõi ta neile raha ja ütles: "Andke minulegi see meelevald, et igaüks saaks Ruahh Hakodesh'i (Püha Vaimu), kelle peale ma iganes oma käed panen!" Aga Keefa ütles talle: "Hävigu su hõbe koos sinuga, et sa arvad Jumala andi saavat raha eest! Sul ei ole osa ega pärandit selles sõnas, sest su süda ei ole siiras Jumala ees. Paranda nüüd meelt oma kurjusest ja anu ADONAID, et su mõttevälgatus sulle ehk andeks antaks. Sest ma näen sind olevat täis kibedat sappi ja ülekohtu köidikus." Siimon aga vastas: "Paluge teie minu eest ADONAID, et minu peale ei tuleks midagi sellest, mis te olete öelnud!"
>
> — APOSTLITE TEOD 8:18-24

Uskmatus on üks juudi Messia religioosse süsteemiga asendamise kõrvaltoode. Uskmatus ja ebaausus kurvastavad Püha Vaimu ja ta lahkub sellisest õhkkonnast. Jeshua ise ei saanud Naatsaretis imesid teha uskmatuse õhkkonna pärast.

"Ja nad (Naatsareti inimesed) pahandusid temast. Aga Jeshua ütles neile: "Ei peeta prohvetist kuskil nii vähe lugu kui kodukohas ja ta omas majas!"

— Matteuse 13:57

Familiaarsus (semutsemine), teotus ja lugupidamatus tapavad võidmise. Juutidesse, kes on usu esivanemad, suhtuti *lugupidamatult* ja *asendati* teiste kiriku isadega, kes koos keiser Constantinusega klopsisid kokku religioosse süsteemi, mis *teotab juute ja kõike juudilikku*. See vildakas religioosne süsteem mõjutab kristlasi tänapäevani ja edasi niikaua, kuni jätkub juutide teotamine ja lugupidamatus Jumala valitud rahva vastu.

"Siis ma õnnistan neid, kes sind õnnistavad, nean need, kes sind neavad, ja sinu nimel õnnistavad endid kõik suguvõsad maa peal!"

— 1. Moosese 12:3

Kui me midagi ei mõista, peaksime olema Jeshua juudi ema Miriami (Maarja) moodi, keda külastas peaingel Gabriel. Selle asemel, et hüljata algselt võõrana ja arusaamatuna tunduv sõnum, peaksime ütlema nagu Miriam: "mulle sündigu su sõna järgi!"

"Ingel vastas ning ütles temale: "Püha Vaim tuleb su peale ja Kõigekõrgema vägi varjab sind; sellepärast peab ka Püha, kes sinust sünnib, nimetatama Jumala Pojaks. Ja vaata, su sugulane Eliisabet, temagi on pojaga käima peal oma vanas eas, ja see on kuues kuu temal, keda öeldi olevat sigimatu, sest Jumalal ei ole ükski asi võimatu!" Aga Miriam (Maarja) ütles:

"Vaata, siin on ADONAI ümmardaja; mulle sündigu su sõna järgi!" Ja ingel läks ära tema juurest."

— LUUKA 1:35–38

Põhjus, miks paljud ei ole võitud, on see, et see nõuab meilt kõike; see nõuab täielikku alistumist Meister Jeshuale. Kuigi võidmine antakse tema ustavatele järgijatele muidu, pole see odav. Peame surema iseendale ja oma plaanidele, et kõndida võidmises. Kui me seda ei tee, kaotame võidmise nii, nagu kuningas Shaul selle kaotas omakasupüüdlike ambitsioonide, inimestekartuse ja armukadeduse tõttu Davidi (Taavet) võidmisele.

"Aga JHVH Ruahh (Vaim) lahkus Saulist ja üks kuri vaim JHVH-lt kohutas teda."

— 1. SAAMUELI 16:14

Sarnaselt kaotas 4. sajandi kirik JHVH, ADONAI Vaimu omakasupüüdlike ambitsioonide, kartuse inimeste ees (Rooma tagakius) ja armukadeduse pärast juutide vastu, kes olid Uue Lepingu loomulikud pärijad. Seejärel võttis selle kiriku üle antisemitismi vaim.

Constantinus ütles: "Me ei vaja neid juute, me teame ise paremini" ja juutide väljaheitmisega ta heitis välja ka võidmise. Kuid me saame selle tagasi võtta ja taastada nüüd, kui Jumal on selle üleastumise paljastanud.

Palve teadmatuse vastu

Isa taevas, ma igatsen sind rohkem tunda. Palun anna andeks minu võhiklikkus ja teadmatus sinu võidmise ja Püha Vaimu väe kohta. Palun anna andeks igasugune hukkamõistev käitumine, armukadedus või viha, mis mul on olnud juutide vastu. Hoolimata kõigist sinu auhiilguse vastastest teoloogiatest, mis ma võisin pärida, palun täida mind oma Püha Vaimu ja tulega, et saaksin käia sinu võidmises kõik oma elupäevad. Jeshua nimes. Aamen!

VÄRAV 6

KUIDAS MA ARMASTAN SINU VAIMU

"Ärge kustutage Vaimu! Ärge pange halvaks prohvetlikult kõnelemist! Katsuge kõike läbi; pidage kinni, mis hea on!"

—1. TESSALOONIKLASTELE 5:19–21

Need 3 "Ärge"

1: Ärge kustutage Vaimu (1Ts 5:19)

Me kustutame, kahandame ja vähendame Püha Vaimu meis sellega, kui suhtume prohvetlikesse sõnumitesse põlgusega, kergekäeliselt või üleolevalt. Prohvetlikud sõnumid ei mahu alati meie õpetuslikesse raamidesse. Kui need esile tulevad, lükkavad inimesed need tavaliselt tagasi. Mõnikord tulevad prohvetlikud sõnad vähetõotavatelt astjatelt. Need võivad solvata meie uhkust ja võime neid pidada tähtsusetuiks. On väga oluline need läbi katsuda enne, kui neid "mittestandartseteks" peame või naeruvääristame. Üks viis neid läbi katsuda on palvetada ja paluda, et Isa ilmutaks, mis tõeliselt tema käest tuleb. Teine võimalus on oodata, et näha, kas prohvetlik sõna saab teoks.

Näiteks 1993. aastal sain Püha Vaimu käest roosi prohveteeringu, mida on selle raamatu alguses kirjeldatud. Avaldasin selle prohveteeringu oma raamatus "Juurte Tervendav Vägi". Need, kes sellele reageerisid ja parandasid meelt, said muudetud. Kuid paljud pidasid seda "mittestandartseteks" ja nende elud jäid kuivaks. 27 aastat hiljem on see prohveteering tõeks saanud, kuna paljudes kirikutes on usuleiguse, tagasilangemise ja vaimse surma märke. See põlvkond ei taha kirikusse isegi mitte minna. Patt vohab nii kirikus sees kui väljaspool, mis hõlmab endas aborte, abielulahutusi, hoorust, seksuaalset kuritarvitamist, pornograafiat, abielurikkumisi (isegi kantslis), narko-, sigareti- ja alkoholisõltuvusi jne. Kahjuks enamik pastoreid ei noomi oma karja, sest nad ise on ebaküpsed ja vajavad korralekutsumist. Valitseb mammona armastus ja isekad ambitsioonid. On haruldane leida tõeliselt võitud, alistunud ja sõnakuulelikke usklikke.

Kas sa mäletad roosi prohveteeringut?

Enne oma esimese raamatu ("Juurte tervendav vägi") kirjutamist sellel teemal, küsisin ma Kõigeväeliselt: "Miks on nii tähtis õpetada kirikule juudi juurtest?" Ta vastus oli selge ja vali: "See on elu ja surma küsimus. Kirik on nagu aiast ära lõigatud imekaunis roos, mis on pandud kaheks päevaks veega täidetud vaasi. Kui kolmandal päeval teda ei istutata tagasi aeda oma juurtele, siis ta sureb." Üks päev Jumala jaoks on nagu tuhat aastat. See on kolmas päev, kolmas aastatuhat ja roos on suremas.

2: Ärge kurvastage Vaimu (Ef 4:30)

"Ja ärge kurvastage Jumala Ruahh Ha'kodesh-i (Püha Vaimu), kellega te olete otsekui pitseriga kinnitatud lunastuse päevani.

Kõik kibedus ja äkiline meel ja viha ja kisa ja pilge jäägu teist kaugele ära ühes kõige pahaga. Aga olge lahked üksteise vastu, südamlikud, andke andeks üksteisele, nõnda nagu ka Jumal Messias teile on andeks andnud."

— EFESLASTELE 4:30–32

See on sügavam tase, kui Vaimu kustutamine. Kas oled kunagi kogenud, et Püha Vaim kurvastab? Mina olen ja see on nii valus, et tahaks surra. Ei ole midagi valusamat, kui Püha Vaimu kurvastamine meie sees. Tegelikult on paljud depressioonis, piinatud enesetapumõtetega, sest nad on kurvastanud Püha Vaimu. Sõnakuulmatus, patt, andestamatus, uskmatus, vaimuandide ja võidmise tagasi lükkamine, Jumala Sõna ning tema juhiste ignoreerimine kurvastab teda. See kurbus paneb meid tundma, nagu oleks meie sisemises olemuses mürki.

Ma usun, et paljud on Vaimu kurvastamise tõttu füüsiliselt ja mentaalselt haiged. Teshuva (siiras meeleparandus) saab ravida usklikud mitmetest haigustest.

Paljud on kurvastanud Püha Vaimu järgmiste asjade kõrvale heitmise pärast: juudi rahvas, heade sõnumite või evangeeliumi juudilikkus, taavetlik ülistus ja Toora (kuulutades, et seadus on tühistatud). Tihti peetakse Iisraeli lihtsalt üheks paljudest Lähis-Ida riikidest. Vaimu kurvastamise tõttu hakkavad paljud põlgama juute ja kõike juudilikku.

Püha Vaimu kurvastamine on palju hullem, kui Püha Vaimu kustutamine ja see võib viia tõsiste tagajärgedeni, kuni tervete koguduste ja kirikute sulgemiseni. Olen näinud kahte kogudust, kus saabunud ärkamine lagunes täielikult, kuna selle pastorid kurvastasid Püha Vaimu.

90-ndatel olime pastoriteks ühes Dallase koguduses, Texases. Tegelikult meie rajasime selle koguduse. Mõned sõbrad, kellega me piiblikoolis kohtusime, olid pastoriteks ühes teises väiksemas koguduses ja nad palusid meil nendega ühineda. Üheks ühinemise soovi põhjuseks oli see, et Jumal oli mind kasutanud neile ärkamise toomiseks. Läksin, et aidata neid ülistuses, kuna nende ülistusjuht äkitselt lahkus. Pärast pastori jutlust hakkasid mu käed "surisema" ja Jumal avas sellel teenistusel taevad. Püha Vaim langes seal enneolematu väega ja paljud said päästetud ning imeliselt tervendatud. See oli esimene kord, kui ma mõistsin, kes olid "pühad veerejad", nähes inimesi "purjus olevat" Püha Vaimu väe all ja sõna otseses mõttes põrandal veerevat. See, mis toimus, oli hämmastav!

Mu abikaasa ei olnud minuga, kuna ta oli end eraldanud seitsmeks päevaks pisikesse ruumi, et palvetada ja paastuda ilma toidu ja veeta. Ta soovis, et Kõigeväeline annaks talle juhiseid teenimise jaoks. Universumi Jumal, kes ei austa teenistuses meest rohkem kui naist, langes selle Iisraeli naise (minu) peale ärkamise võidmisega, mis on mind saatnud kogu ülejäänud maisel teekonnal.

Püha Vaimu väljavalamised ja puhangud on toimunud erinevates mõõtmetes meie 30-aastase teenimisaja jooksul, mil oleme reisinud rohkem kui 50 rahvuse juurde. Kuid tol ajal Dallases, Texases, olid meie pastoritest sõbrad seda nähes aukartuses ja palusid meil nendega ühineda. Nad ihaldasid seda, mis meil nende inimeste jaoks oli. Tagantjärele mõistsime, et olime vea teinud - oleksime pidanud jõud ühendama, mitte aga ühinema, hoides oma kogudust eraldi. Kuid me ei teadnud, mis edasi saab.

Pärast ühinemist ja kaas-pastoriteks saamist keelasid nad meil tuua kogudusse midagi juudilikku, kaasaarvatud Iisraeli ülistustantsu. Nad ei uskunud taavetlikku ülistusse ega ei tahtnud meie käest midagi rohkemat, kui Püha Vaimu väge imede tegemiseks. Ent meid oli kutsutud tooma kirik vaimsest Roomast tagasi Jeruusalemma ja Siionis alguse saanud juudi juurtele rajatud evangeeliumi juurde. Minu võidmine on eriti seotud sõnumiga, mida kannan. Kiriku jaoks on elu ja surma küsimus parandada meelt avatud ja varjatud antisemitismi eest. Uskuge mind, et mõlemad antisemitismi vormid eksisteerivad enamikus kirikutes ja konfessioonides. Jumal on andnud mulle eesõiguse näidata tema imelist väge, mis toob inimesed selle meeleparanduse sõnumi juurde.

Hetkel, kui need pastorid tahtsid saada osa mulle antud võidmisest, kuid ilma sõnumita, ilma meie "juudi tantsude" ja juudi juurteta, sai Püha Vaim väga kurvaks. Ta käskis meil sealt lahkuda, kuna see oleks ikhavod (tema au lahkumine). Lahkusime, võttes mitte kedagi endaga kaasa, ja koos meiega lahkus suur osa auhiilgusest. Mõne kuu pärast see kogudus suleti. Me olime väga kurvad. Mitu kirikut või kogudust veel on Isa sulgemas Siionist saadetud juudi apostlite tagasi lükkamise pärast?

Mäletate, mis juhtus Miika, Sauli tütrega, kellest sai kuningas Taaveti naine? Ta jäi lastetuks, sest põlastas ja kritiseeris oma abikaasa tantsu ning ülistusviisi. See Dallase kirik või kogudus lakkas olemast, sest nad põlgasid ära taavetliku tantsu, mis oli nende arvates "liiga juudilik".

Järgnev kirjakoht räägib meist, juutidest - Aabrahami, Iisaki ja Jaakobi järglastest.

> "Tema ei lasknud ühtki inimest neile liiga teha ja ta nuhtles nende pärast kuningaid: "Ärge puudutage minu võituid ja ärge tehke kurja minu prohvetitele!"
>
> — Psalmid 105:14–15

2006. aastal osalesin koos oma abikaasa ja meeskonnaga Azusa ärkamise 100. aastapäeva pidustustel Los Angeleses. Meil oli aega ainult kaks nädalat, et valmistada ette oma boks näitusel ja panna kokku meeskond. Meil ei olnud raha, aga kuna olin saanud selleks käsu Kõigeväeliselt, siis need, kes mind tunnevad teavad, et ma ei taha kustutada ega kurvastada Püha Vaimu sõnakuulmatusega. Me tegime midagi, mida ma nimetan "finants-akrobaatikaks" ja tulime Azusa 100. aastapäeva üritusele kohale.

Näitusesaalis oli palju bokse ja mõnda neist sponsoreerisid iisraellased. Meie boksis olid välja pandud kõik minu raamatud, teenistuse reklaammaterjalid, soofarid ja talit-palvesallid. Meil kõigil olid suured ootused. Seal oli mitmeid kuulsaid jutlustajaid ja tuhandeid osalejaid. Inimesed külastasid meie boksi ja ostsid minu raamatuid, kaasarvatud üks noorepoolne pastori poeg, nimega Doug, kes ostis raamatu "Iisraeli külge poogitud" (raamat põhineb Roomlastele 11 ptk). Selles raamatus ma õpetan, kuidas taastada kirik algsele, 2000 aastat tagasi Iisraelis kuulutatud evangeeliumi alusele, koos juudi juurte, shabbati ja piibellike pühade pidamisega. Samuti räägin ma seal Jumala käskudest, ja kuidas elada nagu muistsed juudi apostlid ja jüngrid, need kelle vari isegi tervendas haigeid.

Järgmisel päeval tuli Doug tagasi ja ütles: "Ma olen sellel konverentsil ostnud mitmeid raamatuid, kuid Püha Vaim ei luba mul peale sinu raamatu "Iisraeli külge poogitud" ühtegi teist raamatut lugeda, sest see on elumuutev raamat!"

Ma nägin seal üritusel palju ärkamise ingleid, aga nad seisid jõude. (JHVH - Jumal kasutab ingleid oma ärkamistes). Küsisin Isalt, miks seisavad need inglid jõude kohas, kuhu on kogunenud nii palju kuulsaid jutlustajaid ja tuhandeid ärkamist ootavaid külastajaid. Vastus saabus viimasel päeval, kui Jack Hayford jutlustas Iisraeli tähtsusest.

Püha Vaim ütles: "Kui evangeelne, karismaatiline ja nelipühi kirik ei paranda meelt oma kergekäelisest suhtumisest Iisraeli ega sellest, et 2000 aastat tagasi Iisraelist alguse saanud evangeelium on kõrvale heidetud, siis ma lähen neist järgmise ärkamise laine ajal täielikult mööda."

Messia juudi identiteedi taastamine on ülimalt oluline, nagu ka sellega kaasnev Iisraeli õlipuu külge poogitud Messia pruudi identiteedi taastamine. Jeshua romaniseeritud identiteedi paljastamine ja väljajuurimine on väga ajakohane. Püha Vaimu kurvastatakse paljudes kirikutes ja kogudustes, kus seda teemat peetakse ebaoluliseks või lihtsalt ei võetagi päevakorda.

Püha Vaim ei kurvasta mitte ainult siis, kui inimesed heidavad kõrvale usu juudi juured. Jumal kurvastab ka siis, kui inimesed justkui tahavad ärkamist, kuid ainult pealiskaudselt, jätkates patus elamist või pattude kinni mätsimist. Algne Iisraelis sündinud evangeelium, mida kuulutas Jeshua ja seejärel ka tema jüngrid, algas sõnadega "parandage meelt". Meeleparandus heebrea keeles on *teshuva*. See tähendab "naasmist, pattudest pöördumist, taastamist" ja "vastust". Vastus kõigile meie probleemidele on alati Jumala juurde ja tema teedele naasmine ning meie oma viiside ja poliitiliselt korrektsete religioossete tõlgenduste hülgamine.

Kuna terminid nagu "odava armu evangeelium" on nüüd üha populaarsemaks muutunud (paljud nimetavad seda isegi "kaasaegseks"), ollakse unustanud, et Elatanu ei muutu. Ükskõik, mis oli patt Vanas või Esimeses Lepingus (Tanakh), on patt ka Uues Lepingus. Ükskõik, mida Kõigeväeline pidas Vanas Lepingus jultunuks või vastumeelseks, on ka Uues Lepingus jultumus ja jäledus. Tegelikult on Uue Lepingu kõlblusstandardid palju kõrgemale tõstetud, kui Vanas Lepingus, nagu ka sõnakuulelikkuse nõuded JHVH-le.

"Te olete kuulnud, et on öeldud: Sa ei tohi abielu rikkuda! Aga mina ütlen teile: Igaüks, kes naise peale vaatab teda

himustades, on oma südames temaga juba abielu rikkunud. Kui aga su parem silm ajab sind patustama, siis kisu ta välja ja heida minema, sest sulle on kasulikum kaotada üks osa oma kehast kui lasta kogu keha heita gehenna-sse (põrgu). Ja kui su parem käsi ajab sind patustama, siis raiu ta maha ja heida minema, sest sulle on kasulikum kaotada üks osa oma kehast kui lasta kogu kehal minna gehenna-sse (põrgusse)"

— Matteuse 5:27–30

Azusa ärkamise 100. aastapäeva pidustuste ajal aastal 2006, Los Angeleses, kutsus kohalik Misjonäride liidu kirik meid teenima. Soovin, et oskaksin seal toimunut korralikult kirjeldada. Need inimesed polnud kunagi näinud Püha Vaimu tegutsemas, nad ei palvetanud keeltes ega teadnud, mis on ärkamine. Kuid nad olid näljased Jumala liikumise järele. Selle koguse liikmed ja pastor olid palvetanud ja uskusid, et meie oleme nende palvevastus. Ilmselt ei oodanud nad naisjutlustajat, kuna tundusid olevat üllatunud, kui ma lavale astusin. Ütlesin neile: "Me ei ole pärit Azusa tänava ärkamisliikumisest ega ühestki tuntud konfessioonist. Me tuleme Iisraelist ja oleme 2000 aastat tagasi toimunud Jeruusalemma äratuse jätk."

Siis ma võtsin oma gitarri ja laulsin ühe oma lauludest, millest hiljem sai selle lõpuaja ärkamise ja taastamisliikumise hümn. See algab nii:

"Sa taasta kogu hiilgus, mis nii ammu kaotatud,

    Liida endas pagan nüüd ja juut.

Siis koos me tõuseme, minnes kõikjale maailma,

    Sest koos me sinus pagan ja juut.

Ja me isa Abraham meile võtme andnud on,

    Kõigi rahvaste jaoks ukse avab Aabrahami võti."

Minu laulmise ajal tantsis meie tiimi noorim liige (tol ajal 20 aastane) Püha Vaimu võidmise all. Äkitselt langes Jumala vägi nagu shavuoti (nelipüha) ajal iidses Jeruusalemmas, millest räägib Apostlite tegude 2 peatükk. Inimesed jooksid lava juurde meeleparanduses ja langesid Jumala väe all vaibale. Üks naine kukkus transis oma toolilt ja JHVH võttis ta umbes neljaks tunniks taevasse, et naine annaks andeks ja vabaneks sisemisest kibestumisest. Lapsed tulid joostes pühapäevakoolist ja langesid Jumala väes põrandale nuttes ja meelt parandades. Nad olid pühapäevakooli klassiruumis näinud ekraanilt, mis toimus suures saalis ja hakkasid andeks paluma oma õpetajatelt ja vanematelt viha, kadeduse ja mässumeelsuse eest. Põrand oli täis ADONAI-Jumala väe all lamavaid mehi ja naisi ja lapsi, kes läbisegi nutsid ja naersid, parandasid meelt, said terveks ja alistusid juudi Messiale. Üks neist vähestest, kes põrandal polnud, oli pastor. Ta vaatas seda ärkamise väljavalamist suurte silmadega pealt ja mina jälgisin teda. Ta oli jahmunud.

Pärast 4. tundi haaras ta minust kinni ja ütles: "Sa ei lahku enne, kui oled mulle selgitanud, mis see on." Jäime veel mõneks ajaks ja selgitasime, kuidas oma juudi juurtest lahutatud kirik on väe kaotanud ja kuidas antisemitism ning hirm kõige juudiliku ees on Püha Vaimu kurvastanud. Edasi selgitasime, kuidas kirik on jagunenud mitmeteks uskkondadeks, sest shabbati ja piibellike pühade hülgamine on toonud kaasa palju kadedust ja kahtlustusi. Jagasime ka seda, kuidas Iisraeli Jumal tahab tervet kirikut tuua meeleparandusele ja naasma Toorale ja Vaimule rajatud evangeeliumi juurde, mis sai alguse 2000 aastat tagasi Jeruusalemmas.

Ma ei tea, kui palju nad aru said, kuid see pastor, tema naine ja selle kiriku liikmed hoidsid meiega kontakti veel paar aastat ja tulid isegi meie Iisraeli ringreisile. Pastor vaimustus vaimsetest ilmingutest, kuid ei loobunud abielu rikkumast ega parandanud meelt. Ta oli oma naist juba pikka aega petnud. Lõpuks sai Püha Vaim kurvastatud ja see kirik suleti.

Jumal on oma kohaloleku ja pühaduse austamise suhtes väga armukade. Kahjuks paljud neist, kes armastavad Püha Vaimu ilminguid, suhtuvad kergekäeliselt ja heidavad kõrvale Iisraeli Jumala Toora seadused. Nad kurvastavad sellega Püha Vaimu ja seetõttu on paljud ärkamised peatunud patu ja eriti juhtkonnas vohava Toora vastasuse ja selle seaduste rikkumise pärast.

Kui tunneme Jeshuat kui lõvi Juuda suguharust, siis mõistame, et me ei saa temasse, tema Vaimu ega sõnasse kergekäeliselt suhtuda. Esimeses Jeruusalemma messiaanlike juudi usklike koguduses ei saanud pattu varjata. Juudi apostlid kohtlesid pattu radikaalselt, nagu Hananiase ja Safiira puhul, kes valetasid müüdud maaomandi hinna kohta. Pole ime (sellises pühaduse ja JHVH kartuse õhkkonnas), et isegi apostlite vari tervendas haigeid.

> "Siis ütles Keefa: "Hanania, mispärast on saatan vallanud su südame, et sa valetasid Ruahh Hakodeshi-le (Püha Vaim) ja toimetasid kõrvale osa maatüki eest saadud rahast? Eks see sinu käes olles olnud su oma ja müüdunagi sinu meelevallas? Mispärast sa oled selle ette võtnud oma südames? Sa ei ole valetanud inimestele, vaid Jumalale." Neid sõnu kuuldes langes Hanania maha ja heitis hinge. Ja suur kartus tuli kõikide peale, kes seda kuulsid. Noormehed aga tõusid ja mässisid ta linasse, kandsid välja ja matsid maha."
>
> — **Apostlite teod 5:3–6**

Messia juudilikkuse taastamine ei tähenda veel ühe uskkonna või ususüsteemi moodustamist. Usu juudi juurte ja Siionis alguse saanud evangeeliumi taastamine peaks meid tooma radikaalsele kuulekusele ja pühadusele.

Kahel ülaltoodud juhul suleti kirikud vahetult pärast Püha Vaimu kurvastamist.

Kahetsemata patt reostab ärkamised

Mõni aasta tagasi toimus Florida Lakelandi linnas Püha Vaimu väljavalamine. Nagu paljudel teistel kogunemistel, langesid inimesed Jumala väe alla, värisesid ja naersid. Ma käisin seal koos oma jüngritega, nii noorte kui eakatega, lootes saada tema Vaimu värskendust. Ma avasin oma südame kõigele, mida Abba teha tahtis. Igatsen alati rohkem tema Vaimu ja ligiolu.

Kuid ma ei kogenud midagi ja ka keegi minu jüngritest ei tundnud mingit võidmist. Ma ei tahtnud kohut mõista, vaid palvetasin: "Abba näita mulle, kas see on sinult tulnud ja miks ma ei koge midagi, kuigi ma armastan su Vaimu nii palju?"

Varsti langesin põlvili ja samal ajal kui teised värisesid, naersid ja aega veetsid, nuuksusin mina, halisesin ja palusin Jumala andestust. Ma ei teadnud, miks ma leinasin, kui kõik teised naersid.

Paar päeva hiljem sai kõik selgeks. Selle ärkamise juht rikkus abielu ühe naisega tema järgijate seas. Hiljem ta lahutas oma naisest ja abiellus oma armukesega. Püha Vaim kurvastas ja pani mind halama ja meelt parandama tema eest, teadmata miks. Mõnikord võib Vaimu tõeline liikumine saada saastatud selle juhtide patu pärast või liikumises osalevate inimeste patu tolereerimise pärast. Sellepärast Püha Vaimu kutsutakse "pühaks", sest kui me lubame patul vohada, siis kurvastame tema pühadust ja saastame tema liikumisi!

Sellepärast on nii oluline jääda Jumala ligiollu, sest ainult siis me mõistame, kuidas kohelda Püha Vaimu ja võidmist austusega.

> "Sellele avab uksehoidja, ja lambad kuulevad ta häält, ja ta kutsub omi lambaid nimepidi ja viib nad välja. Ja kui ta oma lambad on välja ajanud, käib ta nende ees ja lambad järgivad teda, sest nad tunnevad tema häält. Aga võõrast nad ei järgi, vaid põgenevad tema eest, sest nad ei tunne võõraste häält!"
>
> — Johannese 10:3–5

Kui evangeeliumi tõeline juudipärane olemus on taastatud ja me võtame tagasi Juuda lõvi identiteedi, taastatakse ka Jumala kartus ja terve pühalik hirm tema ees. Koos sellega saabub pühadus, tema auhiilgus ja võidmine jumaliku autoriteedi alla.

Kui pead end kristlaseks või messiaanlikuks, kuid hoiad eemale võidmisest ja Püha Vaimu väest, siis oled langenud antimessia pettuse alla. Oled siis asendusteoloogia pettuses, sest oled asendanud jumaliku väe religiooni, kirikupoliitika ja professionaalsusega. Võid isegi teha imelisi asju, kuid kui see pole taevast antud ja sa ei käi Püha Vaimu kaudu Jeshuaga lähedases osaduses, võid avastada liiga hilja, et ülistad võltsingut originaalse juudi Messia asemel.

3: Ärge teotage Vaimu (Mt 12:31)

> "Seepärast ma ütlen teile: Inimestele antakse andeks iga patt ja teotamine, aga Ruahhi (Vaimu) teotamist ei anta andeks. Ja kui keegi ütleb midagi Inimese Poja vastu, võib ta saada andeks, aga kui keegi ütleb midagi Ruahh Hakodesh (Püha Vaimu) vastu, ei andestata talle ei sellel ega tulevasel ajastul."
>
> — Matteuse 12:31–32

Püha Vaimu teotamine läheb kaugemale Vaimu kurvastamisest. Püha Vaimu hülgamine on samm edasi pärast Vaimu ja prohveteeringute kustutamist. Seejärel liigub see edasi Vaimu kurvastamiseni uhkuse, ülbuse, uskmatuse, kibeduse ja kahetsematu patu kaudu. See kulmineerub ainsa patuga, mida ei andestata - Püha Vaimu teotamisega.

Selgituseks, et kus iganes tuleb esile mõni Püha Vaimu tõeline ilmutus (keeltes palvetamine, imeline tervenemine, Jumala väe alla langemine jne), aga sina väidad selle saatanast olevat, siis void avada ukse ainsale patule, mida ei andestata kunagi.

Ainult Abba tunneb inimeste südameid, kuid reegliks on alati alandlikkus Abba Vaimu ees. Ole piisavalt alandlik, et mitte mõista kohut selle üle, millest sa aru ei saa. Ära ole kiire ilmingute mahategemisel, mis sulle tunduvad kummalised. Oota Jumalat ja tema näitab tõde.

Püha Vaimu ilmingud solvavad lihameeles olijaid. Sellepärast on nii tähtis hoida südant alandlikuna, hoiduda Vaimu kustutamast või kurvastamast ja olla aeglane teiste üle kohut mõistma enne õiget aega. Me peame suhtuma võidmisesse suure lugupidamise ja alandliku ettevaatlikkusega asjade suhtes, mis ei sobi meie õpetusega. Võime osavõtmisest või kaasaminemisest loobuda, kui ei ole kindlad, kuid peame hoiduma ka hukka mõistmast seda, millest me aru ei saa. Võtmesõnadeks on "alandlikkus ja ettevaatlikkus", kuni meil pole selgust Isalt.

Miikal, Sauli tütar, suhtus põlgavalt Taavetisse, kui viimane tantsis JHVH lepingulaeka ees ilma oma kuningliku rüüta. Mees kandis vaid preestri alusriietust, mida nimetatakse *ephod*'iks ning ta olnud alasti, nagu mitmed seda on vääralt tõlgendanud. Jumal karistas Miikali viljatusega ja ta ei saanud lapsi kuni surmapäevani. Kui palju on tänapäeval viljatuid kogudusi, ilma Vaimu liikumise ja uuestisündinud lasteta?

"Ja kui Taavet jõudis koju oma peret õnnistama, siis tuli Miikal, Sauli tütar, Taavetile vastu ja ütles: "Kuidas küll Iisraeli kuningas on täna ennast austanud, paljastades ennast täna oma sulaste ümmardajate silme ees nagu alp, kes sel kombel ennast täiesti paljastab!" Aga Taavet ütles Miikalile: "JHVH ees, kes mind on valinud sinu isa ja kogu ta soo asemel, käskides mind olla vürstiks JHVH rahvale Iisraelile, jah, JHVH ees ma olen tantsinud! Ma tahan ennast alandada sellest veelgi rohkem ja olla iseenese silmis alandlik! Aga ümmardajate juures, kellest sa rääkisid, ma olen auväärne!" Ja Miikalil, Sauli tütrel, ei olnud last kuni surmapäevani."

— 2. SAAMUELI 6:20–23

Tavaliselt, kui Kõigeväeline toob uue liikumise, siis on see enamasti teistsugune ja ebastandartne. Peame jääma alandlikuks, paindlikuks ja õpetatavaks ning olema ettevaatlikud, et mitte arvata justkui oleks meil ainsana tõe monopol. Me ei jõua kunagi 'kohale', vaid oleme jätkuval teekonnal üha suurema valguse ja tõe juurde. Peame hoidma oma südant alandlikuna ja olema oma suhetes Messia Jeshuaga väga tähelepanelikud Püha Vaimu juhtimisele.

Tõelise juudi Messia ja tema kuningriigi aktsepteerimine on teekond radikaalsele kuulekusele, mittereligioossele pühadusele ning kompromissitule käimisele Püha Vaimu väes.

Iisraeli rahvaga tehtud Uue Lepingu üheks peamiseks märgiks on *võidmine*. Ilma selleta pole me muud kui surnud religiooni liikmed. Ükski religioosne süsteem ei saa inimest tõeliselt päästa, terveks teha ega vabastada. Ainult juudi Messias oma võidmisega meie sees, suudab seda.

"ADONAI JHVH Vaim on minu peal, sest JHVH on mind võidnud; ta on mind läkitanud viima rõõmusõnumit alandlikele, parandama neid, kel murtud süda, kuulutama vabastust vangidele ja avama pimedate silmi,"

— JESAJA 61:1

Kas sa oled tagasi lükanud rõõmusõnumi / evangeeliumi juudilikkuse või Püha Vaimu ilmingud? Kas sul on olnud ebameeldivaid kogemusi karismaatilistes usuringkondades, mis on sind kibestanud ja teinud kahtlustavaks?

Kas oled kritiseerinud asju, millest sa aru ei saa? Kas uhkus ja jäik religioossus on kurdistanud sinu kõrvad hea karjase häälele? Kas sa kardad, et Pühale Vaimule alistumine teeb sind "imelikuks"? Kas oled masenduses? Kas oled pidevalt haige? Kas arvad, et oled Vaimu kustutanud või kurvastanud? Kas kardad, et võisid Püha Vaimu teotada ja et tagasiteed pole?

Teshuva—meeleparandus on vastus.

"Jumala meelepärased ohvrid on murtud vaim, murtud ja purukslöödud südant ei põlga Jumal!"

— PSALMID 51:19

Teshuva palve: meeleparandus, tagasipöördumine ja taastamine

Isa, anna mulle andeks, kui ma olen su vaimu kuidagi kustutanud või kurvastanud. Anna andeks, et ma lükkasin tagasi Messia kui juudi ja kandsin südames vaenulikkust, lugupidamatust ja ükskõiksust juudi rahva suhtes. Ma ütlen lahti ja seisan vastu antimessia deemonlikule vaimule, mis takistab Püha Vaimu võidmist. Kõigeväeline Iisraeli Jumal, ma alistun täielikult sinu Pojale, minu juudi Messiale Jeshuale, sinu Pühale Vaimule ja sõna täiuslikkusele. Ma parandan meelt kogu religioossusest ja eneseõigustusest, igast südame, ihu ja vaimu patust, mis sind solvab ja blokeerib minu suhet Messia Jeshuaga. Tänan sind andestuse ja halastuse ning selle eest, et täitsid mind uuesti oma värske Püha Vaimu ja tulega, et üksnes sind teenida kogu südamest kõik mu elupäevad. Jeshua nimes. Aamen!

Koletise esimese pea või pea number 1 kohta parema ülevaat saamiseks, soovitan lugeda minu raamatut "Juurte tervendav vägi" *(The Healing Power of the Roots)**.

---

* www.kad-esh.org/et/pood/juurte-tervendav-vagi

VÄRAV 7

MEIE EMA IISRAEL

Pea number 2: Iisraeli vastane

"Ma ütlen nüüd: ega nad ole komistanud selleks, et langeda? Ei sugugi mitte! Vaid nende eksimise läbi tuleb pääste paganaile, et paganad teeksid neid kadedaks."

— ROOMLASTELE 11:11

Üks peamisi Messia identiteedivarguse ja asendusteoloogia õpetusi on valele rajatud väide, justkui oleks kirik Iisraeli välja tõrjunud või asendanud. Paljudes vanades kirikutes oli silmapaistvale kohale asetatud kahe naise kujud. Üks kujudest oli kuninglik ja võimukas naine, kandes uhkelt ülestõstetud peas krooni ja teine kujutas vaest, alandatud ja langetatud peaga naist. Kuninganna esindas "kiriku võidukäiku" "võidetud sünagoogi" üle või kristlasi, kes triumfeerisid alistatud ja alandatud juutide üle.

4. sajandil Nikaia kirikukogul vastu võetud määruste kodifitseerimise* tõttu, mis lahutas kristluse usu juudi juurtest, oli Iisrael nende arusaama kohaselt igavesti neetud. Jutlustajad kuulutasid pidevalt massidele, et kirik on pärinud kõik Jumala poolt Iisraeli rahvale antud õnnistused ja juudid on pärinud kõik needused. Antisemitism oli siis, ja on endiselt üks kiriku ja paljude konfessioonide peamisi doktriine. "Meie oleme Iisrael," ütlevad paljud kristlased ülbelt; "Me oleme Jumala Iisrael ja kuna vana Iisrael ei tundnud ära Jeesuse Kristuse esimest tulemist, siis oleme nüüd meie, pagankristlased, pärinud lepingu ja kõik selle õnnistused." Kuid ometi on Jumal Piiblis väga selgelt öelnud, et ta ei tühista kunagi oma lepingut Iisraeliga. Ta võib oma rahvast karistada ja korrale kutsuda, kuid ei hävita kunagi lõplikult, ei jäta teda maha ega lakka olemast Iisraeli Jumal.

> "Aga sina, mu sulane Jaakob, ära karda, ütleb JHVH, ja Iisrael, ära ehmu! Sest vaata, ma päästan sind kaugelt ja sinu soo nende vangipõlvemaalt! Jaakob tuleb tagasi ning elab rahus ja muretult, ilma et keegi hirmutaks! Sest mina olen sinuga, ütleb JHVH, et sind päästa! Sest ma teen lõpu kõigile rahvaile, kelle sekka ma sind olen pillutanud! Aga sinule ma ei tee lõppu: ma karistan sind õiglaselt, aga hoopis karistamata ma sind küll ei jäta!"
>
> — Jeremija 30:10–11

Rahvad tulevad ja rahvad lähevad, kuid iga rahvas, kes tõuseb Iisraeli vastu, saab otsa, aga Iisrael jääb püsima igavesti.

---

* Kodifitseerimine: "õigusnormide süstematiseerimine mingi õigusharu ulatuses, nende ühendamine seaduste koguks."

"Ometi süüakse kõik, kes sind söövad, ja kõik, kes sind rõhuvad - viimne kui üks läheb vangi; kes sind rüüstavad, saavad rüüstatavaiks, ja kõik, kes võtavad sind saagiks, ma annan saagiks! Sest ma tahan lasta kasvada sulle korba ja teha sind terveks su haavadest, ütleb JHVH, sellepärast et sind on nimetatud hüljatuks: "Siion, kellest ükski ei hooli!" Nõnda ütleb JHVH: vaata, ma pööran Jaakobi telkide vangipõlve ja ma halastan tema eluasemete peale; linn ehitatakse üles oma rusuhunnikule ja palee asub seal, kus see peab olema! Neist kostab tänulaul ja rõõmsate hääl! Ma teen nad paljuks ja nad ei vähene, ma teen nad auväärseiks ja neid ei halvustata! Siis on ta pojad nagu muistegi ja ta kogudus seisab kindlana mu ees! Ja ma karistan kõiki ta piinajaid!"

— Jeremija 30:16–20

See oli enamiku kristlaste jaoks tohutu šokk, kui Iisraeli riik taassündis oma maal 14. mail 1948. aastal. See juhtus pärast seda, kui natside shoa (holokaust) oli juudi elanikkonna peaaegu täielikult hävitanud, mõrvates üle kuue miljoni juudi. Vaatamata suurema osa Euroopa juudi kogukondade ja sünagoogide hävitamisele (terved külad pühiti maapinnalt) tõusis see "Võidetud sünagoog" nagu fööniks Auschwitzi, Birkenau, Treblinka, Sobibori tuhast ja paljudest teistest koonduslaagritest. Need olid tõelised ellujääjad, need juudi luukered, kes olid kaotanud kõik sellele vihkamist täis režiimile. See oli kulminatsiooniks kõigile kristluse doktriinidele, mida oli õpetatud aastate jooksul pärast Constantinust ja Nikaia kirikukogu. Hitler ütles: "Ma teen Jumala tahet," ja nimetas Martin Lutherit geeniuseks, sest viimane oli oma raamatus "Juutidest ja nende valedest" andnud juhised juutide karmiks kohtlemiseks. (Süss ja Luther)

Nii katoliku kui protestantlikud kirikud on põlvkondade vältel juudivaenulikust ideoloogiast läbi immutatud. See jätkub paljudes usuringkondades tänapäevani. Soovin, et saaksin teile öelda, et see on möödas, kuid see pole veel möödas. Internetis on pidevalt postitusi antisemiitlikest üritustest, mis on toime pandud nende poolt, kes tunnistavad end ühel või teisel viisil olevat kristlased.

Hiljuti mõrvas New Jerseyst pärit rühmitus "mustad heebrealased" külmavereliselt juute, kes tähistasid oma rabi eramajas juutide püha hanukkat. See rühmitus väitis, et hoopis nemad on tõelised heebrealased ja mitte need juudid, kes väidetavalt tapsid Kristuse ja väärivad surma. See ehmatas paljusid inimesi, et kuidas saab selline asi juhtuda 21. sajandil USA-s. Mind ei üllata see sugugi, sest see deemonlik võim on varjul paljude kirikute ja konfessioonide doktriinides. Ja ometi ütleb Iisraeli Jumal Pühakirjas korduvalt, et Iisrael on tema valitud rahvas igavesti ja ta ei pea Iisraeli rahva all silmas ei kirikut ega ühtegi kristlikku rahvast.

Hiljuti, koroonaviiruse või Covid-19 pandeemia ajal, tõstis valgenahaline baptisti pastor Floridas Iisraeli vastu kohutavaid süüdistusi, öeldes, et koroonaviiruse põhjustasid iisraellased. Seda nimetatakse "veresüü laimuks". See tähendab juutide ja antud juhul kogu Iisraeli riigi süüdistamist kuritegudes, mida nad ei pannud toime, õhutades sellega rahvamasse Iisraeli vihkama. Veel üks antisemiitlik pastor ja ringhäälinguorganisatsioon USA-s ütles, et koroonaviirus on Jumala poolt juutidele mõeldud karistus Jeesuse mittejärgimise eest. (Laimuvastane Liiga/Anti-Defamation League)

> "Nõnda ütleb JHVH, kes on pannud päikese valguseks päeval, kuu ja tähtede korrad valguseks öösel, kes liigutab merd, selle lained kohama – JHVH Tsevaot (vägede) on tema nimi:

kui need korrad nihkuksid mu palge eest, ütleb JHVH, siis lakkaks ka Iisraeli sugu alatiseks olemast rahvas mu palge ees! Nõnda ütleb JHVH: kui peaks saama mõõta taevaid ülal ja uurida maa aluseid all, siis hülgaksin ka mina kogu Iisraeli soo kõige selle pärast, mis nad on teinud, ütleb JHVH!"

— Jeremija 31:34–36

Peame taastama Messia juudi identiteedi, et kirikus oleks *püha eraldusjoon* nende vahel, kes aktsepteerivad teda juudina ning õnnistavad ja toovad hüvitust loomulikule tänapäeva Iisraelile, ning nende vahel, kes jätkuvalt väidavad, et *nemad* on tõeline Iisrael ja Lähis-Idas paiknev tänapäeva Iisrael on võlts - riik, mille kodanikud väärivad surma.

Paljude petetud kristlaste elu ripub juuksekarva otsas. Kiriku varastatud identiteedi taastamine ja selle muutumine Ruti-suguseks õlipuu külge poogitud koguduseks (selleks, kes liitub Iisraeliga juudi Messia Jeshua vere kaudu), on võti rahvaste päästmiseks ja lõpuaja ärkamiseks.

JHVH Elohim, Iisraeli Jumal, on tõotanud, et tema leping Iisraeliga on igavene. Ta ei ole kuskil ütelnud, et asendab Iisraeli kirkuga. Tegelikult on ta hoopis ütelnud, et kirik/kogudus peab saama *poogitud Iisraeli külge või liituma Iisraeliga*, mitte teda asendama.

"Kui nüüd okstest mõned on ära murtud ja sina, kes olid metsõlipuu, oled jätkatud nende hulka ja oled ühes nendega osa saanud õlipuu mahlakast juurest, siis ära kiitle okste vastu. Ja kui sa kiitled, siis mõtle, et sina ei kanna juurt, vaid juur kannab sind. Sina ehk ütled nüüd: "Oksad on ära murtud, et mind külge jätkataks!" Õige küll! Uskmatuse pärast on nad ära murtud; aga sina püsid usu läbi. Ära saa omas meeles suureliseks, vaid karda! Sest kui Jumal ei säästnud loodud oksi, ega ta sindki säästa."

— ROOMLASTELE 11:17–21

Paganate apostel, rabi Shaul, kellel oli ka Rooma kodanikunimi Paulus, hoiatas paganaid, et nad ei suhtuks kunagi ülbelt juutidesse ega arvaks, et võivad anastada nende koha. Tema hoiatus oli väga tõsine, sest ta ütles paganatele, et nende ülbitsemine juudi-Iisraeli okste vastu võib paganatele maksma minna igavese pääste. Kui palju oksi on Jumal õlipuu küljest ära murdnud romaniseeritud Kristuse kummardamise pärast, kes vihkab Iisraeli rahvast? Kui paljud on päästet toova õlipuu küljest ära murtud juutide vihkamise, neisse ülbelt suhtumise ja Iisraeli asendamist kirikuga õpetavate doktriinide pärast?

Apostel Shaul (Paulus) hoiatas ka ehitamise eest millisele tahes teisele alusele, peale ainsa aluse - tõotatud Messia Jeshua, võitud juutide kuningas ja Päästja. Kuid asendusteoloogia oma 5-pealise koletisega on kiriku õpetust mõjutanud, ehitades jätkuvalt antisemitismi levitavale paganlikule vundamendile.

"Sest teist alust ei või keegi panna kui see, mis juba on pandud, see on Jeshua Messias! Aga kui keegi sellele alusele ehitab hoone kullast, hõbedast, kalliskividest, puust, heintest, õlest, siis saab igaühe töö avalikuks; sest selle teeb selgeks ADONAI päev, sest see saab tules ilmsiks ja tuli ise katsub läbi igaühe töö, missugune see on. Kui kellegi töö, mis tema sellele alusele on ehitanud, jääb püsima, siis ta saab palga; aga kui kellegi töö põleb ära, siis ta saab sellest kahju; kuid tema ise pääseb, aga ometi otsekui läbi tule."

— 1. KORINTLASTELE 3:11–15

Kui paljudel pastoritel on oht, et nende raske töö põleb ära JHVH kohtumõistmise tules asendusteoloogia ja avaliku või varjatud antisemitismi tõttu? Kaasaminek selle petliku teoloogiaga, mis asendab Iisraeli kirikuga on väga ohtlik, sest selle taga on armukadedus, mis sünnitab surma.

> "Ja tema ütles: "Mis sa oled teinud? Sinu venna vere hääl kisendab maa pealt minu poole!
> Aga nüüd ole sa neetud siit maa pealt, mis oma suu on avanud, su venna verd sinu käest vastu võttes! Kui sa harid maad, siis see ei anna sulle enam oma rammu! Sa pead maa peal olema hulkur ja põgenik!"
>
> — 1. Moosese 4:10–12

Kain oli kade Aabeli peale ning selle asemel, et armukadedusest meelt parandada, ta läks ja tappis oma venna. Kui sa vaatad ülevalt alla Iisraeli ja juutide peale vaimse ülbusega ja arvad, et kirik on parem kui Iisrael või on Iisraeli asendanud, siis mõtle kaks korda järele, et Kõigeväeline ei hävitaks kirikut kiriku järel ja konfessiooni konfessiooni järel. Sest Iisraeli Jumal ütles, et temal on kättemaksupäev riiu eest Siioniga (Iisraeliga). Sel päeval ei piisa sinu konfessionaalse tunnistuse näitamisest selleks, et pääseda tema kohtumõistmise eest.

> "Sest see on JHVH kättemaksupäev, tasumisaasta riiu eest Siioniga!"
>
> — Jesaja 34:8

Pea meeles, et kohus algab alati kõigepealt Jumala kojast.

> "Sest aeg on kohtul alata Jumala kojast; kui see aga algab kõigepealt meist, missugune ots ootab neid, kes ei ole sõnakuulelikud Jumala rõõmusõnumile?"
>
> — 1. Peetruse 4:17

See on hea sõnum - üks juut suri sinu eest ja tema nimi on Jeshua. Siiski, kui inimesed jätkavad tema loomuliku perekonna, Iisraeli rahva alavääristamist, kellega Iisreli Jumalal on igavene leping, võib Jumalast saada nende inimeste vaenlane.

> "Sest nõnda ütleb JHVH Tsevaot (vägede JHVH) pärast seda, kui ta au mind läkitas paganate juurde, kes teid riisusid, sest kes puudutab teid (Iisraeli rahvas), see puudutab tema silmatera."
>
> — Sakarja 2:12

Aabrahami võti

> "Siis ma õnnistan neid, kes sind õnnistavad, nean need, kes sind neavad, ja sinu nimel õnnistavad endid kõik suguvõsad maa peal!"
>
> — 1. Moosese 12:3

Iisrael ei ole "vanem vend", vaid rahvaste vaimne ema. Meie suhe emaga peaks erinema meie suhetest oma venna ja õega.

Ma tutvustan sulle Aabrahami võtit. See on *jumalik võti, mis võib avada või sulgeda õnnistuse ja pääste värava üksikisikutele, peredele ja tervetele rahvastele.* See Aabrahamile, Iisakile ja Jaakobile antud võtme kasutuse põhimõte kordub läbi terve Piibli.

Iisrael on ainus rahvas, kellega universumi Jumal tegi lepingu ja see on nii kuni tänaseni. Kõik õnnistused paganrahvaile tulevad läbi Iisraeli rahva - Aabrahami, Iisaki ja Jaakobi järeltuijate, kellel on leping Loojaga. Jumala ainus leping on tehtud Aabrahamiga, tema järeltuleva sooga ja kõigi nendega, kes:

- Ühinevad Iisraeliga juudi Messia kaudu
- Õnnistavad Iisraeli

"Vaata, päevad tulevad, ütleb JHVH, mil ma teen Iisraeli sooga ja Juuda sooga uue lepingu… vaid leping, mille ma teen Iisraeli sooga pärast neid päevi, ütleb JHVH, on niisugune: ma panen nende sisse oma Toora ja kirjutan selle neile südamesse; siis ma olen neile Jumalaks ja nemad on mulle rahvaks!"

— Jeremija 31:31,33

See kirjakoht viitab Uuele Lepingule. Paganad liituvad selle lepinguga juudi Messia Jeshua vere läbi. Jumal ei ole kohustatud õnnistama ühtegi teist rahvast, kes ei ole poogitud Iisraeli väärisõlipuu külge ja ei õnnista Iisraeli. Need on ainsad rahvaste õnnistamise tingimused. Kas nad on head Iisraeli vastu või ei ole? Kas nad käivad Iisraeli Jumala seadustes, mis anti kõigepealt juudi rahvale või mitte?

See on võti rahvaste päästeks ja õnnistuseks. See võti läks kaduma peaaegu 1700 aastat tagasi, aga nüüd on leitud ja võetakse taas kasutusele. Kui selle funktsioon on täielikult taastatud, siis järgneb paganrahvaste päästeletulek ja ainult seejärel saame pakkuda Isale palju *lammas-rahvaid!*

"Siis ma õnnistan neid, kes sind õnnistavad, panen vande alla need, kes sind neavad, ja sinu nimel õnnistavad endid kõik suguvõsad maa peal!" (1Ms 12:3). Vaatame seda kirjakohta heebrea keelest lähtudes.

Sõna õnnistus on siin *brahha*. Tegusõna *levarehh* sama sõna *brahha* juurest tähendab "kuulutada elavat sõna, headust, soosingut, tervist, edu ja jõukust kellegi üle". Selles õnnistuses on palju imelisi ja positiivseid asju, mis toovad suurt rõõmu, terviklikkust, õitsengut, küllust ja *kordaminekuid* (5Ms 28:1-14)!

Selle sõna juurest pärineb ka sõna *berehh*, mis tähendab heebrea keeles "põlv". See salm ümbersõnastatult oleks selline:

"Mina (Iisraeli Jumal) painutan oma kuningliku põlve, et ülendada ja soosida neid, kes põlvitavad ja alanduvad, et austada, kaitsta ja teha head minu Iisraeli rahvale" (1Ms 12:3a).

JHVH Tsevaot, vägede Isand, universumi Jumal, maa ja taeva Looja on oma eksimatu ja muutumatu sõna kaudu pühendunud oma kuningliku põlve painutamisele, et õnnistada ja soosida neid, kes end alandavad põlvitades Iisraeli ees! Kui nad seda ei tee, kohustub Kõigeväeline sama pühendumusega neid needma.

"Ma nean need, kes sind neavad."

— 1. Moosese 12:3B

Selles salmis on kaks heebreakeelset tegusõna needmise kohta. Üks nendest on *klala* ja teine on *meera*. Klala tuleb sõnast *kal*, mis tähendab "kerge" (vastupidine kaalukale). See needus on määratud neile, kes suhtuvad Iisraeli ja juudi rahvasse kergelt või hoolimatult, ega austa neid kui Jumala valitud rahvast. Jumal kasutab sama tegusõna nende kohta, kes neavad oma isa ja ema.

> "Kes neab oma isa või ema, seda karistatagu surmaga."
>
> — 2. Moosese 21:17

Need, kes ei austa oma vanemaid, surevad! Kergekäeline suhtumine vanematesse, nende mõnitamine, nende juhiste eiramine või lugupidamatus nende suhtes toob inimese ellu halbu olukordi. Jumal võrdleb Iisraeli lapsevanemaga, emaga, rahvaste emaga. Ta kutsub riike ja rahvaid üles teda emana austama. Jumal käsib meil austada oma vanemaid isegi nende ebatäiuslikkuses, sest sellest sõltub meie elu!

> "Sa pead austama oma isa ja ema, nõnda nagu JHVH, su Jumal, sind on käskinud, et su päevi pikendataks ja et su käsi hästi käiks sellel maal, mille JHVH, su Jumal sulle annab!"
>
> — 5. Moosese 5:16

Kui me ei alandu, austades oma vanemaid isegi nende ebatäiuslikkuses, ei lähe meil hästi. Kui me suhtume neisse kergekäeliselt *(kal-klala)*, tabab meid needus või häving *(meera)*. Kõigeväelise jaoks on Iisrael rahvaste ema. Ema, kes andis inimkonnale Piibli, Messia ja head sõnumid (evangeeliumi). Ilma Iisraelita ei oleks päästet ühegi rahva jaoks, samamoodi nagu ilma bioloogilise emata ei saa inimene sündida. Ainuüksi sellest piisab, et austada, tänada ja pidada lugu oma emast isegi tema ebatäiuslikkuses. Ta andis sulle elu! Iisrael andis elu kõigile rahvastele. Messia on juut ja pääste tuleb juutidelt.

> "Teie kummardate, mida te ei tea; meie kummardame, mida me teame, sest pääste tuleb juutidelt."
>
> — Johannese 4:22

Meera tähendab "kuulutada kellegile hävingut". Sellele järgnevad mitmed halvad asjad, mis põhjustavad ahastust, leina, haigusi, segadust, kaotust, puudust, pankrotti, üksindust, riidu, hülgamist, hirmu, läbikukkumist ja täielikku hävingut. (5Ms 28:14-68)

Pange tähele, et Jumal seob mõlemad (õnnistus ja needus) väljaöeldud sõna kuulutamisega või sõna rääkimisega. Algusest peale on kõik loodud ELOHIMI väljaöeldud, kuulutatud sõna kaudu.

> "Alguses lõi ELOHIM taevad ja maa. Ja maa oli vormitu ja paljas ja pimedus oli sügavuse peal ja ELOHIMI Vaim hõljus vete kohal. Ja ELOHIM ütles: "Saagu valgus!" Ja valgus sai."
>
> — 1. MOOSESE 1:1–3

IIisrael on igavesti valitud Jumala rahvas ja ükski kirik või uskkond ei saa teda asendada või välja tõrjuda rahvaste vaimset ema. Iisraelilt tuleb Piibel, Messia, rõõmusõnum (evangeelium) ja juudi apostlid, kes läkitati rahvaste juurde. Iisrael võib vahel langeda, võib vahel käituda nagu uskmatu pagan, aga Iisraeli Jumal on alati jätnud järele ustava jäägi ning taastab selle, et Iisrael võiks olla juht lammas-rahvaks, kellele kõik teised rahvad järgnevad.

> "Rahvad, kuulge JHVH sõna ja kuulutage kaugeil saartel ning öelge: "Tema, kes pillutas Iisraeli, kogub teda ja hoiab teda nagu karjane oma karja!"
>
> — JEREMIJA 31:9

"Hõiska ja rõõmutse, Siioni tütar, sest vaata, ma tulen ja asun su keskele, ütleb JHVH! Sel päeval hoiab JHVH poole palju paganaid ja nad saavad tema rahvaks! Ja mina asun sinu keskele ja sa hakkad mõistma, et <u>JHVH Tsevaot (vägede Jahve) on mind läkitanud sinu juurde!</u> Ja JHVH võiab Juuda enesele pärisosaks pühal pinnal ning valib taas Jeruusalemma! Vaiki JHVH ees, kõik liha, sest tema tõuseb oma pühast asupaigast!"

— Sakarja 2:14–17

See vale, et kirik asendas Iisraeli, on takistanud rahvaid saamast lammas-rahvaiks, kes ühinevad Iisraeli Jumalaga, austades Iisraeli rahvaste emana, mitte teda asendades. Tema kohtuotsus koputab nüüd iga kristliku rahva väravale ja nii isiklik kui ka rahvuslik või üleriigiline meeleparandus on kohustuslik, kui tahame näha ärkamist ja ülemaailmset päästet.

Messiasse uskuv inimene armastab ja austab valitud Iisraeli rahvast ja Jeshua kui juudi vendi ja õdesid. Kui me taastame tema juudi identiteedi, siis jääb antisemitism minevikku ja Messia pruut tõuseb kogu oma hiilguses.

Nende kristlaste jaoks, kes ei võta vastu seda pakilist sõnumit, jääb üle vaid oodata kohtuotsust.

"Rahvad, astuge ligi kuulma, ja rahvahõimud, pange tähele! Kuulgu maa ja need, kes seda täidavad, maailm ja kõik, kes seal võrsuvad! Sest JHVH'l on raev kõigi rahvaste ja viha kõigi nende väehulkade vastu: ta on pannud need vande alla, ta on andnud need tappa! Sest see on JHVH kättemaksupäev, tasumisaasta riiu eest Siioniga!"

— Jesaja 34:1,2,8

Minu palve on, et paljud parandaksid meelt ja saaksid Iisraeli kaitsjateks neil lõpuaegadel.

Järgmises väravas arutame naasmist selle Jumala sõna juurde, mida kuulutati 1. sajandil. Edasiseks lugemiseks soovitan oma raamatuid: *Lammasrahvad ja Aabrahami võti.**

Meeleparanduse palve vabanemiseks Iisraelivaenulikkusest

Taevane Isa Abba Shebashamayim), ma palun sinu andestust selle eest, et olen varjanud enda sees valet, justkui oleks kirik asendanud ja välja tõrjunud Iisraeli. Ma mõistan nüüd, et olin valel teel, ja et selle pettuse juured on ohtlikus armukadeduses. Ma hülgan täielikult asendusteoloogia ja kiriku doktriinid, mille kohaselt on kirik astunud Iisraeli asemele. Tänan, et vabastad mind kõigist needustest, mis saavad osaks neile, kes suhtuvad Iisraeli kergekäeliselt ja ülbelt ning kahjustavad tema reputatsiooni. Palun õpeta mulle, kuidas Iisraeli austada kui rahvaste ema ja kuidas tuua hüvitust väärtegude ja pattude eest, mida kristlased on teinud selle kohutava asendusteoloogia pettuse pärast. Jeshua nimes. Aamen!

---

* *Lammas-rahvad:* www.kad-esh.org/et/pood/lammas-rahvad/ | *The Key of Abraham* (Aabrahami võti): www.kad-esh.org/shop/the-key-of-abraham-2/

VÄRAV 8

NAASTES JUMALA SÕNA JUURDE

Pea number 3: Toora vastane

"Vaata, päevad tulevad, ütleb JHVH, mil ma teen Iisraeli sooga ja Juuda sooga uue lepingu: mitte selle lepingu sarnase, mille ma tegin nende vanematega sel päeval, mil ma võtsin nad kättpidi, et viia nad välja Egiptusemaalt, millise mu lepingu nad murdsid, kuigi ma olin nad võtnud enese omaks, ütleb JHVH, vaid leping, mille ma teen Iisraeli sooga pärast neid päevi, ütleb Jehoova, on niisugune: ma panen nende sisse oma Toora ja kirjutan selle neile südamesse; siis ma olen neile Jumalaks ja nemad on mulle rahvaks!"

— JEREMIJA 31:31–33

Anti-MESITOJUS ehk deemonliku asendusteoloogia Toora vastane pea hoiab kirikut paganlusega segunemise ja seadusetuse või tooratuse tõttu "vaimses Egiptuse orjuses". Jumal annab uue lepingu Iisraelile ja Juudale, mitte paganrahvaile. Ühelgi rahval pole Vana või Esimest Lepingut, seega pole ühelgi paganrahval ka Uut Lepingut. Lahus Iisraelist ja Juudast ei eksisteeri mingit Uut Lepingut.

Rõõmusõnum sai alguse Siionist, Messia on juut ja Jumal annab tõotuse Päästja tulekust ainult Iisraeli rahvale. Paganrahvail on võimalus astuda lepingusse juudi Messiaga tema vere kaudu. Nad saavad poogitud Iisraeli väärisõlipuu külge, mitte Iisraeli asendades, vaid Iisraeli kui Jumala valitud astjaga ühinedes, sest selle kaudu tuleb pääste ja lunastus paganaile. Seda astjat tuleb alati austada, hoolimata kõigist selle puudustest.

Ilma Iisraelita ei oleks Messiat ega kristlasi. Uus Leping sätestab, et seesama Iisraeli lastele antud Toora (JHVH juhised ja seadused) peab nüüd kirjutatama Messiasse uskujate südametesse ja mõtetesse. Kuskil ei öelda, et Toora on tühistatud ja kehtetu. See on asendusteoloogia üks suuremaid ja ohtlikumaid valesid, mis on hoidnud kirikut paganluse pettuste ja seadusevastasuse vanglas.

Israel on rahvaste ema. Kuid juba 1700 aastat on asendusteoloogia õpetanud suuremale osale kristlastest üleolevat ja kahtlustavat suhtumist kõigesse juudilikku. See vihkamine ja ülbus meie vaimse sünnipäritolu vastu on muutnud kiriku orvuks. See identiteedi segadus tekitab sisemist viha.

Lapsed, kes vihkavad või häbenevad oma vanemaid, kannatavad isiksusehäirete ja isegi skisofreenia all. Nad püüavad anda parima, et oma algsest identiteedist vabaneda ja lõpetavad lõhestatud isiksustena. Kui kristlased ei võta omaks juudi juuri, Toorat, shabbatit, piibellikke pühi ega austa Iisraeli, kannatavad nad sisemise viha all. Pidevalt kogetakse süütunnet ja hukkamõistu, mis röövib ära sisemise *shalom'i* (heebrea keeles "heaolu" ja "rahu") ning viib lõpuks seisundini, mida ma nimetan *vaimseks skisofreeniaks*. Lahusolek meie sünnipäritolust nõuab tohutult emotsionaalset ja vaimset energiat, mis põhjustab hulgaliselt vaimseid häireid ja füüsilisi haigusi.

Iisraeli kaudu said paganad kogu oma vaimse pärandi: Pühakirja, Päästja ja Messia rõõmusõnumi. Me ei saa pärandit nautida, kui vihkame selle päritolu ja neid, kelle kaudu see meile tuli. Kui austame pärandajat*, siis võime ka tema antud pärandist kasu saada.

"Aga kui uudsevili on püha, siis on ka taigen püha; ja kui juur on püha, siis on ka oksad pühad. Kui nüüd okstest mõned on ära murtud ja sina, kes olid metsõlipuu, oled jätkatud nende asemele ja oled ühes nendega osa saanud õlipuu mahlakast juurest, siis ära kiitle okste vastu. Ja kui sa kiitled, siis mõtle, et sina ei kanna juurt, vaid juur kannab sind."

— ROOMLASTELE 11:16–18

Meie olemuse juur toetab meid nii füüsilises kui ka vaimses elus ja annab meile selgroo. Juure kõrvale heitmise korral pole meil ka selgroogu erinevates olukordades võidu saavutamiseks. See on üks häda ja viletsus! Selles väravas õpime armastama usu juudi juuri Iisraeli rahva kaudu, kes võttis vastu kõik Isa käsud ja usualused. Õpime omaks võtma meie usu juuri armastuse ja austusega, et vabaneda orvupõlvest ja terveneda vaimsest skisofreeniast. Aabrahami võti (nagu eelmises väravas mainitud) viib meid teshuva'le - tagasipöördumisele ja meeleparandusele. Teshuva on vastus kõigile meie hädadele.

"Ja kui siis minu rahvas, kellele on pandud mu nimi, alandab ennast ja nad palvetavad ja otsivad minu palet ning pöörduvad oma kurjadelt teedelt, siis ma kuulen taevast ja annan andeks nende patu ning säästan nende maa!"

— 2. AJARAAMAT 7:14

* Pärandaja: testamendi teinud või pärandi andnud isik

Kui kiriku õpetus põhineb asendusteoloogial, siis on see rajatud petlikule õpetusele. Nikaia kirikukogu väitel: "Meil pole juutidega midagi ühist, sest päästja (identiteedi varas) on meile näidanud teise tee" (teise evangeeliumi, mis toob needuse - Gl 1:8). Ja kuna meil pole juutidega midagi ühist, on Toora - Jumala juhised ja käsud tühistatud. Jutlustajad kuulutavad seda nagu vaimulikku mantrat peaaegu igast kantslist.

Vale, mis ütleb "käsuseadus on tühistatud."

Proovi seda oma linnapeale või presidendile ütelda, ja sa leiad end varsti vanglas olevat.

Jumal annab Uue Lepingu Iisraelile ja Juudale ning nende kaudu paganatele. Uue Lepingu peamiseks märgiks on usklike mõtetesse ja südamesse kirjutatud Toora – JHVH seadused. Kuid alates 4. sajandist asendas Constantinus Toora Rooma seaduste ja kommetega ning see mõjutab meid tänapäevani. Kui asendusteoloogiast sai ametlik kirikuõpetus, hakkas see sisaldama kõike roomalikku (nagu Kreeka-Rooma paganlikud pühad), kuid arvas välja kõik juudiliku, heebrealiku või *vanatestamentliku*. On aeg pöörduda tagasi iidsetele teedele ja leida hingele puhkust või *shabbatit*.

> "Nõnda ütles JHVH: astuge teede peale ja vaadake ja küsige muistsete radade kohta, missugune on hea tee, ja käige sellel, siis leiate oma hingele hingamispaiga! Aga nemad ütlesid: "Me ei käi!"
>
> — Jeremija 6:16

Minu palve on, et leiad iidsed rajad, millel kõndida ja lõpuks puhata. Teine sõna puhkuse või hingamise jaoks on *shabbat*, pühitsetud päev, mis on eraldatud ja õnnistatud alates loomisest.

Naastes Jumala sõna juurde

"Ja Jumal lõpetas seitsmendal päeval oma töö, mis ta tegi, ja hingas seitsmendal päeval kõigist oma tegudest, mis ta oli teinud. Ja Jumal õnnistas seitsmendat päeva ja pühitses seda, sest ta oli siis hinganud kõigist oma tegudest, mis Jumal luues oli teinud."

— 1. Moosese 2:2–3

Toorat käsitletakse kahel viisil. Esiteks, on see Piibli viis esimest või viis Moosese raamatut (mida nimetatakse ka Pentateuhiks). Teiseks, viitab see kõigile Elohimi - Looja Jumala juhistele õigsuses. Toora ei ole tingimata judaismi õpetus, vaid Toora on eelkõige Jumala sõna. 3. Moosese raamatus on korratud:

JHVH kutsus Moosese ning rääkis kogudusetelgist temaga, öeldes...
JHVH rääkis Moosesega, öeldes...
JHVH rääkis Moosesega, öeldes...
Siis JHVH rääkis Moosesega, öeldes...
JHVH rääkis Moosesega, öeldes...

— 3. Moosese 1:1; 4:1; 5:14, 20; 6:1

See annab selge pildi, et Jumal JHVH räägib ja tema sõna toob esile selle, mida ta ütleb. See on läbiv stiil kõigis Piibli esimeses viies raamatus, mida nimetatakse Tooraks ja mis algab 1. Moosese raamatuga, kui Looja Elohim "ütleb ja nõnda sünnib". Tõesti, Iisraeli Jumal räägib ja see on nii.

"Ja Jumal ütles: "Saagu valgus!" Ja valgus sai."

— 1. Moosese 1:3

"Ja Jumal ütles: "Saagu laotus vete vahele ja see lahutagu veed vetest!" Ja nõnda sündis: Jumal tegi laotuse ja lahutas veed, mis laotuse all, vetest, mis laotuse peal olid."

— 1. Moosese 1:6–7

"Ja Jumal ütles: "Veed kogunegu taeva all ühte paika, et kuiva näha oleks!" Ja nõnda sündis."

— 1. Moosese 1:9

"Ja Jumal ütles: "Tehkem inimesed oma näo järgi, meie sarnaseks, et nad valitseksid kalade üle meres, lindude üle taeva all, loomade üle ja kogu maa üle ja kõigi roomajate üle, kes maa peal roomavad!" Ja Jumal lõi inimese oma näo järgi, Jumala näo järgi lõi ta tema, ta lõi tema meheks ja naiseks!"

— 1. Moosese 1:26–27

Kui loed tema sõna, siis pööra tähelepanu sellele, kus on kirjas, et Jumal "rääkis" või "ütles". Selle asemel, et tõlgendada Jumala sõna läbi asendusteoloogia, pane tähele seda, mida Kõigeväeline selgelt ütleb Iisraelile kui rahvaste emale, ja lase ennast Pühal Vaimul lugemise ajal juhendada. Tema ütlused Vanas Lepingus (ainsad *pühad kirjad*, mis 1. sajandi usklikel olid kuni 4. sajandini ja Nikaia kirikukoguni) muudavad sinu usu koos usutegudega revolutsiooniliseks ja koos sellega saab sinu vaimne identiteet taastatud. Me kõik võime saada sama väelisteks ja kuulsusrikkaiks nagu 1. sajandi usklikud, kui lubame Jumala Iisraelile antud sõnal saada meie õpetajaks, mitte aga Constantinusel või "kirikuisadeks" nimetatud inimestel.

Tõelised "kiriku" isad on Iisraeli 12 suguharu ja Talle 12 apostlit. Need on Ilmutuse raamatu 24 vanemat, aga mitte Constantinus, Agustinus, Chrysostom või Martin Luther.

Ta ütles neile kaheteistkümnele apostile:

> "Aga Jeshua ütles neile: "Tõesti, ma ütlen teile, kes olete mulle järgnenud, uuestisündimises, kui Inimese Poeg istub oma kirkuse troonile, istute ka teie kaheteistkümnele troonile Iisraeli kaheteistkümne suguharu üle kohut mõistma."
>
> — MATTEUSE 19:28

Iisraeli 12. suguharu üle ei mõista kohut kristlikud kirikuisad, nagu asendusteoloogia on seda siiani õpetanud ja mõistnud kohut Iisraeli ja juudi rahva üle, süüdistanud neid Kristuse mõrvas ja sellepärast olevat nad surma väärt. Iisraeli 12. suguharu üle valitsevad ja mõistavad kohut juudi Messia Jeshua valitud 12 juudi apostlit.

> "Kui ta oli võtnud raamatu, siis need olevused ja need kakskümmend neli vanemat heitsid maha Talle ette, igaühel oli käes kannel ja kuldkausid täis suitsutusrohte - need on pühade palved. Ning nad laulsid uut laulu: "Sina oled väärt võtma raamatu ning avama selle pitserid, sest sina olid tapetud

ning sina oled ostnud Jumalale oma verega inimesi kõigist
suguharudest ja keeltest ja rahvastest ja paganahõimudest."

— Ilmutuse 5:8–9

Ilmutuse raamatu 21. peatükis, mis räägib uuest Jeruusalemmast, on antud meile 24 vanema identiteet. Need on kõikide Uue Lepingu inimeste piibellikud isad.

"Ja ta kandis mu vaimus suurele ja kõrgele mäele ning näitas mulle linna, püha Jeruusalemma, mis on alla tulemas taevast Jumala juurest ja millel on Jumala kirkus, ning ta valgus on kõige kallima kivi sarnane, otsekui jaspis, mis hiilgab nagu mägikristall. Sellel on suur ja kõrge müür ning kaksteist väravat ja väravate peal kaksteist inglit; ning väravate peale on kirjutatud nimed, mis on Iisraeli laste kaheteistkümne suguharu nimed. Päevatõusu pool on kolm väravat, põhja pool kolm väravat, lõuna pool kolm väravat, õhtu pool kolm väravat. Ja linna müüril on kaksteist aluskivi ning nende peal Talle kaheteistkümne apostli nimed."

— Ilmutuse 21:10–14

Siin see on, Messiasse uskujate - nii juutide kui ka paganate, täielik preesterlik isadus, kelleks on Iisraeli 12 suguharu ja Talle 12 juudi apostlit, keda juhib Juuda lõvi, juudi Messia, kes ainsana on väärt avama kohtumõistmise raamatut.

T"Ma nutsin kibedasti, et kedagi ei leitud väärt olevat avama seda raamatut ning vaatama sinna sisse. Siis üks vanemaist ütles mulle: "Ära nuta! Ennäe, lõvi Juuda suguharust, Taaveti juur, tema on võitnud, tema võib avada raamatu ja selle seitse pitserit!"

— Ilmutuse 5:4–5

Kuidas mõistab Juuda suguharust Päästja koos oma Iisraeli vanematekoguga kohut Toorast lahutatud kiriku üle, kes vihkab, eirab või halvustab juudi rahvast ja usurpeerib Iisraeli koha? Milline on nende saatus, kes ülendavad neid kristlikke kirikuisasid ja teolooge, kes olid kõik suured antisemiidid ja õpetasid kirikut juute halvustama ja vihkama?

Need samad kirikuisad ja teoloogid on austatud ja nende valeõpetused on liidetud peaaegu iga kiriku õpetusse nagu see, mis ütleb: "Seadus või Toora on tühistatud, me oleme kristlased, mitte juudid ja seetõttu peame pühapäeva, lihavõttepühi, jõule ja halloweeni. Kõik Vana Testamendi pühad, nagu shabbat, paasapüha, shavuot, jom kippur ja sukkot, ei ole meie jaoks." (Vt 3Ms 23, kus Jumal on neid nimetanud "minu pühadeks")

<u>Kuidas saaks Juuda lõvi mõista kohut kiriku üle, kelle isaks on olnud kõike juudilikku põlastav paganlik Rooma, aga mitte juudi Messia ja tema juudi apostlite õpetusele rajatud Iisraeli pärandit austav kogudus?</u>

Toora, õpetus ja juhised

"Vale tee hoia minust eemal ja kingi mulle armust oma Toora!"

— Psalmid 119:29

Toora tähendab heebrea keeles "õpetamist või juhendamist". JHVH juhised ei ole soovitused. Läbi terve Piibli või Pühakirja ütleb Jumal meile väga selgelt, mida ta armastab ja mida vihkab, ning ta on selles väga konkreetne. Kahjuks on suurem osa kõigi konfessioonide usklikke olnud kurdid tema juhistele. Enamik jutlustajaid räägib pigem Jumala käskude vastu või peab neid tühisteks.

Kirikutes tehakse ja sallitakse nii palju jälkusi, et Jumal lihtsalt peab kohut mõistma. Ta on sulgemas mitmete kirikute ja koguduste uksi. Kui ma seda sõnumit kirjutan, on koronaviiruse tõttu suletud peaagu kõigi Ameerika ja paljude teiste rahvaste kirikute uksed. USA valitsus ei luba üle kümne inimesega kokkutulekuid. Jumal koputab uksele, et näha, kas igas kirikuperes on vähemalt kümme õiget, kümme, kes veel ülistavad Iisraeli Jumalat ja austavad tema käske,

JHVH ütles Aabrahamile, et ta ei hävita Soodomat ja Gomorrat, kui seal leidub vähemalt kümme õiget.

> "Aga ta ütles: "Ärgu süttigu põlema Issanda viha, et ma veel üksainus kord räägin! Vahest leidub seal kümme?" Ja tema vastas: "Ma ei hävita kümne pärast?"
>
> — 1. MOOSESE 18:32

Jumal annab meile kõigile tohutu võimaluse muuta oma kodud palve- ja ülistuse altariks, et leiaksime oma hingedele hingamise, puhkuse või shabbati. Ta koputab kõigi meie ustele, et naaseksime usu algse vundamendi juurde, mida kuulutasid juudi apostlid, heade sõnumite juurde, mis kutsusid usklikke üles pühadusele ja kuulekusele tema Toora juhistele, shabbatile, piibellikele pühadele ja pühale ülistusteenistusele.

Ei mingeid lihavõtteid

"Tule, mu rahvas, mine oma kambritesse ja sule uksed enese takka, peitu üürikeseks ajaks, kuni meelepaha möödub! Sest vaata, JHVH väljub oma asupaigast nuhtlema maa elanikke nende ülekohtu pärast! Siis paljastab maa oma veresüü ega kata enam neid, kes ta peal on tapetud!"

— Jesaja 26:20–21

Covid-19 eriolukorra tõttu ei saanud ükski kirik ega kogudus lihavõtteid tähistada, 2020. aasta kevadel ei toimunud ühtegi etendust ega massiüritust, isegi mitte Pühal maal. Juba aastaid on soofari (sarv, trompet) hääl kutsunud kirkut välja asendusteoloogiast ja paganlikest romaniseeritud pidustustest ning naasma piibellike pühade pidamise juurde.

Lihavõtted või munadepüha ei ole Messia ülestõusmist tähistav püha, vaid mõlemad - nii selle nimetus kui aeg, on pärit Rooma- Babüloonia viljakusjumalanna Astarte kummardamise kultusest. Astarte on osa Babüloonia, Kreeka ja Rooma päikesejumalate panteonist.* Paganad kummardasid teda orgiate kaudu, kus naised seksisid Astarte templi preestritega. Selle rituaalse seksi tagajärjel sündisid lapsed. Aasta hiljem olid need kolme kuu vanused imikud ja viljakusjumalannale ohverdati 10-nes osa imikute "saagist", et saada rohkem lapsi ja paremat viljasaaki. <u>Siis kasteti munad tapetud imikute verre ja need veripunased munad pandi välja, et kõik näeksid kui palju lapsi jumalannale ohverdati</u>. Sellest kultusest kasvas välja lihavõttemunade värvimise traditsioon, sealhulgas šokolaadimunad ja lihavõttejänkud, millel pole midagi

* Panteon (kreekakeelsest sõnast πάνθεον pantheon) on mistahes polüteistlike religioonide, mütoloogia või traditsioonide jumalate kogum. (Oxford English Dictionary)

pistmist juudi Messia Jeshua ülestõusmisega. Küülikud või jänkud on olnud Babülooniast alates viljakuse ja amoraalsuse sümbolid. Isegi sellised pornoajakirjad nagu Playboy kasutavad oma logona jänkut. Jänkukõrvade ja sabaga riietatud noored tüdrukud pakuvad klubides jooke, esindades viljakusjumalanna Astarte amoraalset kultust.

Kuidas me saame seostada juudi Messia ülestõusmist tähistavat aega viljakusjumalanna Astarte (ingl Easter) nime ja selle kultuse paganlike traditsioonidega? See on asendusteoloogia pärand, mida ei saa enam lubada. Meie Jumal koputab iga südame uksele, iga kiriku ja konfessiooni uksele, kutsudes *teshuva'le* (meeleparandus) ja tagasipöördumisele Siionis alguse saanud rõõmusõnumi ja juudi Messia juurde, et saada täielikult taastatud. Constantinus seadustas lihavõtted, samal ajal keelates ära paasapüha, sest viimane oli tema jaoks liiga juudilik. Kuid paasa- ja esmaviljade püha on otseselt seotud verelepingu, Jeshua surma, matmise ja ülestõusmisega.

Jeshua tähistas oma jüngritega paasapüha, mitte lihavõtteid, kui järgmine sündmus aset leidis,

> "Sest mina olen ADONAILT saanud selle, mis ma teilegi olen andnud, et Messia Jeshua sel ööl, mil ta ära anti, võttis leiva ja tänas ja murdis ning ütles: "See on minu ihu, mis teie eest antakse. Seda tehke minu mälestuseks!" Samuti ta võttis ka karika pärast söömaaega ning ütles: "See karikas on uus leping minu veres. Seda tehke nii sageli kui te iganes seda joote, minu mälestuseks!" Sest iga kord, kui te seda leiba sööte ja karikast joote, te kuulutate ADONAI surma, kuni ta tuleb!"
>
> — 1. KORINTLASTELE 11:23–26

Kuid Constantinus võttis lihavõtted, Astarte paganliku viljakusriituse ja riietas selle "kristlikesse rõivastesse", kuid jättis universaalse kalendri kuupäevad ja paganlikud traditsioonid puutumata.

Nikaia kirikukogu

Keisri (Constantinuse) kirjast kõigile neile, kes kirikukogul ei viibinud (Eusebius, Vita Const., Lib III 18-20)

Kui kerkis esile küsimus lihavõttepühade (ingl Easter) sakraalsest tähistamisest, siis otsustati universaalselt, et oleks mugav, kui kõik tähistatavad seda ühel ja samal kindlaksmääratud päeval. Sest mis võiks olla kaunim ja ihaldusväärsem, kui näha seda püha, mis toob meile surematuse lootust, tähistatuna üheskoos ja samal viisil? Nagu juba teatavaks tehtud, oleks eriti vääritu, kui see kõige suurem püha järgiks juutide kombeid (ajaarvestust), kuna juudid on määrinud oma käed kõige jubedama kuriteoga ja nende mõistus on pimestatud. Hüljates nende tavad, võime oma järeltulijatele edasi anda seaduspärase viisi lihavõttepühade tähistamiseks, mida oleme järginud Päästja kannatustest alates (vastavalt nädalapäevade järjestusele).

Seetõttu ei peaks meil olema midagi ühist juutidega, sest Päästja on meile näidanud teise tee. Meie jumalateenistus järgib palju seaduspärasemat ja mugavamat kurssi (pidades silmas nädalapäevade järjestust). Seega, kallimad vennad, võttes üksmeelselt omaks selle viisi, me igatseme eralduda juutide jälestusväärsest seltskonnast. (Fordham University)

See eraldamine on olnud väga kulukas ja viinud miljonite juutide tapmisele Jeesuse Kristuse ja tema järgijate nimel. See on põhjustanud ka miljonite kristlaste vaimse surma, kes solvasid Püha Vaimu, jätkates päikesekummardajast keiser Constantinuse paganliku pärandi kummardamist, milleks on päikese kummardamise päev - pühapäev, lihavõtted, jõulud ja halloween.

Jõulud või sukkot?

Messia ei sündinud 25. detsembril, paganlikul pööripäeval, mis on pigem iidse päikesejumala Mithra kummardamise või jumal Saturnuse auks peetav saturnaalia püha. Sel päeval ülistati päikest ja seati üles jõuluhalge ja igihaljaid puid. Jeshua sündis (vastavalt mitmetele kaasaja piibliuurijatele) sukkoti püha ajal, mil kõigil rahvail on kästud minna üles Jeruusalemma tema 1000 aastasel valitsusajal, pärast seda kui Jumal valab välja oma viha kõigi Iisraeli vastu tulnud paganrahvaste üle.

> "Ja kõik järelejääjad kõigist paganaist, kes on tulnud Jeruusalemma kallale, peavad aasta-aastalt minema sinna üles, kummardama kuningat, JHVH Tsevaot (vägede) ja pidama sukkoti (lehtmajade püha)! Aga neile maa suguvõsadest, kes ei lähe üles Jeruusalemma kuningat, JHVH Tsevaot-i kummardama, ei saja vihma!"
>
> — Sakarija 14:16-17

See 4. sajandi Nikaia kirikukogul kehtestatud "mugavam jumalateenistuse viis", mis lahutas kristlased kõigest juudilikust, on jätnud veriseid jälgi. Enamik Euroopas kirikute korraldatud juutide vastaseid pogromme toimus kas jõulude või lihavõttepühade ajal.

Siin on mõned väljavõtted ajaloolistest dokumentidest:

Vanemad juudi usutekstid käskisid kõigil juutidel jõululaupäeval koju jääda, sest kristlased võisid neid rünnata või isegi tappa. Ajalooliselt võib öelda, et juutide vastaseid vägivallaakte toimus

Naastes Jumala sõna juurde

palju enam lihavõttepühade ajal, mil kristlus tähistab Jeesuse surmapäeva, kui jõulude ajal, millal Jeesus väidetavalt sündis.

Pogrommid puhkesid ka 40 päeva pärast lihavõtteid - päeval, mil kristlaste uskumuse kohaselt Jeesus tõusis taevasse. Kevadkuudel oli juutide vastaseid rünnakuid rohkem kui detsembris, kuna ilm oli soojem ja maapind polnud lumega kaetud. (Gottesman)

Mõiste pogromm muutus sagedaseks 1881 aasta paiku, pärast tsaar Aleksander II mõrva puhkenud antisemiitlikku vägivalda. Juudivastased rühmitused väitsid, et valitsus on heaks kiitnud juutide vastu suunatud repressioonid. Esimene vägivald puhkes Ukrainas Jelizavetgradis ja levis seejärel veel 30-sse linna, sealhulgas Kiievisse.

Sama aasta jõulude ajal plahvatas Venemaa kontrolli all olevas Varssavis, Poolas vägivald, mille tagajärjel sai surma kaks juuti. Hiljem toimunud kiriku põlengus hukkunud 29 inimese surmas süüdistati ekslikult juudi taskuvargaid.

Juutide tapmispuhangud jätkusid 1884 aastal Leedus, Valgevenes, Rostovis ja Jekaterinoslavis. Nižni Novgorod korraldas selle perioodi viimase pogrommi, mille tagajärjel hukkus üheksa juuti. (History.com Editors)

17. aprill 1389 oli kahepäevase rünnaku esimene päev, mille korraldasid Praha juudi kogukonna kristlastest naabrid. Praha pogrommis, nagu seda on hakatud kutsuma, suri hinnanguliselt 900 juuti, ehkki mõned neid sündmusi kirjeldanud ajaloolised allikad annavad palju suurema tapetute arvu.

Nagu paljud keskaegsed juutide massimõrvad Euroopas, toimus ka Praha pogromm katoliku kiriku kehtestatud lihavõttepühade ajal. Rünnaku süüdanud sädemeks oli, nagu sel puhul tihti juhtus, süüdistus "hostia rüvetamises" (kui põlastusväärsed juudid on kuritarvitanud armulauateenistuse hostiat - oblaadi, mis vastavalt kristlikule traditsioonile muutub selle liturgia ajal Kristuse ihuks,). (Haaretz.com)

Nii said keskaegsed kristlased Suurel reedel teate, et nende keskel elanud juudid on kristlaste vaenlased, kes tapsid nende Päästja ja pidid sunniviisiliselt pöörduma ristiusku või saama jumaliku karistuse osaliseks. See juutide süüdistamise teema keskaegsel Suure reede liturgial muutus tihti füüsiliseks vägivallaks kohalike juudi kogukondade vastu.

Oli tavaline, et juutide maju rünnati kividega. Sageli juhtisid neid rünnakuid vaimulikud. Keskaegsete juutide ja kristlaste vahelisi suhteid uurinud teadlane David Nirenberg väitis, et see vägivald taasesitas Jeesuse kannatused ja surma.

Selle ajalooperioodi teine teadlane Lester Little väidab, et rünnak juudi kogukondade vastu oli mõeldud kättemaksuks Jeesuse surma eest ja rituaalseks toiminguks, mis rõhutas piiri juutide ja kristlaste vahel. (Joslyn-Siemiatkoski)

Paasa- ja uudsevilja püha

"Nüüd aga on Kristus üles äratatud surnuist, uudseviljana magamaläinutest (surnute seast)."

— 1. Korintlastele 15:20

Jeshua ei surnud Suurel reedel, vaid paasatalle tapmise päeval, mis langes kolmapäevale. Ta oli hauas kolm päeva ja kolm ööd ja ta ise prohveteeris seda ette, viidates Joona märgile.

> "Sest otsekui Joona oli valaskala kõhus kolm päeva ja kolm ööd, nõnda peab Inimese Poeg olema maapõues kolm päeva ja kolm ööd."
>
> — Matteuse 12:40

Juudi Messia surnuist ülestõusmise ei leidnud aset Astarte viljakusrituaalide ajal, vaid paasapühale järgnenud piibelliku hapnemata leibade püha ajal.

> "Pühkige välja vana haputaigen, et oleksite uus taigen, nõnda nagu te oletegi hapnemata. Sest ka meie paasatall Messia on ohverdatud."
>
> — 1. Korintlastele 5:7

Jeshua ei ole meie "Munadepüha tall", ta on meie "Paasatall."
Ta tõusis surnuist uudsevilja pühal ja Messia on uudsevili surnute seast. Kui JHVH andis Moosesele Iisraeli jaoks paasapüha pidamise juhised, siis ta käskis tuua uudsevihk oma lõikusest nädala esimesel päeval pärast shabbatit, mis langeb paasa ja matsa (hapnemata leib) pühade ajale.

> "Ja JHVH rääkis Moosesega, öeldes: "Räägi Iisraeli lastega ja ütle neile: kui te tulete maale, mille mina teile annan, ja lõikate selle vilja, siis viige oma lõikusest uudsevihk preestrile. Tema

kõigutagu seda vihku Jehoova ees, et te saaksite meelepäraseks; preester kõigutagu seda hingamispäevale järgneval päeval."

— 3. Moosese 23:9–11

Piibellik päev algab õhtul, mitte hommikuse päikesetõusuga ja seetõttu algab nädala esimene päev päikeseloojanguga pärast shabbatit, mis on nädala viimane seitsmes päev, nimetatud ka hingamispäevaks.

"Siis sai õhtu ja sai hommik, - esimene päev."

— 1. Moosese 1:5B

Jeshua tõuseb surnuist pärast kolme päeva ja kolme ööd hauas.
<u>Ta tõuseb siis, kui shabbati päike loojub, tehes sellest ametlikult nädala esimese päeva alguse - uudsevilja ohvri toomise päeva.</u> Kui päike seitsmendal päeval (shabbat) loojub, tõuseb Jumala Poeg surnuist. Ta veedab kolm shabbatit või hingamispäeva hauas. Vastavalt Toorale on paasa/hapnemata leibade püha esimesel päeval püha kokkutulek, mis on nagu shabbat, sest ühtegi argipäevatööd ei tohi teha. Juutide traditsiooni kohaselt jätkub see müüriga ümbritsetud linnades veel kaks päeva, et ka kõik Jeruusalemmast kaugemal elavad juudid saaksid kohale jõuda. Siis tuli seitsmes päev, mis oli kolmas shabbat. Kui iganädalane shabbat lõppes, tõusis shabbati isand Jeshua surnuist.

"Sest Inimese Poeg on shabbati isand!

— Matteuse 12:8

"Päikesetõusu" traditsioon on pärit Roomast, kus kummardatakse päikesejumalat ja peetakse ka lihavõtteid/Astarte püha. Vaatamata sellele kummardas päike JHVH (Jumala nimi) Poja ees, kes tõusis surnuist päikese loojudes. Sellepärast tuli Miriam (Maarja) haua juurde nädala esimesel päeval, kui oli veel pime, aga Jeshua ei olnud enam hauas, sest ta oli shabbati (laupäev) õhtul üles tõusnud.

"Aga nädala esimesel päeval tuli Miriam Magdalast (Maarja Magdaleena) vara, kui alles pime oli, hauale ja näeb, et kivi on haua eest ära võetud."

— Johannese 20:1

Shabbat ja COVID-19

"Pea meeles, et sa pead shabbatit (hingamispäeva) pühitsema! Kuus päeva tee tööd ja toimeta kõiki oma talitusi, aga seitsmes päev on JHVH, sinu Jumala shabbat. Siis sa ei tohi toimetada ühtki talitust, ei sa ise ega su poeg ja tütar, ega su sulane ja ümmardaja, ega su lojus ja võõras, kes su väravais on! Sest kuue päevaga JHVH tegi taeva ja maa, mere ja kõik, mis neis on, ja ta puhkas seitsmendal päeval: seepärast JHVH õnnistas shabbatit ja pühitses selle."

— 2. Moosese 20:8–11

Suurem osa maailmast töötab seitse päeva nädalas, rikkudes pidevalt neljandat käsku. Kuna Iisrael on segu ilmalikest ja konservatiivsetest ning religioossetest usklikest, ei peeta paljudes Iisraeli linnades, nagu näiteks Tel Aviv shabbatit. Jeruusalemmas on kauplused shabbatil (nädala seitsmes päev, puhkepäev) suletud ja ühistransport ei liigu. 2020. aasta kevadel, esmakordselt tänapäeva Iisraeli ajaloos pidi kogu riik koronaviirusega seotud liikumiskeelu tõttu shabbatit tähistama. See oli eriline kogemus. Seda järgisid kõik teisedki riigid, kus liikumiskeeld välja kuulutati. Kuna enamik ettevõtteid, koole ja kirikuid oli suletud, jäid inimesed shabbatiks oma kodudesse. Ameerikas on laupäevad kõige tihedamad tööpäevad, kus poed on avatud kauem kui teistel päevadel. Kuid COVID-19 ajal oli peaaegu kogu inimkond sunnitud puhkama ja shabbatit pidama!

Enamus kristlikke teenistusi jutlustavad kogudustes, et shabbat ei ole kristlaste jaoks ja laupäeval võib igaüks teha, mis talle meeldib. See õpetus on meeldetuletus asendusteoloogiast. Tegelikult kohtusid esimesed Messiasse uskujad, nii juudid kui paganad, shabbatil sünagoogides. Nad pidasid ühiselt shabbatit kuni aastani 364, mil Laodikea kirikukogu selle kui "juutide iganenud tava" ära keelas,

> Kaanon 29. Kristlased ei tohi laupäeval jõude olla ega seltsida juutidega, vaid peavad sel päeval tööd tegema. Kuid Issanda päeva peavad nad eriti austama ja kristlastena ei tohiks me võimaluse korral sel päeval tööd teha. Kui nad aga leitakse seltsivat juutidega, siis tuleb nad Kristusest eemale lükata, teatab *The Sabbath Sentinel*.

"Pärast seda ma tulen jälle ja ehitan üles Taaveti lagunenud maja ning parandan ära tema varemed ja püstitan ta uuesti, et muudki inimesed otsiksid Issandat ja kõik rahvad, kelle üle on nimetatud minu nimi, ütleb ADONAI, kes seda teeb, mis on teada igavikust." Sellepärast arvan mina, et neile, kes paganate seast pöörduvad Jumala poole, ei peaks tehtama raskusi, vaid neile kirjutatagu, et nad hoiduksid ebajumalate rüveduse, porduelu, lämbunu ja vere eest. <u>Sest Moosesel on vanast ajast kõigis linnades küllalt neid, kes teda kuulutavad, ning teda loetakse igal hingamispäeval kogudusekodades.</u>"

— Apostlite teod 15:16–21

Algkoguduse juudi apostlid eeldasid, et uskikud paganad lähevad kõigepealt sünagoogidesse, et seal kuulata Toora õpetust ja siis annab Püha Vaim neile patutunnetuse ning kirjutab Jumala Toora käsud nende südameisse. Juudid ja paganad ülistasid JHVH-t olles ühes ja samas õlipuus koos sama juudi Messia ja rõõmusõnumiga.

Olen juba jaganud, kuidas Ida-Rooma keiser Constantinus ja kirikuisad rajasid 4. sajandil teise evangeeliumi ja teise jumalateenimise süsteemi, koos paganlike Rooma pühade ja traditsioonidega. Shabbati pidamine on aga üks kümnest käsust, mida ma nimetan *taevaseks põhiseaduseks*. Iisraeli rahvas oli selle taevase põhiseaduse saaja, mille eesmärgiks oli jagada neid jumalakartlikke põhimõtteid kõigi rahvastega.

"Ja võõrad, kes on liitunud Jehoovaga, teenivad teda ja armastavad HVH nime, et saada tema sulaseiks, kõik, kes peavad shabbatit (hingamispäeva) ega riku seda ja kes peavad kinni mu lepingust - needki ma viin oma pühale mäele ja ma rõõmustan neid oma palvekojas, ja nende põletus- ja tapaohvrid on mu altari peal meelepärased; sest mu koda nimetatakse palvekojaks kõigile rahvastele!"

— Jesaja 56:6–7

Kuskil Pühakirjas ei öelda, et Looja muutis seitsmendat päeva või õnnistas selle asemel pühapäeva. Ta ei asendanud kunagi OMA püha päeva! Ent Constantinus, kes oli päikesekummardaja, kehtestas pühapäeva (ingl sunday) päikesejumala kummardamiseks Constantinuse rajatud kristluse süsteemis. Algselt olid paljud usklikud selle muutuse vastu, sest teadsid tõde, mida oli räägitud juba 300 aastat enne Nikaia nõukogu. Kuid kirikuisade toetusel valitses Constantinus raudse rusikaga; niisiis keelati ära shabbat ja selle asemele seati pühapäevane jumalateenistus. Selline olukord jätkub tänapäevani. Kuid Piibli Jumal kutsub kogu inimkonda hingama, puhkama ja Loojat ülistama tema seatud pühal päeval, mitte päikesekummardaja Constantinuse päikese päeval või pühapäeval. Tegelikult on tõeline shabbati pidamine ja selle päeva ülistusteenistus kehtiv Messia Jeshua kogu tuhandeaastase valitsusaja jooksul.

> "Ja noorkuust noorkuusse ning shabbatist shabbatisse tuleb kõik liha mu ette kummardama, ütleb JHVH!"
>
> — JESAJA 66:23

Usun, et võime JHVH-t ülisada ja teenida igal nädalapäeval, unustamata siiski shabbatit kui Looja eraldatud jumalateenistuse päeva, mis seati sisse loomisel ja kestab igavesti. Jeshua ei öelnud: "Ma olen pühapäeva isand", vaid kuulutas: "Mina olen shabbati isand" (Mt 12:8). Ta kutsub meid päikese kummardamisest tagasi pöörduma piibelliku püha jumalateenistuse juurde.

> "Sest Inimese Poeg on shabbati isand!"
>
> — MATTEUSE 12:8

Paasapüha, lihavõtted ja COVID-19

COVID-19 pandeemia ajal on enamus riikides inimesed suletud oma kodudesse. Kõik kirikud/kogudused ja enamik ettevõtteid suleti märtsist aprillini 2020. Lihavõttepühade jumalateenistusi ja teatrietendusi pidada ei olnud võimalik, kuna need üritused vajavad kirikuhoonet või teatrit paljude inimeste kogunemiseks. Valitsused lubasid koguneda kuni 10 inimest korraga. Paasapüha pidustused aga jätkusid Iisraelis ja teistes juudi kogukondades nagu tavaliselt, kuna neid peetakse kodudes.

Nagu kõiki Iisraeli piibellikke pühi, tähistatakse ka paasa- ja hapnemata leibade püha kõigepealt kodus koos perega. Juudi pered võisid COVID-19 liikumiskeelu ajal jätkuvalt paasapüha tähistada. Iisraeli Jumal rõhutas sel ajal taas evangeeliumi algse vundamendi juurde naasmist ja jumalateenistuse altari üleviimist kirikuhoonetest kodudesse.

Jumal määras esimese piibelliku liikumiskeelu, et kaitsta oma rahvast Egiptuse vastu saadetud katku eest. Seejärel käskis ta inimestel süüa eeskirjadekohaselt ohverdatud tallesid ja seada paasapüha pidamine oma kodus pere keskel igaveseks seaduseks.

"Ja Mooses kutsus kõik Iisraeli vanemad ning ütles neile: "Minge ja võtke enestele suguvõsade kaupa talled ja tapke paasatall. Ja võtke iisopikimbuke, kastke kausis olevasse verre ja määrige ukse pealispuud ning mõlemaid piitjalgu kausis oleva verega. <u>Ja ükski teist ärgu väljugu hommikuni oma koja uksest</u>, sest JHVH läheb egiptlasi nuhtlema. Aga kui ta näeb verd ukse pealispuul ja mõlemail piitjalgadel, siis Jehoova ruttab sellest uksest mööda ega lase hävitajat tulla teie kodadesse nuhtlema. Pidage see asi meeles: see olgu igaveseks seadluseks sinule ja su lastele!"

— 2. Moosese 12:21–24

Jeshua löödi puule paasapühal ja temast sai paasatall.

"Teie kiitlemine(patust ja amoraalsusest) ei ole hea. Eks te tea, et pisut hamets-i (haputaigen) teeb kogu taigna hapuks? Pühkige välja vana haputaigen, et oleksite uus taigen, nõnda nagu te oletegi hapnemata. Sest ka meie paasatall Messias on tapetud. Siis pidagem püha (paasa, mitte lihavõtteid) mitte vana haputaignaga, mitte pahede ega kurjuse haputaignaga, vaid puhtuse ja tõe hapnemata taignaga "

— 1. Korintlastele 5:6–8

On aeg pühkida välja vana haputaigen

"Pühkige välja vana haputaigen, et oleksite uus taigen, nõnda nagu te oletegi hapnemata. Sest ka meie paasatall Messias on tapetud."

— 1. Korintlastele 5:7

Heebrea keeles tähendab Toora "Jumala juhiseid õigsuses". Kuigi Toorat kasutatakse mitmesuguste juudi autoritelt pärit raamatute, nagu Talmud ja Gemara* kirjeldamiseks, viitab see algses kontekstis viiele Moosese raamatule, käskudele ja seadustele, mida JHVH Iisraeli

---

* Talmud on judaismi tsiviil- ja tseremoniaalsete seaduste kogum, mis põhineb Mishnal ja Gemaral. Mishna on esimene Toorat ja juudi suulist traditsiooni selgitav seaduste kogum ja Gemara on rabide kommentaarid Mishnale.

rahvale andis. Loomaohvrite toomise seadused ei ole tänapäeval meie jaoks, kuna juutide Messia Jeshua ja paasatall on ülim ohver ning ka seetõttu, et Jeruusalemmas ei ole täna templit ega ohvrialtarit, kuhu loomaohvreid viia. Kuid kõlbelised ja sotsiaalsed seadused ning ülistamise ja jumalateenimise põhimõtted on elavad ja kehtivad, mis kõik peavad saama kirjutatud meie südamesse ja mõtetesse. See on Iisraeli rahvale antud uue lepingu märk, mida jagasid esimese sajandi juudi apostlid paganatega.

> "Vaata, päevad tulevad, ütleb JHVH, mil ma teen Iisraeli sooga ja Juuda sooga uue lepingu: mitte selle lepingu sarnase, mille ma tegin nende vanematega sel päeval, mil ma võtsin nad kättpidi, et viia nad välja Egiptusemaalt, millise mu lepingu nad murdsid, kuigi ma olin nad võtnud enese omaks, ütleb JHVH, vaid leping, mille ma teen Iisraeli sooga pärast neid päevi, ütleb JHVH, on niisugune: ma panen nende sisse oma Toora käsud ja kirjutan selle neile südamesse; siis ma olen neile Jumalaks ja nemad on mulle rahvaks! Siis üks ei õpeta enam teist ega vend venda, öeldes: "Tunne JHVH-t!", sest nad kõik tunnevad mind, niihästi pisukesed kui suured, ütleb JHVH; sest ma annan andeks nende süü ega tuleta enam meelde nende pattu!"
>
> — JEREMIJA 31:31–34

Pettus Kõigeväelise seaduste ja standardite osas on olnud sügav. Kuulutatud on "odava armu evangeeliumi". Inimesed on tuttavad motivatsioonikõnelejate ja pastoritega, kes kõditavad nende kõrvu, sulgedes silmad oma koguduses valitsevatele pattudele ja seadusetusele. See on põhjustanud olukorra, mida ma nimetan "ilma auta" heebreakeelsest sõnast *ikhabod*, nagu on mainitud 1. Saamueli raamatus, kui ülempreester Eeli ei suutnud oma poegi korrale kutsuda.

> "Ja JHVH ütles Saamuelile: "Vaata, mina teen Iisraelis midagi, mis igaühel, kes sellest kuuleb, paneb mõlemad kõrvad kumisema! Sel päeval ma tahan Eelile tõeks teha kõik, mis ma tema soo kohta olen rääkinud, algusest lõpuni! <u>Ma olen ju kuulutanud temale, et ma mõistan igavesti kohut tema soo üle patu pärast, sest kuigi ta teadis, et ta pojad olid tõmmanud eneste peale needuse, ta ei ohjeldanud neid mitte.</u> Ja seepärast ma olen vandunud Eeli soole: iialgi ei lepitata Eeli soo pattu, ei tapa- ega roaohvriga!"
>
> — 1. Saamueli 3:11–14

Pastorid ei ole oma karja korrale kutsunud, sest paljud on hirmul "oma lammaste" ja nendelt tuleva kümnise kaotamise ees. Aga meie Isa ei saa sellest enam mööda vaadata, sest tema lambaid peetakse pidevas "vaimses Egiptuses" olles patu, moraalituse ja ebajumalate orjad.

Suurim pettus tuleb sellest, et kirik on lahutatud Juuda lõvist ja kõrvale viidud tema teedelt, kogudus on asendanud Juuda soost Messia identiteedi romaniseeritud Kristusega, kes tihti pigistab silma kinni patu suhtes. Samuti on kirik lahutatud Siionis tehtud rõõmusõnumist, mis on asendatud lääneliku ja humanistliku evangeeliumiga, mille keskmeks ei ole meeleparandus, pühadus, õiglus ja kuulekus.

> "Aga kui me ise, või isegi mõni ingel taevast, peaks teile kuulutama evangeeliumi peale selle, mida meie teile oleme kuulutanud - ta olgu neetud! Nagu me ennegi oleme öelnud, nõnda ütlen mina ka nüüd jälle: kui keegi teile kuulutab evangeeliumi peale selle, mis te olete saanud, siis

ta olgu neetud! Kas ma nüüd püüan inimeste või Jumala heakskiitmist? Või püüan ma olla inimestele meelepärane? Sest kui ma veel tahaksin olla inimestele meelepärane, siis ma ei oleks Messia sulane!"

— Galaatlastele 1:8-10

2000 aastat tagasi hoiatas Jeshua Messia meid Matteuse evangeeliumis just selle asja eest; ja täna seisame me silmitsi tagajärgedega, mille eest ta hoiatas.

"Ärge arvake, et ma olen tulnud tühistama Toorat (käsuõpetus) või prohveteid; ma ei ole tulnud neid tühistama, vaid täitma. Sest tõesti ma ütlen teile, kuni kaovad taevas ja maa, ei kao Toorast mitte ühtki tähekest või ühtki märgikest, enne kui kõik on sündinud. Kes nüüd iganes tühistab ühe neist vähimaist käskudest ja nõnda õpetab inimesi, teda hüütakse vähimaks taevariigis; aga kes seda mööda teeb ja nõnda õpetab, teda hüütakse suureks taevariigis. Sest ma ütlen teile, kui teie õigus pole palju parem kirjatundjate ja variseride omast, siis te ei saa taevariiki."

— Matteuse 5:17-20

Paljude kirikute kantslitest kõlab kajana mantra: <u>Käsuõpetus on tühistatud, Jumala Toora seadusi ei ole enam vaja pidada, sest nüüd me oleme armu all.</u>" Petetud kirikuskäijad saavad igal pühapäeval jutlusest oma platseebo (petteravim) kätte, mis annab neile hea enesetunde, ilma igasuguse vajaduseta meelt parandada või oma eluviise muuta. Kui meie jutlused ei muutu kiiremas korras, siis viivad need kirikukantslite mantrad terve põlvkonna hukatusse.

Jeshua ütles Matteuse 5. peatükis: "Ärge isegi mõelge enestes, et ma tulin tühistama Toorat (Isa seadused ja käsud) ja kõike seda, mida (heebrea) prohvetid on õpetanud ja prohveteerinud. Olen toonud nende täieliku tõlgenduse, sest ilma minuta ja minu Püha Vaimuta ei saa te õigsuses käia. Kuid koos minuga ja minu kaudu olete võimelised neid nii pidama kui ka teistele õpetama. Tegelikult, kui te ei kuuletu minu Isa käskudele rohkem kui Iisraeli usujuhid, siis teie, kes olete minusse uskunud, ei pääse isegi mitte taevariiki!"

See on kaugel tänapäeva kristlikest jutlustest, milles räägitakse, et käsuseadus on tühistatud. Kuidas võime oma usuelus eeldada läbimurdeid ja võite, kui me ei kuuletu oma juudi Messia sõnadele? Ta kuulutas, et Uue Lepingu pühaduse ja õigsuse standardid on palju kõrgemad kui Vanas või Esimeses Lepingus. Jeshua ei viidanud loomaohvrite toomise korrale, sest tema ise sai lõplikuks ohvritalleks meie pattude eest. Kuid ta pidas kindlasti silmas, et meie moraalsed, sotsiaalsed, teenimise ja ülistamise standardid peaksid olema kõrgemad variseride omadest, kes olid Jeshua ajal Iisraelis Toorat tundvad õpetlased ja vaimsed juhid.

Pane tähele hoiatuste jätkamist Matteuse 5. peatükis, mis selgitab nende kõrgemate standardite põhimõtet:

"Te olete kuulnud, et muistsele põlvele on öeldud: sa ei tohi tappa! ja kes iganes tapab, kuulub kohtu alla. Kuid mina ütlen teile, et igaüks, kes on oma vennale vihane, kuulub kohtu alla; aga kes iganes oma vennale ütleb "raka!" (aramea keeles: "tühine") kuulub Suurkohtu alla; aga kes ütleb "Sa jõle!" kuulub Gehenna tulle (põrgusse)."

— Matteuse 5:21–22

Jumal peab meie vendade ja õdede needmist või vihkamist mõrvaks. Kohut ei mõisteta mitte ainult kellegi füüsilise tapmise üle, vaid vihaste sõnade ja vihkava südame üle. ELOHIM, halasta! Kui paljud meist on teadmatult osutunud mõrvariks.

Jeshua jätkab temalt endalt ja taevaselt Isalt pärinevate Toora käskude ja seaduste selgitamist:

"Te olete kuulnud, et on öeldud: sa ei tohi abielu rikkuda! Aga mina ütlen teile, et igaüks, kes naise peale vaatab teda himustades, on juba abielu rikkunud temaga oma südames."

— MATTEUSE 5:27–28

Uue Lepingu kohaselt ei ole abielurikkumise patt mitte ainult abieluväline seksuaalsuhe teise mehe või naisega, vaid abielurikkumiseks peetakse isegi südames himustamist ilma tegu toime panemata. Miljonid usklikud, kes veedavad internetis aega pornolehekülgedel, panevad oma silmadega toime räige abielurikkumise, himustades oma südames ja mõtetes teisi naisi või mehi. Jeshua ütles väga selgelt, mida sellistes olukordades teha, ja sel pole midagi pistmist ennasthellitavate, kahvatute ja tolerantsete jutlustega, mida täna kuulutatakse. See on mida ta ütles:

"Ent kui su parem silm sind pahandab, siis kisu ta välja ja heida enesest ära, sest sulle on parem, et üks sinu liikmeist hukkub kui et kogu su ihu heidetakse Gehennasse (põrgusse). Ja kui sinu parem käsi sind pahandab, siis raiu ta maha ja heida enesest ära, sest sulle on parem, et üks sinu liikmeist hukkub kui et kogu su ihu läheb Gehennasse (põrgusse)."

— MATTEUSE 5:29–30

Ta ütles, et peame olema radikaalsed ja pühendunud patu väljajuurimisele oma elust! Need ennasthellitavad ja tolerantsed sõnumid, mis petavad inimesi Jumala käskudele vastu hakkama, on tohutu süütegu ülemkarjase, taevase Isa lammaste vastu. Ta kavatseb eemaldada need karjased, kes karjatavad iseendid ja hoiavad karja kinni Toora- või seadusevastase evangeeliumi all, mis on juurdunud asendusteoloogiasse.

> "Seepärast, karjased, kuulge JHVH sõna: Nii tõesti kui ma elan, ütleb JHVH Elohim, tõesti, kuna mu lambaid riisutakse ja kuna mu lambad on roaks kõigile metselajaile, sellepärast et ei ole karjast, ja kuna mu karjased ei hooli mu lammastest, vaid karjased karjatavad iseendid ega karjata minu lambaid, kuulge seepärast, karjased, JHVH sõna: nõnda ütleb JHVH Adonai: vaata, ma hakkan kimbutama karjaseid ja nõuan neilt oma lambaid ning teen lõpu nende lammaste karjatamisele, et karjased enam ei saaks karjatada iseendid! Ma päästan oma lambad nende suust ja need ei jää neile roaks!"
>
> — Hesekiel 34:7–10

Ei ole enam aega "kirikut mängida". On aeg parandada meelt ja minna tagasi iidsetele radadele ja nende juhiste juurde, mis anti Iisraeli rahvale, ja millest jutlustasid juudi apostlid 2000 aastat tagasi. Ma kinnitan teile, et mitte ükski neist juudi apostlitest poleks sallinud kogudust, mis on täis pattu, amoraalsust, homoseksuaalsust, joomarlust, sõltuvusi, mässu ja ahnust. Nad oleksid arvatavasti täiesti šokeeritud, kui näeksid tänapäeva kirikut, kus tihti vaigistatakse tõelised prohvetlikud hääled nende kasuks, kes kõditavad Jumala karja kõrvu.

"Või kas te ei tea, et ülekohtused ei päri Jumala riiki? Ärge eksige: hoorajad ja ebajumala kummardajad ja abielurikkujad ja salajased ropud ja poisipilastajad ja vargad ja ahned, joodikud, pilkajad ja anastajad ei päri Jumala riiki! Ja sellised olid teist mõningad; aga te olete puhtaks pestud, olete pühitsetud, olete õigeks tehtud Isanda Jeshua Messia nimes ja meie Jumala Ruahh-is (Vaimus)"

— 1. Korintlasstele 6:9–11

Jumala seadused on igavesed

"Mis me nüüd ütleme? Kas peame jääma patusse, et arm suureneks? Ei milgi kombel! Meie, kes oleme ära surnud patule, kuidas peaksime veel elama selles? Või te ei tea, et nii mitu, kui meid on kastetud Messiasse Jeshuasse, oleme kastetud tema surmasse? Me oleme siis surmasse kastmise kaudu ühes temaga maha maetud, et otsekui Messia on surnuist üles äratatud Isa au läbi, nõnda meiegi käiksime uues elus."

— Roommlastele 6:1–4

Pange tähele, et Uut (või Uuendatud) Lepingut ei sõlmita paganatega, vaid Juuda ja Iisraeliga. Paganatel on juurdepääs Uuele Lepingule juudi Messia kaudu, kui nad *ühinevad* Uues Lepigus Jeshua juudi vendadega. Ei ole sellist asja nagu paganate kirik. Jumal saab ainult pookida kogu kiriku/koguduse Iisraeli kui väärisõlipuu külge. Puudub selline asi, nagu "ainulaadne paganate kirik", vaid *üks ecclesia* - kogudus, mis peab saama poogitud õlipuu külge (loe Roomlastele 11 ja Ilmutuse 21). Usklikud peavad naasma oma algse identiteedi juurde!

Ja ehkki igal rahval on ainulaadne identiteet ja kutsumus, peavad keskpunkt ja põhiseadused olema samad - saadud samalt ja ainsalt Jumalalt, sama Toora, sama Vaim, sama truualandlikkus Iisraeli rahvale.

Miks kirik tähistab teistsuguseid pühi kui need, mida Piibel ette kirjutab? Sest asendusteoloogia tõttu eemaldati kirikust kõik juudilik või heebrealik ja selle asemele seati sisse Rooma paganlikud pühad, mis riietati pühadusega. See on IDENTITEEDIVARGUS! Armsad, te võite siga riietada, et see sarnaneks tallega, kuid siga lõhnab ja käitub ikkagi nagu siga. Iisraeli Jumal on juba aastaid koputanud kirikute ustele, õhutades neid hülgama paganlike traditsioonidega pühad. Kuid mitmed jutlustajad on püüdnud karjale meeldida rohkem kui karjasele - Jeshuale.

On isegi teenistusi, kus jutlustatakse usu juudi juurtest ja Iisraelist, kuid siiski varjatakse kogu tõde, et mitte kaotada oma partnereid ja järgijaid. Paljud on olnud ettevaatlikud, et mitte teisi kristlasi solvata, kuid kas nad on olnud ettevaatlikud, et mitte solvata Iisraeli Jumalat?

Tema on see, kes ütles, et ärge järgige jumalateenistusel paganate viise. Ta ise käskis mitte kaunistada puid osana Kõigeväelise teenimisest ja ülistusest. Siiski toovad miljonid kristlased oma koju jõulukuuski ja pastorid asetavad need kirikutes silmapaistvatele kohtadele ning "kinnitavad neid naeltega". Jõulukuusk on paganliku traditsiooni sümbol jõuludele eelnenud Saturnaalia pidustustest, mil kummardati ebajumalaid ja ülistati päikest. Miks julgeme arvata, et see meeldib juudi Messiale?

> "Kuulge sõna, mida JHVH räägib teie kohta, Iisraeli sugu! Nõnda ütleb JHVH: ärge õppige paganate viisi ja ärge kartke taeva märke, sest paganad kardavad neid! Kuid rahvaste kombed on tühisus! Sest puu on raiutud metsast, puusepa

kätetöö, kirvega tehtud! Seda ilustatakse hõbeda ja kullaga, kinnitatakse naelte ja haamritega, et see ei kõiguks!"

— Jeremija 10:1–4

Seal, kus tõde on ohus, levib nii palju poliitilist korrektsust. Jutlustajad pakuvad inimestele jätkuvalt rõõmu, õpetades inimeste traditsioone, solvates Kõigeväelist ja kurvastades jumalateenistustel Püha Vaimu. Internetis on selle kohta palju teavet. Paljud on kuulutanud ja kirjutanud raamatuid sellest, kui tähtis on parandada meelt kristliku kirikukalendri pühade paganlikust taustast. JHVH on paljude aastate jooksul kutsunud kirikut taastama tõelist püha ülistust ja pöörduma tagasi piibellike pühade juurde, nii nagu ta andis need Iisraeli rahvale pidamiseks ja jagamiseks kogu inimkonnaga.

Kuniks me riietame kirikut romaniseeritud paganlike pühadega, jääb Messia juudi identiteet endiselt masside eest varjatuks. Antisemitism levib jätkuvalt paljudes kristlikes ringkondades. Kõigeväeline Looja Jumal on püha ja kutsub meid teda ülistama vaimus ja tões (Jh 4:24).

Jõulud, lihavõtted, halloween või kõigi pühakute päev ja pühapäevased jumalateenistused on Rooma ja Babüloonia pärand ja neil pole midagi tegemist juudi Messia Jeshuaga. Saatan kehtestas selle kõik Ida-Rooma keisri Constantinuse ja 4. sajandi kirikuisade vahendusel osana deemonlikust plaanist, mis lahutaks kiriku igavesti Iisraelist. Saatana soov oli eraldada usklikud juudi Messiast ja tuua tema asemele võlts latiniseeritud Jeesus Kristus koos paganlike pühade ja seadustega, mis on vastuolus piibellike Toora käskude ja juhistega.

Kõik see on ajaloo suurim IDENTITEEDIVARGUS, mis läheb maksma miljonite inimeste pääste ja tervete rahvaste lammas-rahvaiks saamise. See kestab niikaua, kuni taastatakse Messia mõrsja - juudi peigmehe külge poogitud mõrsja identiteet. Jeshua poleks julgenud pidada oma Isa Toorat trotsivaid roomalikke pühi, rääkimata kaunistatud puude püstitamisest ega pühade nimetamist ebajumalate nimedega nagu näiteks Astarte (lihavõtted).

On aeg taastada kõigis maailma usklike kogudustes piibellikud pühad kokkutulekud, ilma kompromissidele minemata paganlike traditsioonidega nagu jõulukuuse püstitamine hanukkia (hanukka küünlajalg) kõrvale või lihavõttepühade ja paasa tähistamine samaaegselt. Iisraeli Jumal ei jaga oma au teiste jumalatega.

Ta ütles, et ole kas kuum või külm. Ta ei salli leigust. Ma tean, et see ei ole poliitiliselt korrektne, aga see on piibellikult korrektne nagu prohvet Eelija ütles tuhandeid aastaid tagasi:

> "Nüüd astus Eelija kogu rahva ette ja ütles: "Kui kaua te lonkate kahe karguga? Kui JHVH on Jumal, siis käige tema järel; aga kui Baal on see, siis käige tema järel!" Aga rahvas ei vastanud temale sõnagi."
>
> — 1. Kuningate 18:21

Kõik kristluse pühad on laenatud Roomast, alates päikesekummardamisest, mis on sisuliselt Baali kummardamine. Nii nagu muistses Iisraelis ajasid nende juhid inimesi segadusse ja tõe õpetamise asemel, hoidsid nad inimesi valega segatud religioossete rituaalide orjuses. "Natuke heebrea moodi, natuke paganate moodi" lihtsalt selleks, et rahvast rahuldada, samaaegselt vihastades Iisraeli Jumalat. Ta saatis tookord oma prohveti Eelija sellele kompromissile vastu astuma ja teeb seda uuesti. Eelija vaim kutsub meid otsustama, kas jääda jõulukuuse külge poogitud romaniseeritud kristlasteks, või saada Iisraeli väärisõlipuu külge poogitud lepingu-mõrsjaks.

"Kui nüüd okstest mõned on ära murtud ja sina, kes olid metsõlipuu, oled jätkatud nende hulka ja oled ühes nendega osa saanud õlipuu mahlakast juurest, siis ära kiitle okste vastu. Ja kui sa kiitled, siis mõtle, et sina ei kanna juurt, vaid juur kannab sind."

— ROOMLASTELE 11:17–18

Kui paljud evangeelsetes kirikutes teavad tegelikult, et nende jumalateenistuse ja ülistamise viisid on katoliiklikud, mis seob neid nagu vaimne nabanöör endiselt Roomakatoliku kiriku külge? Kas nad tajuvad, et lihavõtted, jõulud, halloween ja pühapäevased jumalateenistused pärinevad Rooma riigis asutatud kristlusest? Aga see ei ole alati nii olnud, sest kuni 4. sajandini, ehk tervelt 300 aastat, tähistasid juudi Messiasse uskujad shabbatit ja piibellikke pühi ning kutsusid juudi Messiat nimega Jeshua.

On aeg seljast võtta roomapärased rõivad, milleks on paganlikud pühad ja riietuda piibellike rõivastega. Püha ülistuse ja jumalateenistuse taastamine taastab Messia mõrsja ja juudi Messia identiteedi. See teeb juudi rahva kadedaks nende oma Messia pärast.

"Eemaldage minu inimestelt sea identiteet"

"Sest JHVH mõistab kohut kõige liha üle tule ja mõõgaga, Jehoova poolt mahalööduid on siis palju! Kes endid pühitsevad ja puhastavad rohuaedade jaoks, järgnedes mõnele oma keskelt, sealiha, jäleduste ja hiirte sööjad saavad otsa üheskoos, ütleb JHVH."

— JESAJA 66:16–17

COVID-19 pandeemia 2020 aasta kevadel tõi tõdemuse, et ebapuhtad/rüvedad loomad kannavad edasi kohutavaid katke (teadaolevalt algas koroonaviirus Hiinas, Wuhani loomaturul, kus inimtoiduks müüakse palju roojaseid loomi, kahjureid ja muid satikaid). COVID-19 sai alguse nahkhiirtest, kes on sisuliselt tiibadega hiired. JHVH ütleb oma sõnas, et ta toob kohtu kogu inimkonna üle roojaste loomade või elukate toiduks tarbimise pärast. Jesaja 66 peatükis on mainitud sigu, jäledaid satikaid ja hiiri. 3. Moosese 11. peatükis annab Jumal pikema loetelu ja nimetab ebapuhtaid loomi jälkideks. Näiteks nimetab Looja koorikloomi ja säga, kellel ei ole soomuseid, samuti jälkideks.

> "Aga kõik meres ja jõgedes, kellest vesi kihab ja kõigist elavaist hingedest vees, kellel ei ole uimi ja soomuseid, olgu teile jälgid. Jah, need olgu teile jälgid, nende liha ärge sööge ja nende raibe olgu teile jälk! Kõik need vees, kellel ei ole uimi ja soomuseid, olgu teile jälgid."
>
> — 3. Moosese 11:10–12

Juudid, kes sunniviisiliselt või vabatahtlikult ristiusku pöördusid, on pidanud läbi aegade tõestama, et nad on "tõelised kristlased" ja "tõesti päästetud" sealiha ja roojaste loomade söömisega. Kui ma oma elu Jeshuale alistasin, siis olles endiselt juuditar, tegid kristlased mulle kõigepealt järgmised ettekirjutised:

- Sa oled nüüd vaba käsu alt.
- Sa võid süüa niipalju sealiha kui soovid.

See oli segadusseajav. Kuni selle ajani olin ma patune, kes oli rikkunud JHVH Toora käske, aga kas nüüd peaks päästmine tähendama, et ma neid taas rikun? See ajab segadusse ka palju teisi, kes neid kummalisi juhiseid kuulevad. Kuni selle ajani olin olnud taimetoitlane ega olnud söönud mingit liha, rääkimata sealihast. Kuid need heatahtlikud kristlased tahtsid mind näha rikkumas elava Jumala toitumisseadusi, et nad võiksid veenduda minu tõelises päästes. Paljud juutidest usklikud võivad teile rääkida sarnaseid lugusid.

Kõige selle juured on asendusteoloogias ja antisemitismis. Kõige antisemiitlikumad rahvad Euroopas läbi aegade on olnud kristlikud rahvad, kus sealiha on esikohal. Tegelikult on mõnes neis riikides raske muud liha leidagi, sest sealiha on kõige odavam ja kättesaadavam. Nende hulka kuuluvad Hispaania, Portugal, Saksamaa, Poola ja teised.

Sealiha ja sellest valmistatud toodete söömist nimetab Piibel "jäledaks" ning see on seotud ebajumalateenistusega ja surma kummardamisega. Seetõttu pole üllatav, et ristiusk on teinud sea ja sealihatooted peamiseks toiduks kõigil paganlikel rooma kultustega seotud kristlikel tähtpäevadel ja üritustel.

> **"Rahva poole, kes mind ärritab, alati mind trotsib rohuaedades ohverdades ja telliskivide peal suitsutades, kes istub haudades ja ööbib kaljude vahel, kes sööb sealiha ja kellel on astjais roisklihaleem,"**
>
> — Jesaja 65:3–4

Kuna Jeshua ei tulnud tühistama Toorat ja prohveteid, ei tühistanud ta ka toitumisseadusi (Mt 5:17-21). Noa teadis puhaste ja roojaste või ebapuhaste loomade kohta veel enne, kui Jumal Toora Siinai mäel andis. Ta tõi laeva seitse paari puhtaid ja kaks paari ebapuhtaid loomi.

> "Võta enesele kõigist puhtaist loomadest seitse paari, isane ja emane; ja loomadest, kes puhtad ei ole, kaks - isane ja emane."
>
> — 1. Moosese 7:2

Elohim lõi puhtad loomad ohverdamiseks ja inimesele toiduks ning ebapuhtad loomad ökoloogilistel eesmärkidel, nagu näiteks maa ja veekogude puhastamiseks ja vajaliku rämpsu töötlemiseks. Enamik kristlasi on ebapuhaste loomade, mereelukate ja lindude söömise tõttu haiged, mis omakorda mõjutab vaimset tervist ja elu.

Räägitakse, et 20 sajandi tuntud evangelisti ja usuapostlit, nimega Smith Wigglesworth, paluti kord õnnistada pidulauale pandud küpsetatud siga. Inimesed tundsid tema otsekohesust ja, et Piibel oli ainus raamat, mida ta kunagi lugenud oli. See mees teadis Jumala sõna põhjalikult. Ta teadis, et sead on ebapuhtad loomad ja Jumal kutsub neid "jälkideks", seega ta palvetas:

"Kallis Jumal, kui sa suudad õnnistada seda, mida oled alatiseks neednud, siis õnnista seda siga Jeesuse nimel. Aamen." (Liardon)

Kõlab naljakalt, kuid see pole nali; ebapuhtad loomad toovad needuse meie kehasse ja meie vaimsetele teedele. Universumi Jumal ütles, et ta mõistab kohut kõigi ebapuhaste/roojaste loomade sööjate üle. Ma väga loodan, et Jumal ei leia ühel päeval sind nende hulgast. Koronaviiruse esile toonud roojased loomad köitsid maailma tähelepanu.

Kristlus on asendusteoloogia kaudu vääralt tõlgendanud mitmeid Uue Lepingu kirju. Palun mõistke, et Jeshua on lihaks saanud sõna, seega on ta lihaks saanud Toora, mis on tema Isa sõna. Ta ei tulnud oma Isa käske vaidlustama, vaid andma neile täielikku tõlgenduse.

Usklikud, kes rikuvad toitumisseadusi rüvetavad Püha Vaimu templit, milleks on nende ihud. Nii nagu Jeruusalemma püha templi ohvrialtarile oli keelatud tuua sigu või teisi ebapuhtaid loomi, nii rüvetab ka ebapuhaste loomade söömine meie ihu altarit ja teeb meid haigeks.

Keefa (Peetrus) nägemus Apostlite tegude raamatu 10. peatükis ei seisnenud loa andmises ebapuhaste ja roojaste loomade söömiseks. See seisnes hoopis paganate päästet puudutavas olulises muudatuses. Kuni selle ajani kutsusid juudid paganaid roojasteks, sest nad olid väljaspool lepingut ja kummardasid ebajumalaid. Nüüd kutsus Jeshua oma juudi apostlit üles pöörduma paganate poole ja mitte nimetama neid enam roojasteks. Kui ta jõudis Kaisareasse, Rooma väepealiku Korneeliuse kotta kuhu olid kogunenud kõik tema pere ja sõbrad, andis Keefa selgituse saadud nägemusele:

> "Ning ta ütles neile: "Te teate, et juuda mehel ei ole luba sõbrustada muulasega või minna tema juurde, aga Jumal on mulle näidanud, et ühtki inimest ei tohi pidada halvaks ega rüvedaks."
>
> — Apostlite teod 10:28

Kuidas JHVH seda näitas? Läbi nägemuse või visiooni, mida on asendusteoloogia prillide kaudu valesti tõlgendatud.

> "Ja temale tuli nälg ning ta tahtis süüa. Aga kui talle rooga valmistati, jäi ta otsekui enesest ära ning nägi taeva avatud olevat ja enese juurde alla tulevat anuma, otsekui suure linase riide, mida nelja nurka pidi alla lasti. Selle sees oli kõiksugu neljajalgseid ja roomajaid maa elajaid ja taeva linde. Ja temale ütles hääl: "Tõuse, Peetrus, verista ja söö!" Aga Peetrus ütles: "Ei ilmaski, Isand, sest ma pole veel söönud seda, mis on keelatud ja roojane!"
>
> — Apostlite teod 10:10–14

Keefa (Peetrus) ei oleks saanud neid süüa, sest ta ei olnud oma õpetajat Jeshuat kunagi näinud söömas midagi roojast. Jeshua ise ei tühistanud, ega õpetanud ka teisi Isa antud toitumisseadusi rikkuma või muutma. Jeshua andis Keefale arusaama, et nüüd oli pääste antud ka paganatele - neile keda tavatseti kutsuda roojasteks.

Samal viisil on valesti tõlgendadtud ka järgmist kirjakohta:

"Sest kõik, mis Jumal on loonud, on hea, ja miski ei ole hüljatav, kui seda vastu võetakse tänuga. Sest seda pühitsetakse Jumala sõna ja palve läbi."

— 1. Timoteosele 4:4–5

Timoteose ajal oli ainus kättesaadav Jumala sõna Tanakh, Vana Leping või heebrea Pühakiri, sealhulgas Toora. Uus Leping kanoniseeriti alles 4. sajandil pärast Nikaia kirikukogu. Kuni selle ajani koosnes see, mida me nimetame Uueks "Testamendiks", evangeeliumidest ja koguduste probleeme käsitlevatest apostlite kirjadest. See ei asendanud kunagi Tanakhi või Vana Lepingut, mis oli antud Iisraeli rahvale.

Timoteos ütleb, et toitu pühitsetakse kahe asja läbi:
- Jumala sõna, mis on Toora ja prohvetid ja kirjad.
- Palve.

Ainuüksi palve ei saa toitu pühitseda. Seda pühitseb kuulekus Jumala sõnale - Toorale koos palve ja tänuga. Toora ei pühitse kunagi roojaseid loomi ja lõpuaja kohtumõistmine on juba alanud (selliste vahendite abil nagu COVID-19, mis tõenäoliselt sai alguse nahkhiirtest, mida müüakse Hiinas Wuhani elusloomade turul).

Uude Jeruusalemma sisenemise kohta räägib Ilmutuseraamatu lõpp järgmist:

"Aga sinna sisse ei pääse midagi ebapuhast ega roojast, ega keegi, kes teeb jälkusi ja valet, vaid üksnes need, kes on kirjutatud Talle eluraamatusse."

— ILMUTUSE 21:27

Selleks, et mõista, mis on JHVH (Jumal) silmis ebapuhas ja roojane, peab minema Toorasse ja laskma Pühal Vaimul see enda südamesse kirjutada.

Suur ärkamine koputab ustele. Kas sa kuuled? Ja mis juhtub nendega, kes keelduvad kuulamast? Need kuivavad ära ja au läheb neist mööda. *roos* sureb.

Prohvetlik kutse sinule

"Tulge, mingem üles JHVH mäele, Jaakobi Jumala kotta, et ta meile õpetaks oma teid ja et võiksime käia tema radu: sest Siionist väljub Toora ja Jeruusalemmast JHVH sõna!"

JESAJA 2:3

Kus puudub pühadus, puudub vägi ja au!

Kas sina ohkad ja ägad?

"Ja JHVH ütles temale: "Mine läbi linna, läbi Jeruusalemma, ja tee märk nende meeste laubale, kes ohkavad ja ägavad kõigi jäleduste pärast, mida selles linnas tehakse!"

— HESEKIEL 9:4

Viimane kord osalesin ärkamiskoosolekul 2008. aastal Lakelandis, Floridas, mida juhtis tolle aja tuntud evangelist Todd Bentley. See ärkamine vaibus ja kustus sama aasta augustis, kui evangelist lahkus kirikust *Ignited Church*, kus ta oli pikemalt peatunud. Antud pikaajalise peatumise põhjuseks olid Toddi ja tema naise abieluprobleemid, mis viisid lõpuks lahutuseni. See juhtus abieluvälise suhte tõttu ühe teise naisega, kellega Todd lõpuks abiellus.

Ajakiri *Charisma Magazine* kajastas seda juhtumit. See on tsitaat 15. oktoober 2009 artiklist:

"Liikumise juhid, mida täna tuntakse Transform International nime all ja ei ole enam seotud Bentley'ga, väljendasid muret nii evangelisti suhte pärast Jessa'ga kui ka tema alkoholilembuse pärast, mis ühe vanema juhatuse liikme sõnul olid piiri ületanud." (Gaines)

Todd Bentley andis endast parima, et olla Püha Vaimu astja ja tuua ärkamist USA-sse ja kogu maailma. Tema kohtumistele tuli inimesi paljudest riikidest, kus nädalas osales umbes 30 000 inimest. Bentley teenistuse hinnangul külastas neid üle 140 000 inimese rohkem kui 40-st riigist lisaks neile 1,2 miljonile, kes teda interneti kaudu jälgisid. 30. juuniks oli kokku tulnud 400 000 inimest enam kui 100-st riigist, kuna God TV edastas tema koosolekuid igal õhtul.

Üldreeglina otsin selliste ürituste vaimseid *vilju* ega vaata niivõrd füüsilisi ilminguid. Kuna Püha Vaim on meid kasutanud paljude rahvaste juures ärkamise tule süütamisel, siis oleme näinud mitmeid füüsilisi ilminguid. Kuid pärast dramaatilisi vaimseid ilminguid, meeldib mulle *vilju* maitsta. Kui viljad on head, on see tõelise ärkamise tunnus! Headeks vaimuviljadeks on näiteks kohaliku piirkonna kuritegevuse taseme langus või abielulahutuste arvu vähenemine. Viljadeks on ka see, kas antud liikumisele järgneb pühaduse, õigsuse ja JHVH kartuse tõus või mitte.

Füüsilised ilmingud tulevad ja lähevad, kuid me ei tohi kunagi nende üle kohut mõista enne oma aega. Mõned inimesed on uhkelt Püha Vaimu ilmingute vastu, aga see kustutab Vaimu tule! Kuid teised jälle kummardavad ilminguid ja pööravad väga vähe tähelepanu Jumala sõnale ja jüngerlusele, mis juhivad õige eluviisini ning seetõttu tekivad ohjeldamatud deemonlikud ilmingud, mis pole Jumalast. Tahaksin jagada midagi meie isikliku teenimise kogemusest.

Kõigeväeline saatis meid 1990. aastal USA-sse, et töötada koos misjonäridega *Youth With A Mission* (YWAM, "Noored missioonis") Konas, Hawail ja seejärel liituda piiblikooliga *Christ for the Nations*, Dallases, Texases. Piiblikoolis käies kirjutasin ma mitmeid raamatuid ja nimetasin ühe neist "*Saatan, lase mu rahval MINNA!*"

See raamat rääkis sellest, kuidas Ameerika kristlaskond on leige ja täidetud kahetsemata pattudega. Raamat kujutas endast üleskutset meeleparandusele, radikaalsele kuulekusele ja õiglusele. See oli jumalik üleskutse pöörduda tagasi evangeeliumi juurde, mida kuulutasid kõik juudi apostlid 1. sajandil! Üks tuntud pastor, kes luges minu raamatut, nimetas seda "religioosseks", sest kristlased on ju armu, mitte käsu all. Ta manitses mind tungivalt tunnistama, et me kõik oleme protsessis ja sellised patud nagu amoraalsus, ebajumalateenistus ja abielurikkumine ei kujuta endast suuri probleeme, kuna inimesed pole täiuslikud ning Jeesus mõistab ja andestab.

Olin siis suhteliselt hiljuti usule tulnud. Sain päästetud 1988 aasta Jom Kippuri ajal, seega tol hetkel vaevalt *kaheaastane* usklik Jeshuas. Kuid mul oli julgust kirjutada raamat, mis kutsus kirikut meeleparandusele, paljastades enamus Ameerika kirikutes valitseva kompromissi patuga nagu mina seda kogesin

Soov näha teisi pühaduses elamas tuli mu südamesse juba Iisraelis, enne USA-reisi ja abiellumist rabi Baruch Biermaniga 1990 aastal.

Püha Vaim on andnud mulle manitsuse sõna nende jaoks, kes teesklevad jumalakartust, kuid varjavad pattu. Iga kord, kui ma teenisin, olles täidetud Isa armastuse ja Ruahhi (Vaimu) tulega, tulid inimesed meeleparandusele. Olin uuestisündinud usklik, kes siiski *ohkas ja ägas* Messia ihu kurva olukorra pärast!

Keegi ei kuulutanud mulle evangeeliumi! Jeshua ise tuli minu juurde, samamoodi nagu see juhtus apostel Shauliga (Paulusega). (Võid lugeda minu raamatut JAH, mis kirjeldab minu dramaatilist päästelugu). Minu uussünnile järgnes võimas patutunnetus ja igatsus puhtuse järele! Kui Jeshua mind Kinnereti (Galilea järve) vete juurde kutsus, ei olnud mind vaja veenda JHVH käskude rikkumises ega selles, et olin ära teeninud surma. Kuna keegi ei jutlustanud mulle evangeeliumi, siis sain aru sellest lihtsast tõest, *et me peame oma patte vihkama ja igatsema* **puhtuse** *ja* **andestuse** *järele pühalt Jumalalt, keda oleme solvanud oma mässuga tema teede ja käskude vastu.*

Ma oleksin võinud leida vabanduseks mitmeid "kergendavaid asjaolusid", et oma kohutavaid patte õigustada. Kuid kui JHVH kartus tuleb meie ellu, siis ei õigusta mitte miski enam meie amoraalsust, ebajumalateenimist ja mässu. Sellega seoses kogesin ma Jumala hämmastavat armu ja sain peatselt täidetud Püha Vaimu ja tulega, mis muutis mind JHVH omaks, selleks juudi naiseks, kes ma täna olen. Kas ma olin kohe algusest "täiuslik"? Kindlasti mitte ja ma taotlen ikka veel hirmu ja värinaga oma päästet. Kuid kõik teadaolevad patud nagu hoorus, abielurikkumine, ebajumalateenistus, suitsetamine, rüvedad sõnad ja kirumine lahkusid mu elust ühe päeva jooksul pärast seda, kui ütlesin Jeshuale *'jah!'.* Tema pühadus ei lasknud neil roojasetel asjadel minusse jääda.

"Ja riivatus ja rumalad sõnad või tühised naljad, mis kõik ei sobi, vaid pigemini olgu tänu. Sest seda te teate tunnetades, et mitte ühelgi hoorajal ega ropul ega ahnel, kuna ta on ebajumala ori, ei ole pärandit Kristuse ja Jumala riigis. Ükski ärgu petku teid tühjade sõnadega, sest niisuguste asjade pärast tuleb Jumala viha sõnakuulmatute laste peale."

— EFESLASTELE 5:4-6

Kuigi ma tean, et Jumal võib meid kätte saada ükskõik, kus me oleme, kasutades selleks mitmeid loomingulisi viise, kuid evangeelium - rõõmusõnum ilma *meelt parandamata* JHVH käskude ja seaduste rikkumisest ning ilma JHVH kartuseta, ei ole *evangeelium!* Selline "evangeelium või rõõmusõnum", mis jätab inimesed oma pattudesse, neid välja vabandades või isegi õigustades "armu" nime all - on pettus!

Jeshua, kui ta palus armu abielurikkumiselt tabatud naisele, seistes vastu kõigile naise süüdistajaile, kes teda tahtsid surnuks kivitada, ütles neile sellised sõnad:

"Ega minagi sind hukka mõista; mine ja ära tee enam pattu!"

— JOHANNESE 8:11

Tal olid sarnased sõnad halvatule, kelle ta oli tervendanud templi lähedal:

"Pärast seda leiab Jeshua tema pühakojast ja ütleb talle: "Vaata, sa oled terveks saanud, ära tee enam pattu, et sulle ei juhtuks midagi halvemat!"

— JOHANNESE 5:14

Pastorid, juhid, õpetajad ja sõna kuulutajad - on aeg *ägada* ja parandada meelt kõigi kristlikes kirikutes ja messiaanlikes sünagoogides toime pandud jõleduste pärast! Me ei saa enam leiged ja ükskõiksed olla! Ohkamine, ägamine ja meeleparandus peavad algama, sest kohus koputab Kõigeväelise templi ja Messia ihu uksele kogu maailmas. Varsti saadab ta oma inglid *märgistama* neid, kes amoraalsuse ja ebajumalateenistuse pärast *ägavad*, et eraldada neist, kes ei äga ja kutsuvad seda "odava armu evangeeliumiks".

Piiblis on evangeeliumi kohta kasutatud mitmeid sõnu, kuid kuskil ei ole ma kohanud kirjakohta, mis viitaks "odava armu evangeeliumile." Ma loen kuningriigi evangeeliumist, rahu (või õigemini shalomi) evangeeliumist ja igavesest evangeeliumist. Kuid kuskil pühakirjas pole mainitud "odava armu evangeeliumi." Sõna *arm* on alati seotud *meeleparandusega*, patu, sõnakuulmatuse ja mässu hülgamisega ning sellele järgneva *andestusega*. Arm on *tasuta*, kuid see pole kunagi odav ja see ei tolereeri ega vabanda kunagi pattu! Tema tõeline armu evangeelium viib *meeleparandusele*.

> "Või põlgad sa tema helduse ja kannatlikkuse ja pika meele rohkust (see sisaldab endas tema viha) ega saa aru, et Jumala heldus sind ajab meelt parandama? Ent sa kogud enesele viha oma kangusega ja patustpöördumata südamega vihapäevaks ja Jumala õige kohtu ilmumiseks, KES IGAÜHELE MAKSAB TEMA TEGUDE JÄRGI (õiglaselt, nagu inimese teod väärt on)."
>
> — ROOMLASTELE 2:4–6

Armu eesmärk on tuua meid *meeleparandusele,* mis heebrea keeles on *teshuva!*

> "Mis me nüüd ütleme? Kas peame jääma patusse, et arm suureneks? Ei mitte mingil kombel! Meie, kes oleme ära surnud patule, kuidas peaksime veel elama selles? Või te ei tea, et nii mitu, kui meid on kastetud Messiasse Jeshuasse, oleme kastetud tema surmasse?"
>
> — ROOMLASTELE 6:1–3

Heebrea sõna teshuva tähendab nelja asja:
- Vastus
- Tagasipöördumine
- Meeleparandus
- Taastamine

> "Sest patu palk on surm, aga Jumala armuand on igavene elu Messias Jeshuas, meie ADONAIS!"
>
> — ROOMLASTELE 6:23

Siionis alguse saanud või "Siionis tehtud" evangeelium on kuningriigi evangeelium ja tõelise shalomi evangeelium. See kutsub meid tagasi Looja juurde - meeleparandusele tema käskude rikkumise eest. See viib asjad tagasi algusesse ELOHIMI juurde, mida Piiblis on kujutatud *shalomi evangeeliumina*, mis toob lepituse, tervenemise, heaolu ja terviklikkuse (enamikes Piiblites tõlgitud üldtermini "rahu" evangeeliumina).

See on igavene evangeelium ja ei ole teist! Seda evangeeliumi saadavad imeteod ja tunnustähed, mitmed dramaatilised ilmingud, mis kannavad *vilja, teshuva* (meeleparandus) vilja. See on evangeelium, mis võib muuta meie ühiskonda, peresid, lapsi ja põlvkondi jumalakartlikeks ja tuua esile lammas-rahvad!

"Ja ma nägin teist inglit lendavat kesktaeva kohal; sellel oli igavene evangeelium, et armuõpetust kuulutada neile, kes elavad maa peal, ja kõigile rahvahõimudele ja suguharudele ja keeltele ja rahvastele. Ja ta ütles suure häälega: <u>Kartke Jumalat ja andke temale austust, sest on tulnud tema kohtutund, ja kummardage teda, kes on teinud taeva ja maa ja mere ja veteallikad!</u>" Ja veel teine ingel järgnes temale ning ütles: "Langenud, langenud on suur linn Baabülon, kes oma hooruskiima veiniga on jootnud kõiki rahvaid!""

— Ilmutuse 14:6–8

Neid, kes ägavad ja ohkavad tähistab JHVH oma märgiga, aga need, kes tolereerivad ja kustutavad patu ilma meelt parandamata, kannavad ühte teist, igavesse hukatusse viivat märki. Me ägame JHVH ees, et ta laseks oma õiguse vihma sadada meie laste, kirikute ja koguduste, sünagoogide, linnade ja rahvaste üle ja palume, et ta saadaks *ärkamise!* Tõeline ärkamine sünnib *ägamisest* ja *igatsusest* puhtuse järele.

"Õnnistatud on puhtad südamelt, sest nemad saavad näha Jumalat."

— Matteuse 5:8

"Ärge kustutage Vaimu!"

— 1. Tessaloonikastele 5:19

Päästev palve meeleparanduseks

Isa, kes sa oled taevas, anna mulle andeks, et ma olen kandnud muid märke peale sinu märgi ning igasuguse viha või armukadeduse eest sinu juudi rahva ja sinu Toora seaduste vastu. Palun eralda mind enesele märgiga – *kadosh le JHVH* (mis on heebrea keeles "püha, eraldatud JHVH-le"), sest ma valin meeleparanduse ja hülgan täielikult deemonliku anti-MESITOJUS võimu Toora vastase pea. Palun tule oma Püha Vaimu ja tulega ning kirjuta oma käsud ja juhised minu südamesse ja vaimu. Olen loobunud kõigi ebapuhaste ja roojaste loomade söömisest (vastavalt 3. Moosese 11 peatüki juhistele) ja roomalikest paganlikest pühadest. Ma pühendan taas oma elu, oma vaimu, hinge ja ihu, et olla püha tule ja au astjaks ning tuua paljusid sinu õigsuse juurde. Jeshua nimes. Aamen!

Soovitan teil lugeda minu raamatut "Grafted In"* ("Iisraeli külge poogitud").

---

* www.kad-esh.org/shop/grafted-in/

VÄRAV 9

ÜLBUS JA ANTISEMITISM

4. pea: Antijudaism (juudivastasus)

"Vaata siis Jumala heldust ja karmust: karmust küll nende vastu, kes on langenud, heldust aga sinu vastu, kui sa jääd heldusesse, muidu raiutakse sindki maha."

— ROOMLASTELE 11:22

Antijudaism on neljas koletisliku võimu pea, mida kutsutakse anti-MESITOJUS. See pea tuleneb ülejäänud kolmest:
- Anti-Messia (Messia vastane)
- Anti-Iisrael (Iisraeli vastane)
- Anti-Toora (Toora vastane)

Juudivaenulikkust või juutide vihkamist on valesti tõlgendatud kui antisemitismi, Me oleme tuletanud selle sõna nimest Shem, kes oli Noa teine poeg ja kellest põlvneb Iisraeli rahvas. Ka araablased on Shemi järglased nagu ka hiinlased, kuid antisemitism on üksnes juutide vihkamine. Seda peaks pigem nimetama hoopis antijudaismiks või juutide vastasuseks. Hitleri kavatsustes ei olnud kõikide araablaste või kõikide hiinlaste hävitamine, kuid tal oli kindel plaan hävitada kõik juudid. Tegelikult paljud prominentsed araablased nagu Haj Amin Al Husseini, kes oli Jeruusalemma ülemmufti 1930-ndatel, oli Hitleri erakordne sõber ja otsis võimalust hävitada kõiki Iisraelis elavaid juute. Me vaatame seda isikut lähemalt väravas 11.

Antisemitism või juudivaenulikkus ei ole midagi harukordset kristlaskonnale. Tegelikult on see laialt levinud moslemite ja mittereligioossete gruppide hulgas, aga eriti just tänapäeva humanistlike intellektuaalide hulgas. Kuid juutide usuline tagakius on olnud rangelt kristlaste pärusmaa alates 4-ndast sajandist kuni tänaseni.

Antisemitismist ehk juudivaenulikkusest või juutide vihkamisest sai kiriku doktriin läbi asendusteoloogia. Sajandite vältel õhutasid jutlustajad oma kirglikes kõnedes üles viha juutide vastu. Juutidele pandi süüks, et nad tapsid Jumala, Jeesuse Kristuse, et nad on neetud rass, rästikute sigitis jms. Vihkamist täis religioosne kõne ei sure nii lihtsalt.

Me peame aru saama, et läbi aegade peetud tuhanded ja miljonid jutlused, milles tehakse otseseid või siis kaudselt vaenulikke ja halvustavaid märkusi juutide kohta, on kujundanud tänapäeva kristlust. Isegi kui mõned ringkonnad on rohkem valgustatud, on veel väga palju kristlasi, kes on jäänud pimedusse.

Paljude kristlaste südames on peidetud juudivaenulikkuse seeme, mis teatud olukordades ja tingimustes tärkab koheselt. Seda seemet toidetakse igapäevaselt asendusteoloogiaga, mida õpetatakse enamikes kirikutes. Nii katoliku kui evangeelne protestantlik kirik on ühes "potis", nagu ka karismaatilised ja prohvetlikud uskkonnad. Kahtlemata on 21. sajandil levimas rohkem tõe valgust ja tänaselgi päeval annavad paljud suurepärased kristlased endast parima, et seista Iisraeli maa ja juudi rahva eest, kuid kahjuks on nad ikka veel vähemuses.

Minu abikaasal ja minul on olnud eesõigus jutlustada rohkem kui 50-le erinevale rahvusele ja paljudele denominatsioonidele. Me oleme paljastanud asendusteoloogia koletise pettuse mitmetes erinevate maade kirikutes.

Edasi mõned näited sellest.

Selle igivana viha juured peituvad armukadeduses

Me näeme, et esimene, kes Iisraeli kirglikult vihkab on saatan ise. Ta teab, et ainuüksi Iisraeli olemasolu tõestab seda, et Piibli Jumal on tõeline. Kui Iisrael kaoks, siis kaoks ka igasugune usu jälg kõigeväelisse ja eksimatusse Jumalasse ning saatan saaks segamatult valitseda, mis on olnudki tema eesmärk sellest ajast, kui ta tõstis mässu JHVH vastu.

Luciferi/saatana langemine

"Kuidas sa ometi oled alla langenud taevast, helkjas hommikutäht, koidiku poeg, tükkidena paisatud maha, rahvaste alistaja? Sina ütlesid oma südames: "Mina tõusen taevasse, kõrgemale kui Jumala tähed tõstan ma oma aujärje ja istun kogunemismäele kaugel põhjamaal. Ma lähen üles pilvede kõrgustikele, ma teen ennast Kõigekõrgema sarnaseks." Aga sind tõugati alla surmavalda (Sheol), kõige sügavamasse hauda."

— Jesaja 14:12–15

See iidne madu, kes oli kõige tähtsam ingel taevas, visati alla maa peale teel põrgusse armukadeduse pärast. Armukadedus on enamiku mõrvade põhjuseks ja see viib tagasi Kainini, kes tappis seadusekuuleka Abeli 1. Moosese 4. peatükis. Lucifer, mis tähendab "koidutähte," himustas seda kohta, mis anti Jumala tähtedele ja ta tahtis tõusta neist kõrgemale. Aga, kes siis on need Jumala tähed?

"Ning ütles temale: "Ma vannun iseenese juures, ütleb JHVH: sellepärast et sa seda tegid ega keelanud mulle oma ainsat poega, ma õnnistan sind tõesti ja teen su soo väga paljuks - <u>nagu tähti taevas</u> ja nagu liiva mere ääres - ja su sugu (seeme) vallutab oma vaenlaste väravad! Ja sinu soo nimel õnnistavad endid kõik maailma rahvad, sellepärast et sa võtsid kuulda mu häält!"

— 1.Moosese 22:16-18

Peale seda, kui Aabraham kuuletus Kõigeväelisele ja oli valmis ohverdama oma poega Iisakit, tõotas JHVH talle "... sinu järglasi saab olema nagu tähti taevas..." - need ongi need Jumala tähed, Aabrahami järglased, kelle peale saatan on armukade.

Kuid see lubadus laieneb Iisaki ja Jaakobi kaudu ka kõikidele Iisraeli/ Jaakobi järglastele.

"Meenuta oma sulaseid Aabrahami, Iisakit ja Iisraeli, kellele sa oled iseenese juures vandunud ja öelnud: Ma teen teie soo nõnda paljuks nagu tähti taevas; ja kogu selle maa, millest ma olen rääkinud, annan ma teie soole ja nad pärivad selle igaveseks."

— 2.Moosese 32:13

Siin me näeme tõotust "... nii paljuks nagu tähti taevas...", ja see puudutab ka Kaananimaad. Me läheme edasi selle teemaga väravas 11.

Veendumaks, et Jumala tähed ikka on Iisraeli rahvas, vaatame järgnevat kirjakohta, mis toob selle väga selgelt esile. Siin räägib Mooses kõrbes Iisraeli rahvaga peale peaagu 40-aastast kõrberännakut.

"JAHVE, teie Jumal on teinud teid paljuks ja vaata, teid on tänapäeval nõnda palju nagu taevatähti."

— 5. Moosese 1:10

Kuna ELOHIM keelas selle Lutsiferile ja pagendas ta, siis saatana peamiseks plaaniks saigi Iisraeli rahva – Aabrahami, Iisaki ja Jaakobi otseste järglaste hävitamine. See plaan on peamine kõikidest tema deemonlikest plaanidest. Ta on pimestatud ja raevunud armukadedusest ning kasutab kõikvõimalikke võtteid ja süsteeme oma hävitustöö täideviimiseks.

Saatan leidis, et paganrahvastest kristlasi saab perverteerida armukadeduse kaudu. Niisiis kasutas ta selleks Ida-Rooma päikesekummardajat, "võlts-kristlast Constantinust," koos 4. sajandi korrumpeerunud piiskoppidega, et kokku klopsida jõledalt deemonlikku plaani. Saatan võiks selle plaani ellu viia läbi kristliku asendussüsteemi, mis õpetaks kõiki selle järgijaid juute vihkama. See preesterkond julgustas inimesi taga kiusama juute ja nende motoks on:

"Kristuse tapjad"

Nad kutsusid üles eralduma jälestusväärsest Kristuse tapjate seltskonnast, mille all peeti silmas kogu juudi rahvast. Paljude kristlaste südamepõhjast kajavad endiselt vastu need sõnad: "Juudid hülgasid Kristuse; juudid on kangekaelsed ja mässajad; juudid tapsid Kristuse; nad on needuse all; nad väärivad surma."

Nikaia kirikukogu

Keisri (Constantinuse) kirjast kõigile neile, kes kirikukogul ei viibinud (Eusebius, Vita Const., Lib III 18-20)

Kui kerkis esile küsimus lihavõttepühade (ingl Easter) sakraalsest tähistamisest, siis otsustati universaalselt, et oleks mugav, kui kõik tähistavad seda ühel ja samal kindlaksmääratud päeval. Sest mis võiks olla kaunim ja ihaldusväärsem, kui näha seda püha, mis toob meile surematuse lootust, tähistatuna üheskoos ja samal viisil? Nagu juba teatavaks tehtud, oleks eriti vääritu, kui see kõige suurem püha järgiks juutide kombeid (ajaarvestust), kuna juudid on määrinud oma käed kõige jubedama kuriteoga ja nende mõistus on pimestatud. Hüljates nende tavad, võime oma järeltulijatele edasi anda seaduspärase viisi lihavõttepühade tähistamiseks, mida oleme järginud Päästja kannatustest alates (vastavalt nädalapäevade järjestusele).

Seetõttu ei peaks meil olema midagi ühist juutidega, sest Päästja on meile näidanud teise tee. Meie jumalateenistus järgib palju seaduspärasemat ja mugavamat kurssi (pidades silmas nädalapäevade järjestust). Seega, kallimad vennad, võttes üksmeelselt omaks selle viisi, me igatseme eralduda juutide jälestusväärsest seltskonnast. (Fordham'i Ülikool)

Need Constantinuse sõnad said aluseks kogu kristlikule antisemitismile, mis on läbi sajandite põhjustanud viletsust, tagakiusu ja surma miljonitele juutidele. Nad levitasid nii palju juudivaenulikkust, et sellised kohutavad teod nagu: juudi laste röövid, selleks et neid kristlastena üles kasvatada, ristisõjad, Hispaania jt. inkvisitsioonid, kestsid kuni 19. sajandi lõpuni. Need sõnad viisid hävitavate pogrommideni Venemaal ja Ida-Euroopas; natside shoa'ni (holokaust) 20. sajandil ja boikoti, loovutamise ja sanktsioonide (BDS) liikumiseni 21. sajandil, mille algatasid moslemi/Palestiina tehased, kuid on nüüd toetatud paljude "head soovivate" kristlike organisatsioonide poolt.

Antisemitism tegutseb väga jultunult ÜRO-s ja eriti Ülemaailmses Kirikute Nõukogus.

Ma soovin, et võiksin öelda, et see kõik on minevikku jäänud ja ei mõjuta tänapäeva kristlust ega kristlasi, kuid siis ma valetaksin teile. Järgnev artikkel on väga silmi avav:

- FJerusalem Post
- 14. jaanuar 2019

Ülemaailmne Kirikute Nõukogu (World Council of Churches-WCC) nimetab end kõige laiaulatuslikumaks kirikuid ühendavaks organisatsiooniks ja väidab end esindavat 350 liikmeskirikut 110 riigis ja 500 miljonit kristlast üle terve maailma. Nende kodulehel öeldakse, et grupi eesmärgiks on kristlaste ühtsus.

Aeg-ajalt tundub, et ta saavutab seda Iisraeli vastase propagandaga, kus kõlama jäävad vahetevahel juudivaenulikud alatoonid, nagu seda on sõnastanud Holokausti Mälestamise Rahvusvaheline Ühendus (lüh IHRA). Selline sõnastus või definitsioon võeti vastu Euroopa Liidu poolt, kes koos osade liikmesriikidega rahastavad EAPPI-d*, (Ecumenical Accompaniment Programme in Palestine and Israel).

WCC juhtkond ja EAPPI vabatahtlikud on oma propagandaüritustel korduvalt võrrelnud Iisraeli tegevust Natsi-Saksamaaga. Näiteks WCC peasekretär Dr. Olav Fyske Tveit ütles: "Ma olen kuulnud viis aastat kestnud okupatsioonist oma

---

* Ülemaailmne Kirikute Nõukogu Oikumeeniline Vaatlusprogramm Palestiinas ja Iisraelis (WCC-EAPPI) loodi 2002. a WCC poolt, mis rajanes kohalike kirikute liidrite kirjal ja avaldusel, luua rahvusvaheliste vaatlejate kohalolek riigis.

riigis II Maailmasõja ajal, aga nüüd ma näen ja kuulen lugusid 50-aastasest okupatsioonist."

2017. aastal esitas pastor Gordon Timbers Kanada presbüterlikust kirikust oma presentatsiooni, kui keegi publiku hulgast esitas küsimuse: "Kui juudid lähevad gaasikambri mudelit seestpoolt vaatama, kas nad näevad selle sarnasust Läänekaldaga," Timbers vastas: "Seal on sarnasusi, kaasarvatud isikut tõendavate dokumentide kasutamine."

Lõuna-Aafrika EAPPI aktivist Itani Rasalanavho ütles "Apartheidi nädala" ürituse ajal, mis toimus tema kodumaal, et: "on tulnud aeg öelda - holokausti ohvritest on nüüd saanud vägivallatsejad."

Pastor Joan Fisher, EAPPI aktivist, tsiteerides oma ettekandes Palestiina vaimulikku, ütleb: "Me tunneme kaasa oma juudi vendadele ja õdedele, kes kannatasid holokausti tõttu, kuid ei saa lahendada ühte ebaõiglust uue ebaõigluse loomisega."

<u>IHRA *, mis töötab antisemitismi definitsiooni kallal väidab, et võrdusmärgi tõmbamine tänapäeva Iisraeli ja natside poliitika vahel, on näide antisemitismist.</u>

<u>WCC toetab boikotte ja juudi asunduste loovutamist palestiinlastele, kuid EAPPI aktivistid on kutsunud boikoteerima kogu Iisraeli.</u>

EAPPI väljaanne "Faith Under Occupation" (Usk okupatsiooni all) kutsus 2012. aastal üles "sanktsioonidele ja USA Iisraelile

---

* Holokausti Mälestamise Rahvusvaheline Ühendus (ingl k IHRA), mida kuni 2013. aasta jaanuarini tunti kui Ülesanne Jõud Rahvusvaheline Koostöö Holocausti Harituse, Mälestamise ja Uurimise Rahvusvahelise koostöö Rünnakrühm (ingl k ITF).

antava abi peatamisele," et "esitada väljakutse Iisraelile kohalikes ja rahvusvahelistes kohtutes" ja "majanduslikus boikotis."

EAPPI rahvusvaheline koordinaator Lõuna-Aafrikas Dudu Mahlangu-Masango esitas 2012. aastal tolleaegsele presidendile Jacob Zuma'le oma kirjas kutse "meie valitsusele ja tsiviilühiskonnale algatada Iisraeli vastu laiaulatuslik boikott, asunduste loovutamine ja sanktsioonid." Ta kordas seda 2018. Aasta teleintervjuus, kutsudes kehtestama "täielikud sanktsioonid" Iisraelile.

Organisatsioon püüab võidelda kristliku sionismi vastu. 2015. aastal WCC üritusel, nimetati sionismi kristliku teoloogia all olevaks "ketserluseks". Öeldi, et tänapäeva iisraellastel ei pidavat olema midagi pistmist iidsete israeliitidega ja Iisraeli ühiskond pidavat olema täis rassismi ja valgenahaliste privileege. Nende juhid võrdlesid Iisraeli ka Lõuna-Aafrika apartheidiga.

2016, aasta mais esitas EAPPI aktivist Hannah Griffiths Londonis presentatsiooni, milles ta süüdistas, et Ameerika evangeelsed kristlased toetavad Iisraeli "juudi lobitöö" tulemusel ja väitis, et Iisrael "paneb nuge" nende palestiinlaste surnukehade kõrvale, keda lasti maha juutide pussitamise katsetel.

EAPPI aktivistid on samuti levitanud valesid Iisraeli kohta nagu see, mida Inglismaal räägitakse, et Iisraeli poliitika näeb ette araablastest elanikkonna vähendamist sellega, et saadab neid Läänekaldal asuvasse Gaza sektorisse. Mitmed teised näitavad üles võhiklikkust konflikti suhtes nagu üks EAPPI vabatahtlik Kanadast, kes väitis, et iisraellasi ei lasta A* piirkonda (Läänekallas) mitte ohu pärast, vaid et "takistada neid nägemast seda, mis toimub."

Kohalikud juudi kogukonnad on avastanud, et EAPPI vabatahtlikud on õhutanud üles antisemitismi.

<u>2012.a. ütles Suurbritannia Juudi Esindajatekoja president Vivian Wineman, et "juudi kogukondade liikmed üle riigi on kannatanud EAPPI koosolekutel ahistamist ja väärkohtlemist," ja see organisatsioon - EAPPI "on aidanud luua IIsraeli vaenulikku õhkkonda Inglismaa kirikutes."</u> (The Jerusalem Post)

Saatan on armukade Iisraeli ja eriti Juuda peale, sest Juuda suguharust tuleb Juuda lõvi - juudi Messias Jeshua, kes valitseb kogu inimkonna üle. Saatan tahtis hävitada Iisraeli juba enne Messia esimest tulekut ja nüüd proovib ta seda teha enne Messia teist tulekut, mil pannakse alus Messia 1000-aastasele valitsusele Iisraeli pealinnas Jeruusalemmas. Kurjus kasutab endiselt oma tööriistadena kristlasi, et rahastada Iisraeli vaenlasi. Me anname selgitusi selle kohta väravas 11.

Nüüd me siis mõistame, et armukadeduse pärast on saatana peamine plaan mõrvata või hävitada kõik juudid meie planeedilt. Tema eesmärk on peatada Messia tagasipöördumine, sest siis ei oleks juudi rahvast oma kuningat tervitamas. Jeshua ütles, et ta tuleb tagasi vaid siis, kui Iisraeli rahvas, juudid, igatsevad tema tagasitulekut. Kui ei ole alles enam ühtegi juuti, siis ei tule ka tervituspidu!

---

* Läänekallas jagati 3-ks osaks: A, B ja C – ja oli osa Oslo kokkuleppest, mille Iisrael ja PVO allkirjastasid 1993. ja 1995. a. Alates 2019. aasta septembrist moodustab piirkond A 18% Läänekaldast, mida peamiselt kontrollitakse Palestiina võimude poolt, ja mis hõlmab ka sisejulgeolekut.

"Sest ma ütlen teile, et teie ei näe mind nüüdsest enam, kuni te ütlete: "Õnnistatud olgu, kes tuleb ADONAI nimel!"

— MATTEUSE 23:39

Kui juute pole areenil, on saatan kõrgeim valitseja maa peal. See on tema plaan, kuid allpool on Iisraeli Jumala generaalplaan:

"Miks paganad möllavad ja rahvad mõtlevad tühja? Ilmamaa kuningad astuvad esile ja vürstid peavad üheskoos nõu ADONAI ja tema võitud mehe vastu: "Kiskugem katki nende ahelad ja visakem enestelt ära nende köied!" Kes taevas istub, naerab; ADONAI pilkab neid. Oma vihas ta kõneleb siis nendega ja oma raevus ta teeb neile hirmu: "Aga mina olen seadnud oma kuninga Siionile, oma pühale mäele."

— PSALMID 2:1-6

Saatanal on õnnestunud mitmete aastate jooksul osaliselt ellu viia oma kurja plaani juutide hävitamiseks Piiblist tuntud järgnevate taktikate kaudu.

Poeglaste mõrvamine Egiptuses

Armukadeduse pärast müüsid Jaakobi poja Joosepi vennad ta orjaks. Hiljem lõppes vendade kuri tegu sellega, et Joosep päästis suuremeelses andestuses oma perekonna Kaananis valitseva näljahäda käest, olles avanud nende eel värava sisenemiseks Egiptusesse. Joosepist sai vaarao, Egiptuse kuninga kõrval riigi tähtsaim mees tänu oma väärikusele Jumala eest ja prohvetiannile. Joosepi perekond, Iisraeli lapsed, asusid elama viljakale maale, mida kutsuti Gooseniks, kus nad kasvatasid edukalt karja ja paljunesid. Peale Joosepi surma tõusis Egiptuses uus kuningas, kes ei tundnud Joosepit ega soosinud Iisraeli rahvast. Vaarao hakkas neid orjastama ja julmalt kohtlema, mille eesmärgiks oli kogu Iisraeli rahva genotsiid, alustades kõigi Iisraeli esmasündinud poeglaste mõrvamisega. Teisest Moosese raamatust võime lugeda:

> "Egiptuses tõusis uus kuningas, kes Joosepit ei tundnud, ja see ütles oma rahvale: "Vaata, Bnei-Yisrael (Iisraeli lapsi) on rohkem ja nad on meist vägevamad. Olgem seepärast nende vastu kavalad, et nad ei saaks paljuneda. Sest kui peaks tulema sõda, siis nad liituvad nendega, kes meid vihkavad, ja nad sõdivad meie vastu ning lähevad maalt ära."
> Siis nad panid nende üle teoorjusele sundijaid, et need rõhuksid neid raske teoga; vaaraole ehitati varaaitade linnu - Pitomit ja Raamsest. Aga mida rohkem nad neid rõhusid, seda rohkem neid sai ja seda laiemale nad levisid; ja Iisraeli laste ees hakati hirmu tundma. Ja egiptlased panid väevõimuga Iisraeli lapsed töötama. Nad tegid nende elu kibedaks raske orjatööga savi ja telliskivide kallal ning kõiksugu orjusega põllul, kõiksugu tööga, mida nad väevõimuga sundisid neid tegema.
> "Ja Egiptuse kuningas rääkis heebrealaste ämmaemandatega, kellest ühe nimi oli Sifra ja teise nimi Puua, ning ütles: "Kui te heebrea naisi aitate sünnitamisel ja näete sugutunnuseist, et on poeglaps, siis surmake see, aga tütarlaps võib jääda elama!" Aga ämmaemandad kartsid Jumalat ega teinud nõnda, nagu Egiptuse kuningas neid käskis, vaid jätsid poeglapsed elama."
>
> — 2. Moosese 1:8–17

See on Iisraeli vabastaja Moosese esiletõusmise taust, mis viib meid paasapühade loo juurde. Kui vaaraol oleks tema kohutav plaan õnnestunud, oleks ta Moosese sündides mõrvanud. Lisaks poleks Toorat kunagi Siinai mäel antud, Juuda suguharu ega Taaveti koda poleks olemas, poleks kunagi sündinud Päästjat Taaveti kojast – juudi Messiat Jeshuat. Iisraelist ei oleks kujunenud rahvast nagu me seda täna tunneme.

Kuid ELOHIMIL, Iisraeli Jumalal, oli välja valitud kaks naist, kes päästsid Iisraeli ja tegelikult kogu inimkonna genotsiidist. Sest me teame juba, et ilma Iisraelita kogu päästeplaan rahvaste jaoks oleks hävitatud. Ei oleks Messiat ega päästet ja kus oleksid sina? Võti on selles, et kui juutidele tehakse kahju või neid mõrvatakse, siis kannatab selle all kogu inimkond. Inimkonna heaolu sõltub Iisraeli ja juudi rahva heaolust.

"Siis ma õnnistan neid, kes sind õnnistavad, panen vande alla selle, kes sind neab, ja sinu nimel õnnistavad endid kõik suguvõsad maa peal!"

— 1.MOOSESE 12:3

See oli, on ja saab olema Aabrahami võti kogu inimkonna jaoks, ja saatan teab seda. Ta teab, et kui ta saab kasutada kedagi juutidele kahju tegemiseks, siis selle kaotuse eest maksab kogu maailm, kogu inimkond, keda ta vihkab.

Igas Iisraeli rahva päästmise loos me näeme, et JHVH-l on oma kangelased. Ta kasutab inimesi, kes osutavad vastupanu kurjadele võimudele - olgu see siis kirik või valitsus, kes kiusab taga JHVH valitud rahvast. Ämmaemandad Egiptuses olid lihtsad naised, kes kartsid Jumalat rohkem kui Egiptuse kuningat. Nad jätsid meile kõigutamatu pärandi ja eeskuju, mida järgida. Iisraeli Jumal premeeris neid nende julge sammu eest sellega, et päästis rahva ja läbi Iisraeli terve maailma hävituse eest.

> "Ja Jumal tegi ämmaemandatele head; rahvas aga suurenes ja nad said väga arvurikkaks: et ämmaemandad kartsid Jumalat, siis ta andis neile suured pered."
>
> — 2.Moosese 1:20–21

Me peaksime kõik järgima nende eeskuju noil tulevasil päevil.

Amalek kõrbes

Amalek oli Eesavi, Jaakobi vanema venna, lapselaps. Eesav oli alati vihane ja armukade Jaakobi peale, kuna Jumala antud õnnistus Aabrahamile ja Iisakile jätkus ka Jaakobi kaudu, kellest sai jumalikul valikul esmasündinu. Eesav tahtis Jaakobit tappa, kuid ei teinud seda oma eluajal, ent tema lapselaps Amalek jätkas Eesavist pärandiks jäänud vihkamist ja armukadetsemist. Amalek võttis enda üleandeks Iisraeli täieliku hävitamise. Tema taktika oli madal ja alatu. Ta ründas jõuetuid, väsinuid, haigeid, nõrku, rasedaid ja lapsi. Hitler imiteeris seda taktikat ja enamus juudivaenulikest kristlastest ja moslemitest kasutavad sama Amaleki taktikat.

> "Ja Joosua tegi, nagu Mooses temale ütles, ning sõdis amalekkide vastu; ja Mooses, Aaron ja Huur läksid kõrgendiku tippu. Ja sündis, et niikaua kui Mooses hoidis oma käe ülal, oli Iisrael võidukas, aga kui ta laskis oma käe vajuda, oli Amalek võidukas. Aga kui Moosese käed väsisid, siis nad võtsid kivi, asetasid selle temale alla ja ta istus selle peale ning Aaron ja Huur toetasid tema käsi, üks siitpoolt ja teine sealtpoolt; siis ta käed seisid kindlalt kuni päikeseloojakuni. Ja Joosua võitis mõõgateraga Amaleki ning tema rahva. Ja JHVH ütles Moosesele: "Kirjuta see meenutuseks raamatusse ja pane Joosuale kõrva taha, et ma pühin Amaleki mälestuse taeva alt sootuks!" Siis Mooses

ehitas altari ning pani sellele nimeks "JHVH- Nissi (lipp)". Ja ta ütles: "Et käsi on olnud JHVH trooni poole, on JHVH-l sõda Amaleki vastu põlvest põlve!"

— 3.Moosese 1:20–21

Sõda Amaleki vastu on JHVH sõda. Temal on sõda Amalekiga põlvest põlve. Jumala isiklik kättemaks selle kohutava vihavaenu ja armukadeduse vastu Tema valitud rahva suhtes on see, et ta pühib Amaleki mälestuse taeva alt. Igaüks, kes nagu Amalek vihkab juudi rahvast, on sama kohtumõistmise all nagu Amalek. Kogu maailm on ohus suurima viha pärast, mis kunagi on välja valatud juutide vastu, mida Jumala sõna nimetab "riiuks Siioniga."

"Rahvad, astuge ligi kuulma, ja rahvahõimud, pange tähele! Kuulgu maa ja need, kes seda täidavad, maailm ja kõik, kes seal võrsuvad! Sest JHVH-l on raev kõigi rahvaste ja viha kõigi nende väehulkade vastu: ta on pannud need vande alla, ta on andnud need tapetavaiks. Kes neist maha lüüakse, visatakse ära, nende laipadest tõuseb lehk, nende verest nõretavad mäed... Sest mu mõõk on joobunud taevas, vaata, see langeb alla Edomi peale, minu poolt neetud rahva peale kohtumõistmiseks.... Sest see on JHVH kättemaksupäev, tasumisaasta riiu eest Siioniga."

— Jesaja 34:1–3,5,8

Igaühes neist, kes varjab endas antisemitismi, viha ja armukadedust juutide vastu, on Amaleki seeme. Iisraeli Jumal ise võitleb oma rahva eest Amaleki vastu, kuid tal on vaja Joosua taolisi sõjamehi, Moosese taolisi vahekohtunikke ja Aaroni ning Huuri taolisi riigimehi, kes teeksid Kõigeväelisega koostööd selles elu ja surma võitluses. Kas sa vastad Iisraeli Jumala kutsele? Ja kui sa ei vasta ja jääd kõrvalseisjaks (nüüd, kus antisemitism on eskaleerunud ulatuses, mida pole nähtud Hitleri võimuloleku aegadest saadik), siis mida Jumal peaks sinust mõtlema? Kuriteo mahavaikimine teeb inimese kuriteo kaasosaliseks ja Kõigeväeline mõistab kohut kõrvalseisija üle.

"Päästa need, keda viiakse surma, ja peata, kes vanguvad tapmisele! Kui sa ütled: "Vaata, me ei teadnud seda", kas siis südamete läbikatsuja ei saa sellest aru? Su hinge hoidja teab seda ja tasub inimesele ta tegu mööda."

— Õpetussonad 24:11–12

Neutraalsus ei ole variant kellegi jaoks, kellel tuleb tegemist teha juutide vihkamisega ja juudivastasusega.

"Tuleta meelde, mida Amalek tegi sulle teekonnal, kui sa lahkusid Egiptusest, kuidas ta tuli sulle tee peal vastu ja hävitas su järelväe, kõik väsinud su järelt, kui sa olid jõuetu ja roidunud, sest ta ei kartnud Jumalat! Ja kui ADONAI, su Jumal, annab sulle rahu kõigist su vaenlasist ümberkaudu maal, mille ADONAI, su Jumal, annab sulle pärisosaks pärida, siis kustuta Amaleki mälestus taeva alt! Ära seda unusta!"

— 5. Moosese 25:17–19

Bileam ja Baalak

Bileam oli paganlik võlurist "prohvet," või pigem ennustaja, kuna ta ei käinud koos Jumala ainsa valitud rahvaga - Iisraeliga. Tal olid võimed, mida hindasid moabiidid, kes kartsid Iisraeli rahvast ja otsisid võimalusi selle rahva hävitamiseks.

> "Aga Baalak, Sippori poeg, nägi kõike, mida Iisrael oli teinud emorlastega. Ja moabid kartsid väga seda rahvast, sest see oli suur; ja moabid värisesid hirmust Iisraeli laste ees. Ja moabid ütlesid Midjani vanemaile: "Nüüd sööb see jõuk paljaks kogu meie ümbruse, otsekui härg näsib väljalt rohu."
> Baalak, Sippori poeg, oli sel ajal Moabi kuningas. Tema läkitas käskjalad Bileami, Beori poja juurde Petoori, mis on Frati jõe ääres Amau poegade maal, teda kutsuma, käskides öelda: "Vaata, Egiptusest on tulnud üks rahvas; näe, see ujutab maa üle ja on asunud elama mu naabrusesse. Tule nüüd ja nea mulle ära see rahvas, sest ta on minust vägevam! Vahest suudan, et me lööme teda ja ma ajan ta maalt välja, sest ma tean, et keda sina õnnistad, see on õnnistatud, ja keda sina nead, see on neetud."
> Siis läksid Moabi vanemad ja Midjani vanemad ja neil oli kaasas tõekuulutaja tasu; nad tulid Bileami juurde ja andsid temale edasi Baalaki sõnad."
>
> — 4. Moosese 22:2–7

Lugu arenes nõnda, et Bileam palus sõnumitoojatel jääda ööseks, kuni ta saab Jumalalt sõna selle asja kohta, millele Iisraeli Jumal vastas alljärgnevalt;.

> "Aga Jumal ütles Bileamile: "Ära mine koos nendega, sa ei tohi needa seda rahvast, sest ta on õnnistatud!"
>
> — 4. Moosese 22:12

Bileam saatis kuulekalt sõna Moabi juhile Baalakile, Sippori pojale, "Ma ei saa seda teha - Jumal ei luba mul seda teha." Kuid kuningas ei andnud alla ja saatis uued saadikud, kes pakkusid raha, hõbedat ja kulda Bileamile, et see oma võimeid kasutaks Iisraeli needmiseks. Bileam, kes tõeliselt ei tundnud Jahve-t, ei teadnud, et Iisraeli Jumal ei muuda oma meelt, et ta pole inimene, kes oma sõna murrab. Kui Iisraeli Jumal ütles ei, siis see tähendas ei. Niisiis püüdis Bileam veenda Jumalat, et see laseks tal minna ja Jumal näis nõus olevat, kuid üllatus ootas Bileami poolel teel – tema eesel sai ta prohvetiks!

"Ja Bileam tõusis hommikul üles, saduldas oma emaeesli ja läks koos Moabi vürstidega. JHVH ingel ja Bileami easel Aga kui ta läks, süttis Jumala viha põlema ja JHVH ingel seadis ennast teel temale vastu; tema aga ratsutas oma emaeesli seljas, ja ta kaks poissi olid koos temaga. Kui emaeesel nägi JHVH inglit tee peal seisvat, paljastatud mõõk käes, siis emaeesel põikas teelt ja läks väljale; aga Bileam lõi emaeeslit, et ta pöörduks teele.
Siis seisis JHVH ingel viinamägede kitsasteel, millel oli müür kummalgi pool. Kui emaeesel nägi Issanda inglit, siis ta surus ennast seina ligi ja pigistas Bileami jala vastu seina; ja Bileam lõi teda veel korra.
TSiis JHVH ingel läks edasi ja seisis kitsas kohas, kus ei olnud teed pöördumiseks paremale ega vasakule. Kui emaeesel nägi Issanda inglit, siis ta heitis maha Bileami all; aga Bileami viha süttis põlema ja ta lõi emaeeslit kepiga.
Siis JHVH avas emaeesli suu ja too küsis Bileamilt: "Mis ma sulle olen teinud, et sa nüüd lõid mind kolm korda?"
Ja Bileam vastas emaeeslile: "Sellepärast et sa tembutasid minuga. Kui mul oleks mõõk käes, ma tõesti tapaksin su nüüd!"

Aga emaeesel ütles Bileamile: "Eks ma ole sinu emaeesel, kelle seljas sa oled ratsutanud kogu aja kuni tänapäevani? Kas mul on olnud viisiks sulle nõnda teha?" Ja tema vastas: "Ei!"
Siis JHVH tegi lahti Bileami silmad ja ta nägi JHVH inglit tee peal seisvat, paljastatud mõõk käes. Siis ta kummardas ja heitis silmili maha.
Ja JHVH ingel ütles temale: "Mispärast sa lõid oma emaeeslit kolm korda? Vaata, ma olen su vastu välja astunud, sest hukutav on see tee minu ees. Emaeesel nägi mind ja põikas mu eest need kolm korda. Kui ta ei oleks pöördunud mu eest, ma tõesti oleksin nüüd tapnud sinu ja jätnud tema elama."

— 4. Moosese 22:21-33

Igaüks, kes kavatseb needa Iisraeli, teha kurja Iisraeli rahvale, kas siis ahnusest või poliitilistel põhjustel, saab kogeda, et Iisraeli Jumalast endast saab nende vaenlane. Lõpuks tundub, et Bileam omandas õppetunni ja Iisraeli needmise asemel ta hoopis õnnistas neid Jumala Vaimu võidmise all, ühtede kauneimate sõnadega Piiblist.

"Kui Bileam nägi, et Iisraeli õnnistamine oli JHVH silmis hea, siis ei läinud ta mitte nagu eelmistel kordadel otsima endemärke, vaid pööras oma näo kõrbe poole. Ja kui Bileam oma silmad üles tõstis, siis ta nägi Iisraeli asuvat leeris oma suguharude kaupa. Ja tema peale tuli Jumala Vaim. Ta hakkas rääkima ja ütles:
"Nõnda kuulutab Bileam, Beori poeg, nõnda kõneleb avatud silmaga mees, nõnda kuulutab Jumala kõnede kuulaja,
kes näeb Kõigeväelise nägemusi, mahalangenuna avatud silmil: kui kaunid on su telgid, Jaakob, su eluasemed, oh Iisrael! Nagu laiuvad orud, nagu rohuaiad jõe kaldal, nagu JHVH istutatud aaloepuud, nagu seedripuud vete ääres. Vesi

ta astjaist voolab üle ja ta külvil on palju vett. Tema kuningas on Agagist vägevam ja ta kuningriik ülendab ennast. Jumal, kes tõi tema Egiptusest, on talle otsekui sarved metshärjale. Ta neelab rahvaid, oma vaenlasi, ta murrab nende luid, oma nooltega purustab neid. Ta on laskunud lebama, ta lamab nagu lõvi või emalõvi, kes julgeks teda äratada? Õnnistatud olgu, kes sind õnnistavad, neetud, kes sind neavad!"
Siis Baalaki viha süttis põlema Bileami vastu ja ta lõi oma käed kokku. Ja Baalak ütles Bileamile: "Ma kutsusin sind needma mu vaenlasi, ja vaata, sa oled neid kolm korda õnnistanud. Mine nüüd, põgene koju! Ma kavatsesin sind väga austada, aga näe, JHVH on keelanud sind austada!"

— 4. Moosese 24:1–11

Hiljem läheb see lugu keerulisemaks, kuna Bileam ei olnud siiski täielikult õppetundi omandanud. Ta kasutas oma võimeid, andes nõu midjanlastele, kuidas hävitada Iisrael seksuaalse amoraalsuse kaudu, kasutades selleks võluvaid paganrahva naisi Iisraeli printside võrgutamiseks. Saatan jätkab Jumala valitud rahva hävitamiseks kõikvõimalike vahendite proovimist (4Ms 25).

Kui Hitler ja natsi režiim alustas kõigi juutide hävitamist, ütles Hitler, et ta järgis suurima juudivastase ja kirikureformaatori Martin Lutheri juhiseid, kes pani kirja detailid, mida kasutati juudiküsimuse lõpplahenduses ja millest Hitler juhindus (MacCulloch; Goldhagen). Vaatamata sellele tõusis juudi rahvas shoa tuhast (natsi holokaust), et uuesti sündida omaenese maal pärast pea 2000 aastast pagendust. Iisraeli Jumal pööras kõige jubedama hävituse kogu Iisraeli taastamise õnnistuseks, täites kõikide juutide igatsuse 20 sajandit kestnud pagenduseaja jooksul - pöörduda tagasi oma iidsele kodumaale. Ja tema generaalplaan jätkub.

Haaman Pärsias

Kui Iisraeli rahvas viidi vangi/pagendusse Babülooniasse (kuningriik, mis oli Pärsia ja Meedia impeeriumi eelkäija), seisid nad järjekordselt silmitsi neid hävitada tahtva Amaleki vaimuga. Ma nimetaksin selle Amalek peatükk 2, kuna selle kuritegeliku genotsiidi plaani autor oli amalekkide järeltulija agaglane Haaman, mis tõetab veel kord, et JHVH-l on sõda amaleki järglaste või nende vaimu kandjatega põlvest põlve. See vaim on deemonliku võim, mille läbi anti-MESITOJUS'i judaismi vastane pea toimib.

> "Pärast neid sündmusi ülendas kuningas Ahasveros agaglase Haamani, Hammedata poja, edutas teda ja pani ta istme ülemale kõigist vürstidest, kes ta juures olid. Ja kõik kuninga sulased, kes olid kuninga väravas, pidid heitma põlvili ja kummardama Haamanit, sest nõnda oli kuningas tema suhtes käskinud; aga Mordokai ei põlvitanud ega kummardanud.
> Siis ütlesid kuninga sulased, kes olid kuninga väravas, Mordokaile: "Miks sa kuninga käsust üle astud?" Ja kui nad seda temale iga päev olid öelnud, aga tema neid kuulda ei võtnud, siis teatasid nad sellest Haamanile, et näha, kas Mordokai põhjus on küllaldane, kuna ta neile oli öelnud enese juudi olevat.
> Kui Haaman nägi, et Mordokai ei põlvitanud ja teda ei kummardanud, siis täitus Haaman vihaga. Aga sellest oli tema silmis vähe, et pista kätt üksnes Mordokai külge - sest temale oli Mordokai rahvus teatavaks tehtud -, ja nõnda püüdis Haaman hävitada kõiki juute, kes olid kogu Ahasverose kuningriigis."
>
> — Ester 3:1–6

Pärsias elas sellel aja 2 juuti, kellest said selle loo kangelased: üks neist oli Mordokai ja teine tema adopteeritud tütar Hadassa, Abihaili tütar, kes oli orvuks jäänud Paabeli pagenduses. Täpsemalt, oli Hadassa Mordokai nõbu. Hadassast sai Pärsia kuninga Ahasverose abikaasa, kes ei teadnud, et Hadassa oli juuditar. Teda tunti tema paganliku nime, Ester, järgi, kuna ta varjas oma juudi päritolu.

Kui Haaman vihastas, sest Mordokai ei kummardanud tema ees ja teades, et ta oli juut, siis tundis ta vastikust. Ta oli pärinud selle armukadeduse ja viha juutide vastu juba emaüsas, mis kandus edasi tema amalekist esivanemalt, Eesavi lapselapselt. Tal õnnestus läbi suruda "Lõpplahendus" kõikide juutide jaoks Pärsias ja veenda kuningat, et see tuleb kasuks tema kuningriigile. Kuningas usaldas Haamanit jäägitult, kui oma lojaalset nõuandjat, ja nõustus plaaniga teadmata, et tema oma naine, kuninganna Ester, on juut.

Kui Mordokai kuulis sellest kohutavast plaanist, siis leinas ta palee väravate ees kotiriides ja tuhas - traditsioonilised juudi leinamise märgid. Samuti saatis ta käskjalad oma nõbu ja adopteeritud tütre, Estri, juurde, et see paluks kuningalt armu juutidele. Tema nõbu, kuninganna, aga ei tahtnud riskida eluga oma rahva pärast. Ester kartis, et kuningas võib ta tappa, kui ta ilmub ette teatamata tema ette. Mordokai saatis seejärel teise kirja sõnadega, mis kõlavad sajandite tagant kuni tänaseni:

"Siis Mordokai käskis Estrile vastata: "Ära mõtle, et sa kuningakojas paremini pääsed kui kõik muud juudid! Sest kui sa sel ajal tõesti vaikid, tuleb juutidele abi ja pääste mujalt, aga sina ja su isa pere hukkute! Ja kes teab, kas sa mitte ei olegi just selle asja pärast pääsenud kuninglikku seisusesse?"

— Ester 4:13–14

See on võti kõigile mõistmaks, et ELOHIMIL on eksimatu plaan juudi rahva säilimise ja taastamise jaoks. Ta toob alati neile vabastuse kuskilt, kuid ta koputab meist igaühe uksele, oodates, et me võtaksime osa Tema rahva päästmisest saatana igivana plaani käest neid hävitada. Igaüks, kes ütleb: "ei, see on liiga riskantne" või "mul on mugav seal, kus ma olen ja miks ma peaksin oma elu ohtu saatma mõne juudi pärast," saab sellise vastuse Kõigeväeliselt:

> "Sest kui sa sel ajal tõesti vaikid, tuleb juutidele abi ja pääste mujalt, aga sina ja su isa pere hukkute!"
>
> — ESTER 3:14A

Millisel positsioonil me siis iganes oleme, kõrgel või madalal, on alati midagi, mida me saame teha juutide päästmiseks. Mulle tuleb meelde natsist ärimehe ja ettevõtja Oscar Schindler'i lugu. Kasutades oma pottide ja pannide tehast, päästis ta nii palju juute kui võimalik. Ta värbas paljusid juute oma natsidest partneritelt, kes olid vastutavad nende saatmise eest Auschwitz'i surmalaagrisse. Ta ütles neile, et vajab neid oma tehases ja andis laagri ülemustele nimekirja, makstes korraliku summa Kolmandale Reichile (Kolmas riik) iga juudi eest. Neil ei olnud mingit põhjust kahelda tema motiivides, kuna ta ise oli samuti nats.

Kuid see nats oli erinev; tal oli südametunnistus - ta pidi kartma Jumalat. Ta värbas umbes tuhat juuti ja natsi shoa (holocaust) lõpuks, olid tema juudid endiselt elus. Kuid ta oli murest murtud teadmisest, et tal on endiselt alles kallis auto ja teemantsõrmus, mille eest oleks saanud päästa veel rohkem juute. Ta oli juba ära andnud kogu oma vara nende tuhande juudi eest. Tänasel päeval austatakse Oscar Schindlerit Iisraelis Jad Vashem'is, holokausti memoriaali Õiglaste aleel Jeruusalemmas, kui ühte õiget inimest rahvaste seas. Seal on tema nimele pühendatud puu. Austuse märgiks on ta maetud ametlikule kristlaste kalmistule Siioni mäel Jeruusalemmas.

Kuninganna Ester tuli lõpuks mõistusele ja hakkas paastuma ning palvetama. Peale seda ilmus ta kuninga, oma abikaasa ette suure tarkuse ja soosinguga ja paljastas Haamani, kes poodi võlla koos oma 10 pojaga! Genotsiidi läbiviimise asemel said juudid end nüüd kaitsta ja jutustatakse, et paljudest paganatest said juudid, kes panid oma lootuse Iisraeli Jumala peale. Oli suur ärkamine, millele järgnesid ajaloolised Puurimi pidustused, rõõmupäevad, mida kirjade järgi on tehtud kohustuseks tähistada igal aastal.

> "Ja Mordokai kirjutas need sündmused üles; ja ta läkitas kirjad kõigile juutidele kuningas Ahasverose kõigis maades, niihästi ligidal kui kaugel olijaile, kohustades neid, et nad igal aastal pühitseksid adarikuu neljateistkümnendat ja viieteistkümnendat päeva kui päevi, mil juudid said rahu oma vaenlastest, ja kuud, mil nende mure muutus rõõmuks ja lein pidupäevaks; nad pidid need tegema pidu- ja rõõmupäevadeks ning läkitama üksteisele rooga ja vaestele ande.
> Ja juudid võtsid tavaks, mida nad juba olid hakanud tegema ja millest Mordokai neile kirjutas. Kuna agaglane Haaman, Hammedata poeg, kõigi juutide vaenlane, oli kavatsenud juute hukata ja oli puuri, see on liisku heitnud nende tagakiusamiseks ja hukkamiseks -ent kui asi jõudis kuninga ette, oli tema kirjalikult käskinud, et Haamani kuri kavatsus, mille ta juutide vastu oli sepitsenud, tuleks ta enese pea peale ja et tema ja ta pojad puusse poodaks -,
> siis nimetasid nad neid päevi puurimiks, sõna "puur" järgi. Seepärast, vastavalt kõigile selle kirja sõnadele ja vastavalt sellele, mida nad ise olid näinud ja mis neile oli juhtunud,

seadsid ja võtsid juudid muutmatuks kohustuseks ja tavaks iseendile ja oma järeltulijaile ja kõigile nendega liitujaile pühitseda igal aastal neid kahte päeva vastavalt eeskirjale ja määratud ajale, ja et neid päevi meenutaks ja pühitseks iga rahvapõlv ja iga suguvõsa igal maal ja igas linnas, et need puurimipäevad ei kaoks juutide hulgast ja et mälestus neist ei lakkaks nende järeltulijail.

Ja kuninganna Ester, Abihaili tütar, ja juut Mordokai kirjutasid kogu oma mõjujõuga, et kinnitada seda teist puurimikirja. Ja kirjad läkitati kõigile juutidele Ahasverose kuningriigi saja kahekümne seitsmel maal sõbralike ja usaldusväärsete sõnadega, et neid puurimipäevi peetaks määratud ajal, nagu juut Mordokai ja kuninganna Ester olid need neile seadnud ja nagu nad ise olid endile ja oma järeltulijaile korraldusi teinud paastu ja kaebehüüu asjus. Nõnda kinnitas Estri käsk need puurimi eeskirjad, ja need kirjutati raamatusse."

— Ester 9:20–32

Kas nendel lõpuaegadel saab olema Estri-kogudust? See on selle raamatu eesmärk, et sina, lugeja, ole sa juut või pagan, must või valge, mees või naine, noor või vana, liituksid seltskonnaga nagu Ester ja Mordokai, et veel kord päästa juudi rahvas enne, kui Messia tagasi tuleb. Nii tehes, päästad sa iseennast ja oma lähikondsed.

"Siis ma õnnistan neid, kes sind õnnistavad, panen vande alla selle, kes sind neab, ja sinu nimel õnnistavad endid kõik suguvõsad maa peal!"

— 1. Moosese 12:3

Liitumispalve

Jah, Taevane Isa, ma ühinen sinu lõpuaja armeega ja saan osaks sellest Estri kogudusest, et nurjata kõik Amaleki kurjad juutide vastased plaanid hävitada Iisraeli riik ja sinu juudi rahvas. Ma loobun oma mugavustsoonist ja igasugusest leigusest oma elus ning astun üles sinu lõpuaja sõdurina, et võidelda ja hävitada kogu viha sinu juudi rahva vastu, kes on ka minu rahvas Jeshua vere läbi. Jeshua nimes, ma tänan sinu tarkuse ja väe eest selle üleasande täitmiseks. Aamen!

VÄRAV 10

IDENTITEEDI SEGADUS JA ANTISEMITISM

"Mõrva pärast, vägivalla pärast su venna Jaakobi kallal, katab sind häbi ja sind hävitatakse igaveseks! Sel päeval, mil sa seisid eemal, päeval, mil võõrad viisid ära tema varanduse, kui muulased tulid ta väravasse ja heitsid liisku Jeruusalemma pärast, olid sinagi nagu üks neist! Ent ära tunne silmarõõmu oma venna päevast, tema õnnetuspäevast; ära rõõmusta Juuda laste pärast nende hukkumispäeval; ära oma suuga suurusta hädapäeval! Ära mine sisse mu rahva väravast tema õnnetuspäeval; ära sinagi tunne silmarõõmu tema hädast tema õnnetuspäeval; ära pista kätt tema varanduse külge tema õnnetuspäeval! Ära seisa teelahkmel tema põgenikke hävitamas, ära loovuta tema pääsenuid hädapäeval!"

— OBADJA 1:10–14

Ehkki antisemitism ei ole omane üksnes kristlusele, on see kindlasti enim aegade jooksul kristlikku kirikusse sissesööbinud omadus, mis sai ametlikuks doktriinuks alates 4. sajandist. Kuigi moslemite antisemitism (või õigemini sionismivastane võitlus) on tänapäeval väga levinud, on kogu ajaloo vältel siiski taga kiusatud ja mõrvatud palju rohkem juute Kristuse kui Muhamed nimel.

Religioosse antisemitismi sünd

Varas imiteeris Päästjat ja Messiat, asendades tema olemuse tuuma - juudi, kes suri sinu eest!

See on Nikaia kirikukogu põhiolemus, mis on kokku võetud järgmises Constantinuse määruses:

"Meil ei peaks olema midagi ühist juutidega"

Kui juutidega pole midagi ühist, tähendab see Jumala poolt Iisraeliga tehtud lepingu eitamist, mida sai täiuseni viia vaid Juuda suguharust ja Taaveti kojast sündinud juudi Messia.

> "Sest meile sünnib laps, meile antakse poeg, kelle õlgadel on valitsus ja kellele pannakse nimeks: Imeline Nõuandja, Vägev Jumal, Igavene Isa, Rahuvürst! Suur on valitsus ja otsatu on rahu Taaveti aujärjel ja tema kuningriigi üle, et seda kinnitada ja toetada kohtu ja õiglusega, sellest ajast ja igavesti! JHVH Tsevaot (vägede) püha viha teeb seda!"
>
> — Iesaja 9:5–7

Kuidas saab ta olla Taaveti suguvõsast pärit juut, ja ometi pole meil juutidega midagi ühist? See tekitab Päästja identiteedis koheselt kohutavat segadust. Selle segadusega kuidagi toime tulemiseks kohandab mõistus Päästja kontseptsiooni automaatselt rooma Kristuseks. See asendab Messia ja heade sõnumite juudiliku hingelise ja vaimse seose roomaliku päritoluga, et täita keiser Constantinuse tungivat määrust. Seda määrust pidid järgima kõik nõusoleku andnud piiskopid ja kirikujuhid ning lõpuks temale ustavate kristlaste massid. Nad "kudusid" selle määruse tervesse kristlikusse teoloogiasse läbi aegade, iga jutlustaja jutlusse ja igasse paganliku kirikupüha traditsiooni.

Alates Constantinuse ajast pidi suurem osa kristlusest järgima Nikaia kirikukogu otsuseid ja selle usutunnistust.

Seetõttu ei peaks meil olema midagi ühist juutidega, sest Päästja on meile näidanud teise tee. (Fordham University)

"Mitte midagi ühist, sest Päästja (kellel ei ole midagi ühist juutidega) on meile näidanud teise tee" (tee, millel ei ole midagi ühist juutidega, Messia juudi identiteediga, juudi apostlitele antud heade sõnumitega, Tooraga ega Iisraelile antud piibellike pühadega). Mitte midagi ühist.

Rooma riigi ametliku ristiusu Päästja nimeks saab Jeesus Kristus ja me unustame nüüd taevase Isa poolt juudi Messiale algselt antud sünninime. Mis aga veelgi hullem on see, et tema igavene lepingunimi, tema sünninimi Jeshua on *ära keelatud*, sest Messia tõeline identiteet on tema pühas nimes!

Järgnevad on viited Piiblist, mis kinnitavad, et siiral Messia päästesse uskuval inimesel pole võimalik omada "mitte midagi" ühist juutidega.

- Jeshua on Juuda suguharust Päästja—pääste tuleb juutidelt (Jh 4:22)
- Jeshua on Juuda lõvi—ta on lõvi Juuda suguharust, kes mõistab kohut maailma üle (Ilm 5:5)
- Jeshua on lihaks saanud sõna—ta on lihaks saanud Toora (Jh 1:14)
- Jeshua on juutide kuningas—ta on juudi Messia (Mt 27:37)

Identiteedi segadus ja selle doominoefekt

Jeshua identiteedi asendamine inimese tehtud *päästjaga* kätkeb endas ohtu, mis viib end kristlasteks tunnistavad inimesed kohutavasse segadusse. See avab ukse kahjulikele pettustele, sealhulgas selliste *kõrvalisena näivate* arusaamade aktsepteerimisele, nagu soomuutuse võimalused ja LGBT- liikumised. Näiteks lesbi- ja homoseksuaalseid preestreid on paljudes kristlikes konfessioonides, nagu luteri, metodisti ja mõned baptisti kirikud. Kui Päästja identiteedihäired hakkasid juurduma, tõi see ülemaailmses kirkus esile pahaaimamatu hulga patte, kuritegusid, mõrvu ja muid hädasid.

> "Või kas te ei tea, et ülekohtused ei päri Jumala riiki? Ärge eksige: hoorajad ja ebajumala kummardajad ja abielurikkujad ja salajased ropud ja poisipilastajad ja vargad ja ahned, joodikud, pilkajad ja anastajad ei päri Jumala riiki!"
>
> — 1. KORINTLASTELE 6:9-10

Jeshua andis oma elu kõigi patuste eest. Ent kui me Jeshuale alistume ning anname ära selle, mida ta nimetab ebaõiglaseks ja patuseks, siis oma Püha Vaimu kaudu annab ta meile jõu nendest väljakutsetest üle saada.

Teine identiteedivarguse mürgiste viljade ohtlik trend on segada vabamüürlus kristlusega. Selline praktika on pärit 4. sajandil rajatud asendusteoloogia sünkretismist* või kõikehõlmavusest, mis adopteeris masside rahuldamiseks paganlikud pühad. Saturnaaliast said jõulud, viljakusjumalanna Astarte (või heldekäelise jumalanna) viljakusriitustest said lihavõttepühad (mis omakorda asendasid paasa- ja uudseviljapüha); ja pühapäev (Constantinuse päikesekummardamise päev) asendas nädala seitsmenda päeva - püha shabbati. Selline suhtumine muudab mitmete teiste usuliste trendide, näiteks vabamüürluse, vastuvõetavaks maailmavaateks paljudele kristlastele ja silmapaistvatele juhtidele. Kui kogu paganlust saab "pühaks muuta", siis

---

* Sünkretism: see on erinevate usundite, õpetuste või muude maailmavaadete segunemine. Mõistet hakati kasutama hellenistlikus maailmas toimunud kultuste ja usundite segunenise kohta.

tehniliselt saab ka vabamüürlust riietada vastuvõetavaisse "kristlikesse rõivastesse", ja just nii see ongi juhtunud.

Vabamüürlusest on saanud püha lehm, keda peaaegu keegi ei julge puudutada. See on aga salaühing, mis kummardab Luciferi - saatanat, varjates seda suurepäraste tööde ja heategevuse taha. Kõrgema astme liikmed teavad seda, madalama astme inimesed läbivad "konna aeglase keetmise protsessi'", muutudes pettuse suhtes ükskõikseks, nagu konn vee temperatuuri aeglasele, järk-järgulisele tõusule.

> "Kuidas sobib Kristus ühte Beliariga? Või mis osa on usklikul uskmatuga? Kuidas sünnib Jumala tempel ühte ebajumalatega? Sest meie oleme elava Jumala tempel, nõnda nagu Jumal on öelnud."
>
> — 2. Korintlastele 6:15–16

Asendusteoloogia doominoefekt mõjutab usulisi vorme tänapäevani. Messia identiteedi muutmine on usklikes tekitanud kohutavat segadust. Heebrea sõna segaduse jaoks on *babel/bavel*. See segadus viib kaasaegse Paabeli torni juurde, selle konfessioonide paljususega, milles igaüks väidab omavat tõde.

> "Seepärast pandi sellele nimeks Paabel, sest seal JHVH segas ära kogu maailma keele ja sealt pillutas JHVH nad üle kogu maailma."
>
> — 1. Moosese 11:9

---

* Öeldakse, et kui paned konna sooja veega potti ja tõstad järk-järgult vee temperatuuri, jääb konn vette, kuni ta surnuks keeb.

See segaduse vaim mõjutab usklikke, eriti noori, kes näevad ebajärjekindlust ja silmakirjalikkust, kuid on õpetatud seda kõike järgima. Segadus põhjustab kohutavat ärevust ja isegi tõsiseid vaimseid probleeme.

Juuda lõvi

> "Ja üks vanemaist ütles mulle: "Ära nuta! Vaata, lõukoer Juuda suguharust, Taaveti juur, on võitnud nii, et tema võib avada raamatu ja lahti võtta selle seitse pitserit!"
>
> — Ilmutuse 5:5

Kui me tahame teda tõepoolest tunda, siis me otsime ja leiame Jeshua kui juudi. Kellegi tundmine on heebrea keeles *jada*, mis on sama sõna "abielu intiimsuse" jaoks. *Jada* (lähedus, intiimsus) viib selleni, et inimesed avastavad Jeshua ümberlõikamise. See on sügav avastus, ehkki murettekitav. Kujutage ette naist, kes on kihlatud mehega, kuid avastab pärast abiellumist, et mees on keegi teine? Ta ütleb: "Arvasin, et oled pagankristlane, aga nüüd pean hakkama saama sellega, et mu mees on juut? Kuna olen sinuga üheks saanud, siis nüüd on juutide ja Iisraeli teema muutunud minu jaoks isiklikuks ja seega keeruliseks, hõlmates ka antisemitismiks nimetatud üldlevinud juutide diskrimineerimist ja vihkamist." Täpselt nii juhtub siis, kui pagan või mitte-juut mõistab, et Jeesus on juut heebrea nimega Jeshua.

See naine, kes seisis eemal Iisraeli probleemidest ja tegi juutide kulul isegi julma nalja, mõistab nüüd, et tema enda perekonna liikmed (teised kristlased, kes armastavad oma meest rooma Kristusena) hakkavad teda põlgama, kui avastavad, et ta on hoopis juut. Nad põlgavad või isegi vihkavad Jeshua juuri, perekonda, tavasid, Toorat, shabbatit, pühi ning tõepoolest, isegi tema juudi nime. Nad lükkavad tagasi tema tegeliku nime, sellega hüljates ka tema identiteedi juudina.

Siis tekib suur lõhe, kuristik nende vahel, kes teda tõeliselt tunnevad ja on valmis tema kui juudiga abielluma, ja nende vahel, kes jäävad kummardama oma kujutlusvõime vilja – paganliku nimega Kristust, koos paganlike pühade ja kommetega.

Lähedase ja isikliku suhte otsingud viivad Messia kui juudi identiteedi leidmiseni. Jumal teeb selle tõsiasja avalikuks, sest ümberlõikamise jäljed Jeshua ihus, koos hukkamiseks kasutatud naelte jälgedega kätel, ei kadunud. Vastus sellele vastuvaidlematule tõele määrab miljonite jaoks igaviku.

Juut suri sinu eest ja ainus, kes väärib kohtumõistmise raamatuid avama, on juut. Ja kui see on nii, siis kuidas ta mõistab kohut nende usklike üle, kes põlastavad, vihkavad või teotavad juudi rahvast?

Miks on tema juudi nime taastamisega kiire?

Siin on mõned olulised faktid, millega tuleks arvestada.

- Miljonid juudid ja teised rahvad, kelled ristiusk alistas, nagu näiteks Ameerika indiaanlased, tapeti Jeesuse Kristuse nimel.
- Messia Jeshua tõelist lepingu- ja sünninime pole kunagi kellegi mõrvamiseks kasutatud. Heebrea keeles tähendab jeshua "päästet", "tervenemist" ja "vabastust".
- Jeesus Kristus ei ole tema nime tõlge, see on transliteratsioon, mis võeti kasutusele selleks, et rahuldada Rooma impeeriumi rahvamasse, kes samastusid selle nimega, sest see kõlas nagu päikesejumala Zeus (Ie-zous) nimi.

> "Et Jeshua nimes nõtkuks iga põlv nii taevas kui maa peal kui maa all, ja et iga keel tunnistaks: Jeshua Messia on ADONAI - Jumala Isa kirkuseks.
>
> — FILIPLASTELE 2:10-11

Inimese nimi on tema visiitkaart. Identiteedivarguse korral varastatakse isiku nimi ja seda kasutatakse valesti. Keegi teine poseerib selle inimesena ja häbistab teda. Kui Jeshua nimi muudeti roomapäraseks Jeesuseks Kristuseks, varjas see ära tema identiteedi juudina. See oli juudivaenulik tegevus ja selle roomapärase või ladinapärase nime all oli lihtsam juute taga kiusata, ilma et oleks tulnud tegeleda tema juudi identiteediga. Järgnev tõestisündnud illustreerib seda väidet.

Ühel meie reisil Poolasse ja surmalaagritesse külastasime juutidele püstitatud mälestusmärki Krakovi linnas, mis on umbes tunni tee kaugusel Auschwitz-Birkenau surmalaagritest. Natside režiim oli mõrvanud kõik Poola Krakovi juudid. Vastupidiselt sellele, mida 21. sajandi Poola valitsus tahab, et usuksime, tehti natside ja Poola kristliku elanikkonna vahel palju koostööd ja seda mitte ainult hirmust vaid ka vabast tahtest. Paljud poolakad olid valjuhäälsed antisemiidid. Suurem osa Poolast oli ja on katoliiklik, mis levitab antisemitismi kogu organiseeritud kristlikus süsteemis (vt kirikuisade tsitaate selle raamatu alguses). Oli ka neid, kes juute aitasid ja mõned nunnad isegi peitsid juute nunnakloostrites[*]. Alati leidub õigeid inimesi, kes keelduvad alistumast kurjuse doktriinidele.

Külastasime kõigi Auschwitzis hävitatud Krakovi juutide mälestusmärki. Oma nördimuseks (ehkki mitte üllatuseks) nägin selle

---

[*] (Nunna) klooster: mees- või naisusklike suletud kogukond või hoone, mida kogukond kasutab. Eriti levinud katoliku, luteri ja anglikaani usukondades.

püha ja valusat minevikku esindava mälestusmärgi peale joonistatud haakriste ja värsket juudivastast grafitit. Näitasin seda meie rühmale ja me palvetasime. Mälestusmärgi ümber olevale aiale olid toetunud kolm jalgratastega noort Poola tüdrukut, 14–16-aastased. Üks neist suitsetas ja näitas meie poole näpuga ning pilkas meid teeseldud nutuga, kasutades sõna *jid*, mis on poola keeles juudi jaoks halvustav termin.

Ma peatasin meie grupi palvetamise ja suundusin selle tüdruku juurde, kes meid mõnitas. Ma ütlesin talle julgelt: "Kas sa tead, et Jeesus Kristus, keda sa võibolla ülistad, on juut? Kui sa vihkad juute, siis see on tema, keda sa vihkad!" Hämmingus viskas ta sigareti minema ja muutus tähelepanelikuks. Siis küsisin temalt: "Kas oled kunagi juuti näinud? Kas sa tunned juute?" Ta vastas: "Ei, mitte kunagi." Seega esitasin talle väljakutse: "Kuidas sa saad vihata juute, keda sa isegi ei tunne?"

Seejärel palusin tal mind ja gruppi saata ühte viimastest järelejäänud sünagoogidest Krakovi juudi kvartalis ja ta tuli meiega. Sünagoogis tutvustasin talle juudi Messiat Jeshuat. Kui ta pisarais meelt parandas, katsin ma ta palvesalli, *talitiga* ja käskisin lahkuda anti-MESITOJUS asendusteoloogia vaimul ja kogu vihal juutide vastu. Ta sai uuestisünni osaliseks ja Püha Vaimuga täidetud ning ma võin kihla vedada, et ta ei vihka enam kunagi juute.

Need kristluses peidus olevad juudivastased valed ja petlikud doktriinid ei tapa mitte ainult juute, vaid ka paljusid kristlasi, kes neid endas hoiavad.

Kui asendusteoloogia ei oleks muutnud tema nime, oleks võimatu ignoreerida Messiat kui juuti. See on põhjus, miks ristiusk on tapnud Jeesuse Kristuse nimel nii palju juute, samas kui Jeshua nimes pole kunagi kedagi tapetud! Tema nime taastamine on üks olulisi tegureid antisemitismi vähendamisel maailmas.

Vale, et "juudid tapsid Kristuse"

See üks vale on mõrvanud rohkem juute kui ükski teine. Järgnev on tõestisündinud lugu minu perekonnast.

Mu emal olid kaksikud nõod, keda ta väga armastas. Kui kaksikud olid umbes kolmeaastased, läksid nad kõik Tšiili rannikule suvepuhkusele. Kaksikud olid külas käinud naabritüdrukute juures ja mitmeid tunde koos mänginud. Kui nende ema neile järele tuli, leidis ta oma meelehärmiks lapsed pisarais ja segaduses ning viis nad koju. Kolmeaastased kaksikud karjusid: "Ema, me ei tapnud kedagi, me ei tapnud kedagi", ja nad nutsid ja nutsid. Kui nad rahunesid, et mõistlikumalt reageerida, ütles üks kaksikutest: "Meie sõber, naabrite tütar ütles meile, et me tapsime Jumala, sest me oleme juudid ja juudid tapsid Jumala."

See lugu pole veider. Lugematul arvul juute on taga kiusatud ja mõrvatud süüdistustega, "teie juudid tapsite Jeesuse Kristuse, nii et te väärite surma".

> Juutide poolt korda saadetud *deitsiid* (Jumala tapmise kuritegu) on kristluse uskumus, et kogu juudi rahvas oli Jeesuse surma eest vastutav. Käratsev rahvahulk kasutas juutide vastu suunatud vägivalla õhutamiseks antisemiitlikku sõimusõna "Kristuse tapja", aidates kaasa mitmete sajandite kestel toimunud pogrommidele ja juutide mõrvadele ristisõdade, Hispaania inkvisitsioonide ja holokausti ajal.
>
> Trenti kirikukogu katekismuses kinnitas katoliku kirik, et Jeesuse surma põhjustajaks oli inimkonna üleüldine patune loomus, mitte ainult juudid. Vatikani II kirikukogu (1962–1965) aruteludel lükkas paavst Paulus VI valitsemise all olev Roomakatoliku kirik ümber uskumise juutide kollektiivsesse

süüsse Jeesuse ristilöömises. Ta kuulutas, et süüdistust ei saa esitada "kõigi juutide vastu, vahet tegemata, sealhulgas tänapäeva juutide vastu". (Wikipedia Contributors)

Ehkki Vatikan on seda seisukohta muutnud, võib ette kujutada, et aastani 1962 või 1965 oleks peaaegu iga ristiusu õpetusel üles kasvanud laps saanud teada, et juudid tapsid Kristuse ja neid tuleb kollektiivselt karistada.

TJärgnev on minu isiklik lugu.

Olin kuueaastane ja õppisin Tšiilis Santiagos asuvas Briti eliitkoolis. Olime klassis mõned juudid paljude kristlaste seas. Iga kord, kui toimus usutund, lubasid nad meil, juutidel, meie vanemate palvel lahkuda ja väljas mängida. Meie vanemad maksid samas kopsaka summa, et meid selles kõrgklassi erakoolis hoida. Kuna olin väga uudishimulik tüdruk, jäin tihti usutundidesse, kus sain teada Jeesusest Kristusest ja sellest, kuidas meie, juudid, oleme tema mõrvas süüdi.

Mulle meeldis joonistada, ja siis kui õpetaja rääkis, joonistasin tema tunni teemadest mõned pildid. Ühel minu pildil oli suur tuleriit, millel põlesid juudid. Ühel päeval leidis ema mu usuteemalised märkmikud ja avastas selle šokeeriva joonistuse. Täielikus vastikustundes ja mõjuval põhjusel kaebas ta kooli ning võttis mind sellest koolist ära ja pani heebrea kooli, et ma saaksin hoopis juudi hariduse. See toimus 1965. aastal, aga nüüd 21. sajandil jätkame selle hävitava vale viljade korjamist. Maailma ümberõppeks kulub palju aastaid, peaaegu sama palju, kui seda on valesti õpetatud. Hitler kuulutas: "Rääkige piisavalt suurt valet, korrake seda pidevalt ja kõik usuvad seda" (Vikipeedia kaastöötajad). Nii on see olnud.

Selguse huvides ei olnud Messia tapjateks mitte "need juudid", vaid roomlased, keda õhutasid üles tolleaegse korrumpeerunud ülempreestri palgatud rahvahulgad. Juutidel ei olnud Roomas õigust hukkamise või surmanuhtluse läbiviimiseks. Paljud tuhanded juudid järgnesid Jeshuale üle terve Iisraeli ja isegi preestrite hulgas levis ärkamine. Tema järgimine ja ärkamine leidsid aset nii enne kui ka pärast Jeshua ristilöömist.

Kõik esimesed apostlid, tõelised koguduse isad, olid juudid. Mitte keegi neist ei saanud kristlaseks ega lakanud olemast juut või muutnud oma usku. Nad lihtsalt kuuletusid oma juudi Messiale, aga mitte selleks, et saada kristlasteks või teenida romaniseeritud Kristust.

Juudid ootasid Messiat, võitud kuningat, kes neid päästaks. Need juudid, kes tundsid ära Jeshua, järgisid juutide kuningat, kes ütles: "Minu kuningriik ei ole sellest maailmast" (Johannese 18:26). Nad pidasid shabbatit, piibellikke pühi ja Toorat. Neil polnud midagi pistmist roomalike pühade ega traditsioonidega. See on põhjus, miks pärast 4. sajandi keiser Constantinus juutide vastaseid määrusi ja kiriku lahutamist kõigest juudipärasest, ei leidunud kirikus enam ühtegi juuti. Juudi usklikud lahkusid tagasilangenud kirikutest ja läksid põranda alla, kuna nende elu oli pidevalt ohus. See nähtus jätkub erineval määral paljudes riikides tänapäevani.

Juudi Messiat Jeshuat ei mõrvatud. Ta andis ennast ise vabatahtlikult ohvriks, sest ainult vabatahtlik ohver suudab päästa patust nii juute kui paganaid.

> "Sellepärast Isa armastab mind, et ma jätan oma elu, et seda jälle võtta. Ükski ei võta seda minult, vaid ma jätan selle iseenesest. Mul on meelevald seda jätta ja mul on meelevald seda jälle võtta. Selle käsusõna ma olen saanud oma Isalt!"
>
> — JOHANNESE 10:17–18

Ja, et seda veelgi selgemaks teha, siis need, kes Jeshuat tahtlikult pilkasid, piinasid ja puule naelutasid, olid roomlased ja mitte juudi. Ometi pole keegi roomlasi ega itaallasi sellepärast taga kiusanud. Ainult roomlastel oli volitus piinamiseks ja hukkamiseks. Kas te kujutate ette, et keegi tuleb Vatikani sildiga:

"Teie, roomlased, tapsite Kristuse?"

Miks nad on seda teinud juutidele?

> "Siis Pilaatus võttis Jeesuse ja laskis teda rooskadega peksta. Ja sõjamehed punusid kibuvitstest krooni ja panid selle temale pähe ja riietasid teda purpurkuuega ja tulid tema juurde ja ütlesid: "Tere, juutide kuningas!" Ja nad peksid teda taas ja taas."
>
> — JOHANNESE 19:1–3

See viha juutide kuninga Messia (ja ka tema juudi rahva vastu) vastu kandub edasi kogu maailmale romaniseeritud ristiusu ja Jeesuse Kristuse kaudu.

Kristlik antisemitism 21. sajandil

William Nicholls (anglikaani preester) kirjeldab järgmist.

> "Juudi rahva olemasolu maailmas ... paneb ristiusu suure küsimuse ette ... põhjustab sügavat ja närivat ärevust."

> Juba selle tekke algusest peale on kristlus ennast defineerinud kui Jumala Lepingu "pärijat", "Uut Iisraeli". Augustinus, kui ehk kõige "mõõdukam" kirikuisadest, väitis "juutide kui Kristuse tapjate" kontseptsiooni valgusel, et Jeesuse mõrv on põhjus, miks Jumal on oma soosingu juutidelt paganatele üle kandnud. Need arutelud jätkuvad tänaseni. Sama Vatikani 1965.

aasta II kirikukogu, mis valmistas *Nostre Aetate* * "vabastamaks" tänapäeva juudid süüst Jeesuse surmas, kinnitas ka uuesti, et kirik on "Jumala uus rahvas." Ja kolmkümmend viis aastat hiljem, Vatikani Lähis-Ida piiskoppide 2010. aasta spetsiaalse sinodi kokkuvõttes on öeldud:

"Meie, kristlased, ei saa rääkida õigusest 'tõotatud maale' kui valitud juudi rahva ainuõigusest. Kristus tühistas selle tõotuse... Jumala riigis ei ole enam valitud rahvast." (The Jerusalem Post)

Selle raamatu kirjutamise ajal on paavst Franciscus võtnud ühendust kõigi maailma juhtidega, et ühineda ülemaailmse kõiki uskkondi ühendava ümberõppe sildi alla. Selle murettekitava, kuid mitte üllatava petliku sündmuse jaoks valis ta Iisraeli riigi ajaloolise sünnikuupäeva (14. mai 2020). Kuid 2020. aasta koroonaviiruse pandeemia tõttu, pidi paavst kuupäeva muutma. Kas see on juhus või peitub kuupäeva valimises Iisraeli vastane sõnum, et asendada taaskord Iisrael katoliku kirikuga paavsti kui kirikupeaga eesotsas? *Kas võib olla, et Jumal saatis COVID-19, et takistada selle jumalakartmatu kohtumise toimumist Iisraeli riigi aastapäeval?*

Kõige murettekitavam on nende evangeelsete liidrite hulk, kes on nõustunud paavstiga ja aitavad edendada tema uue maailmakorra kava. Kuidas saavad nad seda teha, kui asendusteoloogia, sealhulgas antisemitism, on paljudes evangeelsetes ringkondades endiselt elus ja hästi toimiv? Needsamad kirikuisad, kes kirjutasid juutide kohta kõige kohutavamaid asju, on au sees ja nende usulisi veendumusi õpetatakse enamikes evangeelsetes seminarides.

---

* Nostra Aetate on avaldus Vatikani teise kirikukogu kiriku seosest mittekristlike usunditega.

Mäletan Dallase piiblikooli aegu (1990. aastal), kus kunagi ei õpetatud kristliku kiriku ajaloost seda osa, mis puudutas juutide vihkamist ja antisemitismi, ehkki see on kristliku ajaloo oluline osa alates 325. aastast kuni tänapäevani. Samas õpetati meile keiser Constantinuse kohta väidetavalt imelisi asju nagu see, et tema ajal sai kristlusest Rooma impeeriumi ametlik religioon ja see oli kõik tänu Constantinuse kangelaslikkusele. Hiljem on neid samu valesid korratud ja korratakse evangeelsetes, karismaatilistes ja muudes usuringkondades, piiblikoolides ja teoloogilistes seminarides. Antisemiitlikud teoloogiad on ja jäävad osaks 21. sajandi kristlusest.

Siin on hiljutine ajalehe *Jerusalem* Post blogi.

Kuidas kandub judofoobia (antisemitismi sünonüüm) põlvest põlve? Kõige ilmsem on otsekontakt alusdokumentidega, milleks on Pühakirja kristlikud viited "juutidele kui Jeesuse mõrvaritele". Kuna 80% Ameerika Ühendriikide elanikest on 2011. aasta rahvaloenduse kohaselt kristlased, võib arvata, et enamikul on olnud vähemalt mingisugune kokkupuude juutide vastase võitlusega. Antisemitismi eelarvamused levitavad uskumusi, mida toidavad ajaloolised stereotüübid, mille kohaselt juudid kujutavad endast ohtu ja õigustavad seega tõrjutust. Tuletage meelde, et 1939. aasta Ameerika kristlaste Roperi küsitlus leidis, et,

"53% arvas, et" juudid on erinevad ja neid tuleks piirata" ning **10% uskus, et juudid tuleks küüditada."**

See, vahetult pärast *Kristallnacht'i* (Kristallööd) korraldatud küsitlus, on märkimisväärne, esindades nii "mõõdukat" kui ka "äärmuslikku" antisemitismi üsna võrdsetena läbi aastakümnete kuni 2011! Võimalik, et "piiratud" (mõõduka) all mõeldakse "koonduslaagreid". Kuidas piirata juute ("mõõdukas" positsioon)?

Saksamaa ja peagi ka Ameerika esitatud mudeliks Jaapani päritolu ameeriklaste jaoks, olid koonduslaagrid. Mis puudutab "äärmuslike" nõudmist "küüditamise" järele, siis millist sihtkohta nad võisid silmas pidada?

2012. aastal ründas esindajatekoja ees peetud kõnes vabariiklane Don Manzullo Virginia ja Juudi Maja enamusliidrit Eric Cantorit: "Hr. Canton, seaduskuulelik juut ei saa "päästetud". Cantor vältis otsest vastust, kuid viitas 2012. aasta aprillikuises intervjuus selle asemel Ameerika "**pimedale poolele** ", kes mitte alati pole "rassilistes ja usulistes küsimustes õigesti käitunud". Tegelikult on Manzullo vaated juutidele ja nende päästetud saamisele üsna levinud paljude ameeriklaste seas, kes nimetavad USA-d uhkusega "kristlikuks riigiks".

2007. aastal ütles Jerry Falwell, keda peetakse üheks Ameerika evangeelsete kristlaste liidriks, et **"Kõigeväeline Jumal ei kuule juudi palvet."** (The Jerusalem Post)

Pange tähele, kuidas ilmalik antisemitism toitub religioossest antisemitismist.

Kuid juutide vastased eelarvamused ei piirdu ainult religioossete avaldustega. Ilmalike Ameerika poliitikute ja kultuuriikoonide poolt on meedias avaldatud ohtralt antisemiitlikke epiteete (ütlusi).

2013. aasta juulis teatas väikese Florida linna juhatuse esinaine Cheryl Sanders juhatuse koosolekul, et "keegi ei hakkaks töötasu maksmist juudistama." "Juudistamine" (ingl jewing) selles kontekstis viitab keskaegsele stereotüübile juutidest kui liigkasuvõtjatest. Kahjuks kajastas meedia juhatuse esinaise sõnu. Üllatunud ja solvunud riikliku tähelepanu pärast, rõhutas

Sanders: "Ma ei ole antisemiit ega kellegi suhtes pahatahtlik." Ta kirjeldas, et "juudistamist" kasutatakse igapäevases kõnes sageli ja keegi ei tohiks selles näha antisemitismi.

Sellised popkultuuris esinevad "väljendid" on näited sellest, kui sügavalt on kinnistunud antisemitism lääne ühiskonna psüühikasse. Nii "tavaline ja vastuvõetav", et isegi mõni juut tunneb end neid kuuldes mugavalt, aktsepteerides neid kui süütut ja normaalset osa Ameerika elust. (The Jerusalem Post)

Seos Hitleri ja Lutheri vahel

1923. aastal kiitis Hitler Lutherit ja nimetas teda suurimaks saksa geeniuseks, kes "nägi juuti nagu me tänapäeval hakkame teda nägema". Kristallööle (Kristallnacht) järgnevatel päevadel kirjutas Tüüringi piiskop rõõmsalt, et 10. novembril 1483 sündinud Luther ei saanud paremat sünnipäevakingitust soovida. (VU University Press)

Adolf Hitler väidab siin, et ta "võitleb Issanda töö eest."

"Ma usun täna, et tegutsen Kõigeväelise Issanda tahtes. Juute tagasi tõrjudes võitlen ma Issanda töö eest." Adolf Hitleri kõne, Reichstag, 1936 (Cline; Burleigh and Wippermann)

Järgnevad on katkendid Martin Lutheri kurikuulsast raamatust, mida Hitler kasutas oma kurjakuulutavas raamatus *Mein Kampf;*

Kuid selline suhtumine ei jäänud kestma. Juutide kangekaelsuset pettunud ja juutluse tavade osas valesti informeeritud Luther muutis elu hilisematel aastatel oma avatud suhtumist juutide osas ja pani kirja juutide vastaseid suuri ja vihkavaid sõnu. "Juutidest ja nende valedest" (1543) on ilmselgelt antisemiitlik dokument. Ta kirjutab:

"Niisiis, kallis kristlane, hoidu juutide eest... vaata, kuidas Jumala viha on nad üle andnud saatanale, kes on neilt röövinud mitte ainult Pühakirja õige arusaamise, vaid ka mõistliku meele, tagasihoidlikkuse ja mõistuse... Seega, kui näete elus juuti, võite hea südametunnistusega risti ette lüües julgelt öelda: "Sealt tuleb saatana kehastus." (Lutheri raamat "Juutidest ja nende valedest", Lutheri teosed).

Kunagi polnud see vihkamine valusam kui natside võimuletuleku ajal. Need, kes Hitleri omaks võtsid, said üles õhutatud Lutheri juudivastastest arutlustest. Vahetult pärast Kristallöö hullunud vägivalda, avaldas Tüüringi protestantliku kiriku piiskop Martin Sasse artikli pealkirjaga "Martin Luther ja juudid", milles ta kirjutas järgmist:

"10. novembril 1938, a Lutheri sünnipäeval, põlevad Saksamaal sünagoogid... Sel hetkel me peaksime kuulda võtma 16. sajandi sakslaste prohvetit, kes teadmatusest hakkas juutide sõbraks, kuid olles läbi katsunud tõe nende inimeste kohta, sai oma aja suurimaks antisemiidiks ja hoiatas saksa rahvast juutide eest." (Martin Sasse)

Hitler jätkas nende armastatud saksa kristliku reformaatori seisukohtade ja ütluste levitamist üle terve Saksamaa. Enamik natside parteisse kuulunud protestante ja katoliiklasi olid kaastegevad kuue miljoni juudi hävitamises. kes seda innuga tehes, kes kuriteo passiivse pealtvaatajana kõrval seistes.

Kui soovite leida patuoina, kelle õlgadele panna kõik kannatused, mida Saksamaa on maailmale toonud, siis olen üsna veendunud, et selle riigi kõige kurjem geenius pole mitte ei Hitler ega Bismarck ega ka Frederick Suur, vaid Martin Luther. (TIME.com)

Siin Martin Lutheri sõnastatud "Juudiküsimuse lõpplahendus".

Pärast raevukaid seisukohavõtte juutide kohta andis ta oma kaaskristlastele nõu. See nõuanne koosneb kaheksapunktilisest plaanist juutidega tegelemiseks. Sellele plaanile viidatakse kõige sagedamini siis, kui teadlased üritavad Lutherit Hitleriga ühendada.

Esiteks, ütles Luther kristlastele: "süüdatagu põlema nende sünagoogid või koolid, ja mis ära ei põle, kaevatagu maasse, et ükski ei näeks enam kunagi selle kive ega jäänuseid." Seda nõuannet rakendasid natsid Kristallöö nime all tuntud antisemiitliku pogrommi ajal, mida käsitletakse lähemalt hiljem.

Teiseks, ta soovitas: "lõhutagu nende majad maatasa ja hävitatagu."

Kolmandaks, ta andis nõu: "võetagu neilt ära kõik nende palveraamatud ja Talmudi kirjutised milles sellist ebajumalateenimist, valesid, needmist ja jumalapilget õpetatakse."

Neljandaks, "keelatagu ära nende rabidel õpetada hirmus elu ja ihuliikmete kaotamise ees."

Viiendaks, "keelatagu juutidel täielikult maanteedel liikumine."

Kuuendaks, "keelatagu juutidel võtta liigkasu, ja neilt võetagu ära kogu sularaha, hõbe- ja kuldasjad ning pandagu tallele." Kolmanda Reichi ajal seda nõu järgides varastasid natsid juutidelt sageli raha ja vääriseseemeid, eriti pärast nende koonduslaagritesse saatmist.

Seitsmendaks, "antagu noortele tugevatele juudi meestele ja naistele kätte vasar, kirves, kõblas, labidas, koonal ja värten, et nad teeniksid leiba palehigis." Natsid võtsid seda nõu arvesse ka koonduslaagrites, kus juudid olid sunnitud tegema rasket füüsilist tööd.

Lõpuks, kirjutas ta: "Kui me tahame oma käed puhtaks pesta juutide jumalateotusest ja mitte jagada nende süüd, peame eraldama ennast nende seltskonnast. Nad tuleb meie riigist välja ajada nagu marutõbised koerad." Ka see oli otseses vastuolus Lutheri varasema avaldusega, milles ta kritiseeris katoliiklasi juutide kohtlemises. Seda viimast nõuannet võtsid kuulda ka natsid, kuid nad astusid Wannsee "juudiküsimuse lõpplahenduse" rakendamisel veelgi sammu kaugemale.

Kas on tõsi, et Luther oli antisemiit? Ma pean vastama valjuhäälse jaatusega. Kuid ma arvan, et mõiste "juudivaenulik" kirjeldab Lutherit paremini, arvestades asjaolu, et "antisemiit" on kaasaegne sõna, mida kasutati esmakordselt 19. sajandi keskel. Antisemitism puudutab ka rassiküsimust, samas kui Lutheri vastuväidetel juutidega polnud midagi pistmist nende rassiga, vaid nende usuliste veendumustega. (The Darker Side of Martin Luther)

Märkus: Lutheri soovitatud "parem lahendus" sai *lõpplahenduseks*, mida Hitler kasutusele võttis.

Lühidalt, kallid vürstid ja isandad, kelle alluvuses on juute: kui mu nõu teile ei meeldi, leidke parem lahendus, nii et teie ja meie kõik saaksime lahti sellest talumatust, saatanlikust juutide koormast, et me ei saaks Jumala ees kaasüüdlasteks nende valedes, jumalateotuses, laimamises ja needustes, mida hullud juudid endale nii vabalt lubavad meie Issanda Jeesuse Kristuse isiku vastu, selle kalli ema, kõigi kristlaste, kõigi autoriteetide ja meie endi vastu. Ärge lubage neile kaitset, ohutut liikumist ega osadust meiega. Selle ustava nõu ja hoiatusega soovin ma puhastada ja vabastada oma südametunnistuse. (Lutheri raamat *"Juutidest ja nende valedest",* Lutheri teosed).

Järgnev on Lutheri raamatu "Juutidest ja nende valedest" inglise keelde tõlkinud Martin H. Bertrami mõtlemapanev ülevaade.

Ehkki Lutheri kommentaarid tunduvad olevat natsistlikud, on neid parem käsitleda keskaja kristliku antisemitismi traditsiooni osana. On vähe kahtlust, et kristlik antisemitism pani sotsiaalse ja kultuurilise aluse tänapäeva antisemitismile, erineb tänapäeva antisemitism siiski sellest, sest põhineb pseudoteaduslikel rassi mõistetel. *Natsid vangistasid ja tapsid ristiusku pöördunud juudid: Luther oleks neid tervitanud.*

Minu arvates on see väga oluline märkus, mis räägib Martin Lutheri kui tõelise kristlase kasuks. Mõned inimesed, kes püüavad põgeneda kristliku kollektiivse vastutuse eest antisemitismi pattude pärast, tavatsevad öelda selliseid asju nagu: "Noh, Martin Luther polnud ju päris kristlane". Aga ta oli tõeline kristlane ja armastatud, nagu ka kõik kunagised antisemiitlikud kirikuisad. Peame selle faktiga alandlikult ja vastutustundlikult tegelema ning tegema kõik võimaliku, et vabastada kirik antisemitismi koletisest ja selle loonud asendusteoloogia õpetusest. (Lutheri raamat "Juutidest ja nende valedest", Bertram)

Ma usun, et Martin Lutheril olid algselt head kavatsused, kuid siis viisid pettumus ja kibestumine ta pimeda vihkamiseni, mis ajendas teda kirjutama raamatut, millest sai *lõpplahenduse* baasjuhend Hitleri jaoks. Hitler astus sellest siiski sammu kaugemale, kuid mitte kaugemale Hispaania katoliku kiriku algupärastest doktriinidest. Nad pidasid juudi verd nii roojaseks, et isegi pärast sunniviisilist pöördumist ristiusku jäi juutide veri Hispaania inkvisitsiooni silmis "rüvedaks". Seetõttu kutsusid nad juudi pöördunuid nimega *marranos*, mis tähendab "sead". Adolf Hitler oli katoliku usku tunnistav pagan, kes järgis kõigi protestantide ja evangeelsete usklike isa Martin Lutheri nõuandeid.

Näeme ikka ja jälle, et katoliiklaste ja protestantide kooslus on juudi rahvale toonud kõige suuremat ja kõikehõlmavamat viletsust, laastamist ja genotsiidi.

Saatan on Iisraeli hävitamiseks proovinud mitmeid taktikaid, kuid siiski on juudi rahva püsima jäämine Kõigeväelise tunnustäht ja ime. Väidetavalt oli Suurbritannia peaminister Disraeli, vesteldes kuninganna Victoriaga tema valitsemisajal 19. sajandil, saanud kuningannalt küsimuse: "Millised on tõendid selle kohta, et Jumal on tõeline?" Sellele vastas peaminister Disraeli: "Juudid, mu auväärne leedi, juudid."

See, et juudid on endiselt olemas, on piisav tõend, et Iisraeli Jumal on tõeline. Saatan on püüdnud Jumala valitud rahvast kõikvõimalikul viisil hävitada, kuid on läbi kukkunud, ehkki on tekitanud juutidele korduvalt palju valu. Benjamin Disraeli oli pärit juudi perekonnast, kes oli pöördunud anglikaani usku. See usuline pöördumine võimaldas Disraelil teha poliitilist karjääri ja saada lõpuks Inglismaa peaministriks. Ainus viis riigiametit pidada, oli käsi Piiblil vanduda truudust ristiusu põhimõtetele. Seega ei saanud Iisraeli Jumala usku praktiseerivad juudid olla riigiteenistuses ei Inglismaal ega teistes Euroopa kristlikes riikides. See kriteerium oli osa juutide diskrimineerimisest Euroopas. Järgnev lugu Disraeli kohta on selles poliitilises küsimuses väga valgustav.

1847. aastal tekkis väike poliitiline kriis, mis eemaldas Bentincki* juhtkonnast ja tõi esile Disraeli vaadete erinevused tema enda parteiga. Selle aasta üldistel valimistel oli Lionel de Rothschild tagasi Londonis. Oma usku praktiseeriva juudina ei saanud ta ettenähtud kristlikul kujul truudusevannet anda ega võinud seetõttu oma kohale asuda. Peeli peaministriks saanud Whigi juht lord John Russell, kes oli sarnaselt Rothschildiga Londoni linnavolikogu liige, tegi Commonsis ettepaneku muuta vannet, et juudid saaksid parlamenti pääseda. <u>Disraeli toetas seda ettepanekut, väites, et kristlus on "lõpuleviidud judaism", ja küsis alamkojalt: "Kus on teie kristlus, kui te ei usu nende judaismi?"</u>(Wikipedia Contributors)

See Disraeli võimas avaldus võtab kokku terve selle raamatu teema - identiteedivarguse paljastamine. Kus on teie usk Päästjasse, kui lükkate ümber asjaolu, et ta on juut, ja et tema juudi rahvas on endiselt valitud rahvas? Millist Päästjat te kummardate, kui lükkate tagasi juudid ja kõik juudiliku?

Nii Disraeli avaldus kui ka eelnõu lükati tagasi ja juutidel ei lubatud riigiasutustes töötada. Kristlus jätkas antisemitismi kurssi.

Meeleparanduse palve antisemitismi vastu

Taevane Isa, ma tänan sind, et võimaldasid mulle teada tõde kristliku antisemitismi kohta. Olen jahmunud ja parandan tuhas ja kotiriides meelt oma südames varjul olnud väiksemagi juudivastasuse või vaenulikkuse pärast. Samuti palun andestust oma kristlike esivanemate, pastorite ja usujuhtide antisemiitlike pattude pärast, keda olen aastaid järginud. Palun puhasta minu

---

* Lord George Bentinck oli Inglise konservatiivne poliitik

süda ja vaim nendest vihkavatest ja mõrvarlikest teoloogiatest, mis on miljonitele juutidele toonud alandusi, piina ja surma. Ma hülgan kogu viha juutide vastu ning kuulutan, et antisemitismi või juudivastane deemon lahkub nüüd minu elust ja kogu minu suguvõsast, Jeshua nimes! Ma võtan sind, Jeshua, vastu juudina ja juudi Messiana. Ma austan sinu juudi rahvast ja sind kui lõvi Juuda suguharust. Ma palun, et mu elu oleks hüvitusohvriks, et paljud teised saaksid leida tõe, mis nad vabaks teeb. Tänan su imelise armu ja halastuse eest minu üle ja kõigi nende üle, keda ma Jeshua nimes esindan. Aamen!

Soovitan lugeda minu raamatuid "Jeshua on see nimi" ja "Piibli ravi Aafrikale ja rahvastele". *

---

* Jeshua on see nimi: www.kad-esh.org/ /et/pood/jeshua-on-see-nimi-eesti-keelde-tolgitud/ | Piibli ravi Aafrikate ja rahvastele: www.kad-esh.org/ et/pood/piibli-ravi-aafrikale-ja-rahvastele/

VÄRAV 11

IISRAELI TAASTAMINE

Pea number 5: Sionismi vastane

"JHVH VÕIAB JUUDA ENESELE PÄRISOSAKS PÜHAL PINNAL NING VALIB TAAS JERUUSALEMMA! VAIKI JHVH EES, KÕIK LIHA, SEST TEMA TÕUSEB OMA PÜHAST ASUPAIGAST!"

— SAKARJA 2:16–17

See on koletise viies ja viimane pea ning see on ka viimane lahingurinne enne Messia tagasitulekut. Ma nimetaksin seda pead "poliitiliseks antisemitismiks", mis seisab vastu JHVH generaalplaanile taastada juudi rahvas tagasi oma tõotatud maale, mille JHVH andis pärandiks Abrahamile, Iisakile, Jaakobile ja nende tuhandele järeltulevale põlvele.

"Ta peab igavesti meeles oma lepingut, sõna, mille ta on andnud tuhandele põlvele, lepingut, mille ta on sõlminud Aabrahamiga, ja oma vannet Iisakile! Ta seadis selle Jaakobile määruseks, Iisraelile igaveseks lepinguks! Ta ütles: "Sinule ma annan Kaananimaa, see on teie pärisosa!"

— Psalmid 105:8–11

Bukaresti täiskogu võttis 26. mail 2016 vastu järgmise õiguslikult mittesiduva määratluse antisemitismi kohta:

Antisemitism on teatud arusaam juutidest, mida võib kirjeldada kui nende vihkamist. Antisemitismi retoorilised ja füüsilised ilmingud on suunatud juutidele või mittejuutidele ja / või nende varale, juudi kogukonna institutsioonidele ja usulistele asutustele."

IHRA* töökorralduse kirjeldamiseks võib kasutada järgmisi näiteid:

<u>Meeleavaldused võivad olla suunatud Iisraeli riigi vastu, milles nähakse kollektiivset arusaama juutlusest.</u> Iisraelivastaste kriitikat, mis on sarnane kriitikaga teiste riikide vastu, ei saa siiski pidada antisemiitlikuks. Antisemitism süüdistab juute sageli selles, et nad üritavad inimkonda kahjustada ja seda kasutatakse sageli juutide süüdistamiseks "kõigis asjus, mis valesti lähevad". See väljendub kõnes, kirjas, visuaalsetes vormides ja tegevustes ning rakendab süngeid stereotüüpe ja negatiivseid iseloomujooni. (United States Department of State/Ameerika Ühendriikide välisministeerium)

ÜRO on oma kriitikaga järjekindlalt sihikule võtnud Iisraeli, rohkem kui kõik teised maailma riigid, paljastades äärmusliku, rahvusvahelise antisemitismi, mis on võrdväärne või suurem II maailmasõja aegsest antisemitismist.

* IHRA: Holokausti Mälestamise Rahvusvaheline Ühendus (International Holocaust Remembrance Alliance)

ÜRO Peaassamblee hiljutisel 74. istungjärgul (2019-2020) hääletasid kõik EL liikmesriigid resolutsiooni poolt, milles kritiseeriti (1) Iraani, (2) Süüriat, (3) Põhja-Koread, (4) Myanmari ja (5) USAd Kuuba embargo eest ning kaht resolutsiooni Krimmi kohta.

Seevastu hääletasid **EL llikmesriigid Iisraeli kritiseerivast 18-st resolutsioonist 13-ne poolt**. Kuid need samad EL liikmesriigid ei suutnud hääletamisele panna ühtegi ÜRO Peaassamblee resolutsiooni inimõiguste olukorra kohta Hiinas, Venezuelas, Saudi Araabias, Valgevenes, Kuubal, Türgis, Pakistanis, Vietnamis, Alžeerias või veel 175 riigis. (UN Watch)

Selline asjade seis pole unikaalne selle raamatu kirjutamise ajal. See on olnud normiks paljude aastate jooksul. Pealegi on seda räiget antisemitismi (uue nimega "sionismi vastane") toetanud kõik ÜRO liikmesriigid, välja arvatud USA ja aeg-ajalt ka teised Ameerika partnerid.

Alates 2013. aastast on ÜRO inimõiguste nõukogu vastu võtnud 45 Iisraeli hukka mõistvat resolutsiooni. Alates nõukogu loomisest 2006. aastal on see esitanud rohkem Iisraeli hukka mõistavaid resolutsioone kui kogu ülejäänud maailma rikkide kohta kokku (45 Iisraeli vastu suunatud resolutsiooni moodustasid 45,9% kõigist nõukogu vastu võetud riigipõhistest resolutsioonidest). (Wikipedia Contributors)

Riike, kes pidevalt rikuvad inimõigusi rüüstates, kahjustades ja isegi mõrvates oma kodanikke (näiteks Süüria, Hiina, Põhja-Korea, Venetsueela jt), on ÜRO vaevalt oma resolutsioonides hukka mõistnud või üldse mitte. Kuid "väikest Iisraeli", kes alates 1948. aastast on muudele riikidele (kaasarvatud nende vaenlased) andnud abi põllumajanduse, tehnoloogia ja meditsiini vallas ning mitmetes katastroofides, on lakkamatult hukka mõistetud.

See on antisemitism oma halvimal kujul ja nüüdsest võrdsustame sionismivastasuse antisemitismiga.

Kristlik, poliitiline antisemitism

Siiski ei saa me lahutada poliitilist antisemitismi kristlikes ringkondades sügavalt juurdunud antisemitismist. On tõsine oht, et asendusteoloogia teele asunud kirik võib ümber kirjutada Piibli, et viia see vastavusse oma poliitilise antisemitismiga. Järgnev katkend on pehmelt öeldes murettekitav, kuid mitte mingil juhul üllatav.

> Piibli hiljutine ametlik tõlge taani keelde paneb usklikke imestama. Tõlke eest vastutav Taani "Piibliselts" on eemaldanud Uuest Testamendist sõna Iisrael (mida uues väljaandes nimetatakse nüüd "Uueks Kokkuleppeks").
>
> Uut väljaannet lugenud Jan Frosti sõnul kehtib see nii Iisraeli maa kui ka Iisraeli rahva mainimisel. Iisraeli on muidu Uues Testamendis sel viisil nimetatud enam kui 60 korral.
>
> Hr Frost väidab YouTube'i postitatud videos, et sõna Iisrael on ainult ühel korral kasutatud "Piibel 2020", mis on uue väljaande nimi.
>
> Frosti sõnul selgitavad uue väljaande tõlkijad seda sellega, et Piibli aegadel ei olnud Iisraeli maa identne praeguse Iisraeliga.
>
> Kuid Egiptuse maad mainides ei rakenda tõlkijad sama loogikat: Egiptus on ikkagi Egiptus, isegi selles uues 2020. aasta väljaandes.
>
> Sotsiaalmeedias on mitu kasutajat raevunud Uue Testamendi sellise keskse elemendi radikaalse muutmise üle ning laialdane

kriitika viitab kahtlusele, et sõna *Iisrael* on poliitilistel põhjustel välja jäetud. (24NYT)

"Jumal, ära ole nii vait, ära vaiki! Ära jää vagusi, mu Jumal! Sest vaata, su vaenlased möllavad ja su vihkajad ajavad pea püsti! Sinu rahva vastu nad sepitsevad kavatsusi ja peavad nõu sinu varju all olijate vastu! Nad ütlevad: lähme ja hävitame nad rahvaste seast, nõnda et Iisraeli nimegi enam ei mäletata! Sest nemad on ühel meelel pidanud nõu ja teinud lepingu sinu vastu."

— Psalmid 83:2–6

Mis on antisionism?

Antisionism on täielik poliitiline ja relioosne vastuseis juudi rahva lõplikule lunastusplaanile, mis hõlmab kõigi Aabrahami, Iisaki ja Jaakobi järeltulijate tagasipöördumist oma esivanemate tõotusemaale Siioni/ Iisraeli. Paljud Piibli prohveteeringud räägivad sellest. Pühakirjas on ka palju hoiatusi suure kohtumõistmise eest kõigi nende rahvaste üle, kes julgevad astuda vastu JHVH koondplaanile tema valitud rahva ja maa kohta. Seda plaani arutame lähemalt 12. väravas.

"Ta peab igavesti meeles oma lepingut, sõna, mille ta on andnud tuhandele põlvele, lepingut, mille ta on sõlminud Aabrahamiga, ja oma vannet Iisakile! Ta seadis selle Jaakobile määruseks, Iisraelile igaveseks lepinguks! Ta ütles: "Sinule ma annan Kaananimaa, see on teie pärisosa!"

— Psalmid 105:8–11

Antisionismi mõistmiseks peame teadma, mis on sionism. Sionism on usuline ja poliitiline jõupingutus viia miljonid juudid kogu maailmast tagasi oma iidsele kodumaale Lähis-Idas ja taastada Iisrael kui juudi identiteedi keskpunkt. Kuigi mõned kriitikud nimetavad sionismi "agressiivseks ja diskrimineerivaks ideoloogiaks", on tänu sionistlikule liikumisele Iisraelis edukalt loodud juutide rahvuskodu.

1890. aastal lõi Nathan Birnboim Viini ülikoolis õppides sionismi mõiste. Sionism on juutide liikumine, mis sai alguse 19. sajandi lõpus, eesmärgiga rajada rahvuskodu kõigile diasporaa (väljaspool Iisraeli) juutidele. Sionismi isa on Theodor Benjamin Herzl, kelle heebreakeelne nimi on Benjamin Zeev Herzl. Ta oli Ungari juut, ajakirjanik, keda tohutult mõjutas Prantsusmaa ebaõiglane Dreyfussi kohtuprotsess.

1894. aastal toimus Dreyfussi kohtuprotsess Prantsuse armee juudi ohvitseri üle, kes mõisteti süüdi riigireetmises. Kui teda välja saadeti, karjus kokkutulnud rahvamass: "Surm juutidele!" See šokeeris lugu kajastavat noort juudi ajakirjanikku,

Kuni selle ajani oli Herzl olnud "emantsipeerunud" juut, kes arvas, et juudid võivad olla võrdsed kõigi teiste rahvastega ja omada võrdseid õigusi.

Ta otsustas, et ainus viis antisemitismi taastekke ärahoidmiseks on juudi riigi loomine. Sellest alates alustas ta koostööd sionistliku liikumisega, tõstes selle tasemele, mida maailm ei saanud enam eirata.

1897. aastal toimus Šveitsis Baselis Ülemaailmse Sionistliku Organisatsiooni I kongress. See kestis kolm päeva, et põhjalikult läbi arutada sionismi juhtide Herzli ja teiste ettepanekuid. Nad koostasid plaani, mis sisaldas Herzli ideed kaasata rahvusvahelisi juhtfiguure.

Pärast kohtumist läks Herzl koju ja kirjutas oma ajakirjas: "Täna asutasin *juutide riigi*. Kui ma ütleksin seda valjusti, naeraksid kõik minu üle. Kuid kui mitte viie aasta, siis viiekümne aasta pärast saab olema *Juudiriik.*"

Herzlil oli õigus; viiskümmend aastat hiljem, 1948. aastal, sündis juudiriik Iisraeli maal, mis on juudi rahvale tõotatud piibellik maa.

Pärast Euroopasse reisimist, kohtudes nii sionistlike kogukondade kui ka poliitiliste liidritega, kirjutas Herzl 1898. aastal pamfleti nimega *"Juudiriik".* (Avraham)

Herzl ei nõudnud algselt, et juutide riik asuks Iisraeli maal, ja oli valmis kaaluma ostmiseks muid võimalikke maid, nagu näiteks Uganda. Samuti visandas ta algselt selle Juudiriigi keeleks saksa keele. Kuid varsti pärast Palestiinas käimist ja nähes, mida esimesed juudi teerajajad seal saavutasid, oli ta veendunud, et juudi rahva koduks on ainus elujõuline võimalus see, mida ta oma raamatus nimetas, *Altneuland või vana-uus maa*, piirkond mida nimetatakse Palestiinaks, mis pole midagi muud kui Iisraeli iidne, piibellik maa.

Paljud Ida-Euroopa juudi kogukonna esindajad mõistsid, et on aeg naasta Siionisse, täites iidse kuulutuse, mida juudid olid igal paasapühal kahe tuhande valusa pagulusaasta jooksul üksteisele kuulutanud,

Le Shana Habaa BeIrushalayim Habnuya
"Järgmisel aastal kohtume ülesehitatud Jeruusalemmas!"

Palestiinast ülesehitatud Iisraeli

Jumala vaim ärgitas paljusid noori juudi mehi ja naisi, eriti Ida-Euroopa ülikoolide tudengeid ja haritlasi minema Iisraeli põllumajandusega tegelema. Nende aateliste noorte saabumise ajal nimetati seda maad Palestiinaks, mis Türgi võimu all oli muutunud tühermaaks.

400 aastat Ottomanide impeeriumi ja arvukad eelmised impeeriumid, kes seda maad ihaldasid, olid muutnud selle laastatud ja

mahajäetud maaks, malaaria ja soode, kivi- ja liivakõrbe maaks, mis ei kõlvanud enam kellegile.

Kishinevi pogromm küttis üles sionismi

Nagu varasemates väravates nägime, sundisid kristlik antisemitism ning selle lõputud tagakiusamised, pogrommid ja genotsiid juudi rahvast pidevalt ümber asuma. Nii palju juute kogu Euroopas saadeti ühest külast või linnast teise või isegi ühest riigist teise, kuni maa peal polnud ühtegi nurka, mida juudid oleksid võinud nimetada enda omaks. Kishinevi pogromm oli "viimane piisk kannatuste karikas". Nagu paljud teised jõhkrad pogrommid ja väljasaatmised enne seda, leidis ka see aset lihavõttepühade ajal, mil kuulutati: "surm Kristuse mõrvanud juutidele".

> 8. aprillil 1903. a lihavõttepühal raputas kohalike juutide vastu suunatud "kerge meeleavaldus" keiserliku Venemaa edelapiiril asuvat Kišinevi unist linna.
>
> Juudi kultuuriajaloolane Steven J. Zipperstein, kes oli sel aastal Radcliffe'i stipendiaat, ütles: "Natuke juutide omandit sai hävitatud" ja "meeleavaldus tundus veidi ülemeelikum kui käratsevate teismeliste *bacchanal* (prassing)."
>
> Kuid järgmisel päeval vägivald eskaleerus. 10 või 20 kirveste ja nugadega relvastatud jõuku tungisid läbi linna kitsaste tänavate hoovidesse, kus juudi pered end aiatööriistade ja muude nappide relvadega kaitsta üritasid.
>
> Lõpuks tapeti 49 juuti, vägistati enneolematu arv juuditare ja kahjustati 1500 juutide kodu. Selle kuritegeliku vägivalla kiire tõusu ajendiks olid kuulujuttudena levivad süüdistused väidetavate juutide poolt sooritatud rituaalsete mõrvade kohta,

millest sai üsna pea "keiserliku Venemaa juutidevastase jõhkruse õigustus", ütles Zipperstein.

"Siioni vanemate protokollid", antisemitismi õhutamiseks kirjutatud juute laimav raamat, mis esitab väidetavalt juutide maailmavalitsemise plaane, ilmus esimese trükisena vahetult pärast Kishinevi veresauna.

Chayim Nachman Bialik, mees, kes ühel päeval saab tuntuks juudi rahvusluuletajana, saadeti 1903. aastal Odessa juudi ajalookomisjoni (Jewish Historical Commission in Odessa) poolt Kishinevi pogrommi ellujäänuid küsitlema. Majast majja käies täitis ta viis märkmikutäit väskete tunnistustega toimunud vägivallast. (Ireland)

Sionismi areng

Me peaksime rääkima kolmest sionismi eelkäijast või proto-sionistlikust grupist, sionistidest, kes räägivad juutide riigist enne sionistliku liikumise ametlikku teket.

Sionismi ettekuulutajad (Harbingers of Zionism): 1840. kuni 1860. aastateni oli sionismi kuulutajaks grupp kõrgelt haritud inglasi. Nad uskusid, et kui maailma juudid kolivad Iisraeli, et seal ristiusku pöörduda, siis toimub Messia või Jeesuse teine tulemine. Nende töö osana loodi Palestiina Uurimisfond (PEF), et viia Pühal maal läbi arheoloogilisi ja geoloogilisi töid.

Rabid al Kalai ja Kalischer: Need kaks rabi elasid Euroopa piirkonnas, kus sumises palju rahvuslikke liikumisi ja nagu paljud teised juudid, ei tundnud nad kuhugi neist sobivat. Nad uskusid, et Messia tuleku jaoks peaksid juudid Iisraeli elama asuma. See oli nende kahe rabi ajal erandlik, sest enamiku usklike juutide arvates ei tohtinud Iisraeli kolida enne, kui Messias on tulnud.

Moses Hess ja tema raamatu "Rooma ja Jeruusalemm" väljaandmine 1862. aastal.

Moses Hess oli Kesk-Euroopa tuntud juudi kirjanik, üks Karl Marxi kaastöölisi ja sionismi eelkäija. Oma raamatus kirjutab ta, et ka juutidel on õigus olla rahvas, millel on sama määratlus kui teistel rahvastel

Selliste arengute valguses, nagu tõusuteel olev natsionalism, millele on järele jõudmas sionismi pooldajad, Ida-Euroopa juutide hirm füüsilise ohu ja Lääne-Euroopa juutide kartus täieliku assimileerimise ees, on sionismist saanud tõsiseltvõetav lahendus.

Iisraeli maad, mida tol ajal kutsuti Palestiinaks, kontrollis Ottomanide (Osmani) impeerium (tänapäeva Türgi). 1800. aastal elas seal 275 000 araablast ja 5500 juuti. Enamik araablasi elas maapiirkondades, samas kui enamik juute elas linnapiirkondades, nagu Jeruusalemm, Tsfat, Tiberius ja Hebron.

Viiskümmend aastat hiljem, 1850. aastal, elas Palestiinas 400 000 araablast ja 10 000 juuti. Kui Osmanite valitsus nägi algavaid muutusi, viidi läbi kaks väga olulist maareformi:

1858. aastal võisid mittemoslemid ja Osmanite impeeriumi alamad maad osta ja sellele ehitada. 1867. aastal võisid mitte-Osmanite alamad maad osta ja sellele ehitada.

See osutub hädavajalikuks tingimuseks sionistliku liikumise õnnestumise jaoks. Enne sionistide sinna kolimist elas maal kaks rühma juute. Esimesse rühma kuulusid Hispaania (või sefaradi)

juudid ja Araabia juudid, keda kutsuti ka *mustaf aravimiks*. Teise rühma moodustasid eakad ja üksikud inimesed, kes tulid Toorat õppima ja Pühale maale jääma kuni surmani.

1870. aastal asutati *Mikve Iisrael* põllumajanduskool, et õpetada noortele põllumajandust. See on osa Lähis-Idas ja Põhja-Aafrikas asutatud *Alliance Israelite Universelle* koolidest. (Avraham)

Mark Twain'i aruanne püha maa kohta

Pärast aurulaeva leiutamist 19. sajandil, tulvasid sajad Ameerika palverändurid Pühale maale paaditäis paaditäie järel. Ajastul, mil tüüpiliselt ameerika protestandilt nõuti Piibli tundmist, tundsid paljud ameeriklased Iisraeli iidse maa geograafiat ja ajalooliste paikade nimesid enne Pühale maale saabumist. Esimesed Ameerika palverändurid jõudsid Palestiinasse 1819. aastal. Ameerika Ühendriikide ja Ottomanide impeeriumi vaheliste diplomaatiliste suhete normaliseerumisega 1832. aastal eemaldati niigi vaevalise teekonna lõplik bürokraatlik tõke.

Aastal 1866 asus noor kirjanik Samuel Clemens, kes oli alles hakanud tuntust koguma kirjanikunime Mark Twain all, iseseisvalt maa vaatamisväärsusi uurima. Kiiresti arenev usuturism aitas kaasa Twaini loomulikule kalduvusele naeruvääristada ja pilgata. Ta haakis end palverändurite rühma külge, keda ta nimetas otsekoheselt "süütuteks", ja asus Iisraeli poole teele laeva *Quaker City* pardal.

Enne lahkumist oli Twain sõlminud lepingu viiekümne ühe reisikirja kirjutamiseks sel reisil. Tema Palestiinas viibimise ajal kirjutatud kirjad ühendati hiljem tema artiklitega, mille tulemuseks oli The Innocents Abroad ("Süütud välismaal") raamat, mis kirjeldab üksikasjalikult tema muljeid kummalisest riigist, kuhu ta sattus.

Twainil oli kõrini asulate ja teede ürgsusest: *"Mida kaugemale me läksime, seda kuumemaks läks päike ja seda kivisemaks, paljamaks, eemaletõukavamaks ja unisemaks muutus maastik ... Puud ega põõsast polnud kuskil. Isegi õlipuu ja kaktus, kõrbe ja tühermaade kiired sõbrad, olid selle riigi peaaegu maha jätnud."* See avaldus kajastab tema üldist suhtumist selle iidse maa kohta kogu teekonna vältel.

Üheks erandiks reeglist oli Jeruusalemma linn, mida Twain kirjeldas temale omaste kujundlike sõnadega: "Õrrel istumas oma igavikulistel küngastel, valge, kuplikujuline ja kindel. Kõrgete hallide müüridega nagu vitstega punutud auväärne linn kumas päikese käes. Nii väike! Miks? See polnud suurem kui nelja tuhande elanikuga Ameerika küla... Pisaratele ei ole siin kohta. Jeruusalemma pakutavad mõtted on täis luulet, ülevust (tõeliselt imelist) ja üle kõige väärikust. Sellised mõtted ei leia lasteaia emotsioonides oma sobivat väljendust."

Läbi Twaini kirjutiste põimuvaks keskseks motiiviks on polaarsus Ameerika edusammude ja Püha maa orjastamise vahel omaenda mineviku külge. Tema arvates oli just kolme religiooni koosmõju vastutav Iisraeli maa ees selle riigi armetu seisundi eest, mida ta koges. Raamatu ühes teravaimas ja ilusamas lõigus väidab Twain, et "Palestiina on laastatud ja inetu. Ja miks peaks teisiti olema? Kas jumalik needus saab maad kaunistada? Palestiina pole enam selle maailma argipäeva askelduste koht. See on püha paik luulele ja traditsioonidele - see on unistuste maa." (The Librarians)

Iisraeli taastamine

Vaatamata Iisraeli maa kohutavale olukorrale saabusid Ida-Euroopast esimesed juudi teerajajad, et seda lunastada, isegi oma elu ja kogu maise omandi hinnaga. Keegi neist palju suurem jõud tõukas nad välja oma akadeemilistest õpingutest agronoomia ja põlunduse alaste teadmiste omandamisele. Ehkki enamik neist polnud usklikud, vaid sotsialistid, tõusis vaim nende sees enestelegi teadmata allpool kirjeldatud tõotuse mõistmiseks:

"Vaata, ma kogun neid kõigist maadest, kuhu ma olen nad tõuganud oma vihas, raevus ja suures meelepahas, ja toon nad tagasi siia paika ning lasen neid elada julgesti! Siis on nad mulle rahvaks ja mina olen neile Jumalaks! Ja ma annan neile ühesuguse südame ja ühesuguse tee, nõnda et nad alati karda Ja ma teen nendega igavese lepingu, et ma ei loobu tegemast neile head; ja ma annan neile südamesse minu kartuse, et nad ei lahkuks minust.

Ja ma tunnen neist rõõmu, tehes neile head, ma istutan nad ustavalt siia maale kõigest oma südamest ja kõigest oma hingest. Sest nõnda ütleb JHVH: nõnda nagu ma tõin sellele rahvale kogu selle suure õnnetuse, nõnda ma toon neile kõik selle hea, mis ma neile olen tõotanud. Ja põlde ostetakse veelgi sellel maal, mille kohta te ütlete: "See on lage, inimesteta ja lojusteta, ja see antakse kaldealaste kätte!": põlde ostetakse raha eest, ostukirju kirjutatakse ja pitseeritakse ja tunnistajaid võetakse Benjamini maal, Jeruusalemma ümbruskonnas, Juuda linnades, mäestiku linnades, madalmaa linnades ja Lõunamaa linnades, sest ma pööran nende vangipõlve, ütleb JHVH!".

— Jeremija 32:37–44

Juudi Rahvusfondi (JNF) nime kandva fondi kaudu osteti maad ja istutati puid. Nad ostsid türklastelt ülikalli hinnaga malaaria sääskedest kubisevaid soid. Juudi teerajajad maksid igasugust hinda, et saada seaduslikke õigusi maale, millest keegi teine ei hoolinud ega investeerinud selle heaolusse. Öeldakse, et umbes 80% noortest juudi meestest ja naistest, kes läksid soid kuivendama, surid malaariasse. Maad ei saadud mitte ainult vastavalt Piiblis antud Jumala tõotustele, vaid ka ostes seda raha eest (türklastelt kõrge hinnaga) ja lunastades nende tuhandete juudi uusasunike vere ja elu hinnaga.

Juudi Rahvusfond on mittetulundusühing, mis asutati 1901. aastal, et osta ja arendada maad Ottomanide impeeriumi all olevas Palestiinas (hiljem Briti mandaat Palestiinale, hiljem Iisraelile ja Palestiina aladele) juudi asunduste rajamiseks. 2007. aastaks oli selle valduses 13% kogu Iisraeli maast. JNF on selle asutamisest alates istutanud Iisraeli üle 240 miljoni puu. Samuti on ta ehitanud 180 tammi ja veehoidlat, arendanud 250 000 aakrit (1000 km2) maad ja rajanud enam kui 1000 parki.

20. sajandi suurim ime

Just nii nagu Theodor Herzl prohveteeris, täpselt viiskümmend aastat pärast Šveitsis, Baselis toimunud esimest sionistide kongressi: "Iisraelist saab iseseisev riik teiste rahvaste seas." Prohvet Jesaja ennustas samuti, et Iisraeli rahvas sünnib ühe päevaga.

"Kes on kuulnud midagi niisugust? Kes on näinud selliseid asju? Kas vältab maa sünnitusvalu üheainsa päeva või tuleb rahvas ilmale ühekorraga? Kuid Siion tunneb valusid ja toob ka kohe oma lapsed ilmale!"

— Jesaja 66:8

20. sajandi vaieldamatult suurim ime oli taassündinud Iisraeli riigi kehtestamine pärast 2000 aastat kestnud laastavat pagendust. See ime on nagu fööniks, kes tõuseb natside shoa (holokaust) tuhast, mis hävitas üle kuue miljoni juudi elu ja jättis eluaegsed armid paljudele ellujäänutele. Terved perekonnad hävisid ning natsi-Saksamaa ja Euroopa juutide külad ja kogukonnad pühiti täielikult minema. Euroopa juutide elu laastamine Hitleri juhitud natsionaalsotsialistliku režiimi poolt oli nii sügav ja nii julm, et juudi rahva taastamine tundus võimatu. Näis, nagu oleks see kohutav vihkajalik režiim, eesotsas Adolf Hitleriga, lõpuks täitnud saatana unistuse juudid igaveseks kõrvaldada.

Iisraeli ELOHIMI tõotused tulid esile juutide jaoks kõige pimedamal ja võimatumana tunduval hetkel. Iisrael tõusis surnuist, tõusis shoa tuhast (holokaust), et saada Iisraeli riigiks, mida me täna teame kui ainsat demokraatiat Lähis-Idas. Iisrael on riik, mis on küll väike, kuid esimene, kes saadab hätta sattunud rahvastele katastroofiabi ja leiab ravi katkude, viiruste ja haiguste vastu. See on üks juhtivaid kõrgtehnoloogilisi riike maailmas, innovatiivne riik, mis aitab maailma paremaks muuta.

"Tõuse, paista, sest sinu valgus tuleb ja JHVH auhiilgus koidab su kohal! Sest vaata, pimedus katab maad ja pilkane pimedus rahvaid, aga sinu kohal koidab JHVH ja sinu kohal nähakse tema auhiilgust! Ja rahvad tulevad su valguse juurde ning kuningad paistuse juurde, mis sinust kumab! Tõsta oma silmad ja vaata ringi: nad kõik kogunevad, tulevad su juurde; su pojad tulevad kaugelt, kõrvuti su hellitatud tütardega!"

— Jesaja 60:1-4

Need, kes Iisraeli uuesti üles ehitasid, olid enamasti shoa ellujäänud inimesed, kes olid kaotanud kõik. Hitleri reziimi Saksamaa hävitas suurema osa nende pereliikmetest Poola koondus- ja surmalaagrites. Mõned selle vastsündinud riigi teerajajad nägid pagulastena Iisraeli maale saabudes välja nagu luukered, kes aga olid valmis kõvasti tööd tegema, et taasrajada ja taastada juutide rahvuslik kodumaa.

Seesama ÜRO, kes tänapäeval mõistab kõige rohkem hukka Iisraeli, hääletas tol ajal Palestiina jaotamise poolt kaheks riigiks – üks araablastele ja teine juutidele. Araablased keeldusid pakkumisest, kuid juudid võtsid selle vastu. 14. mail 1948. aastal luges Iisraeli esimene peaminister hr David Ben Gurion Tel Avivi linna saalis ette Iseseisvusdeklaratsiooni. Kaks aastat hiljem, kui piiramisrõngas olnud Lääne-Jeruusalemm oli Jordaania ja Pan-Araabia vägede rünnakute eest kaitstud, viidi Iisraeli pealinn oma ajaloolise asukoha lääneküljele: Jeruusalemma, kuningas Taaveti linna, mis oli 3000 aastat tagasi Iisraeli ja Juuda kuningriigi pealinn.

Lõpuks oli igal juudil maailmas oma kodu ja "rändavate juutide" või pigem "väljasaadetud ja tagakiusatud juutide" aeg sai läbi. Juudid kõigist maailma rahvastest pöördusid tagasi koju, nagu prohvet Jesaja ennustas üle 2500 aasta tagasi.

"Ja JHVH lunastatud pöörduvad tagasi ning tulevad Siionisse hõisates! Nende pea kohal on igavene rõõm: rõõmustus ja rõõm valdavad neid, aga kurbus ja ohkamine põgenevad ära!"

— Jesaja 35:10

Iisraeli maal asuv Iisraeli riik on juudi rahva ainus ajalooline ja piibelikele tõotustele rajatud kodu. Teist ei ole. Ja juudi rahvas on ainus rahvas, kes on naasnud oma iidsele maale pärast 2000-aastast pagulust ja taaselustanud oma iidse heebrea keele, milles nad suurema osa Piiblist on kirjutanud.

Heebrea keele taassünd

Järgnev elulugu selgitab heebrea keele hämmastavat ärkamise või taaselustamise protsessi.

Eliezer Ben Yehuda (1858 - 16. detsember 1922) on tuntud kui kaasaegse heebrea keele isa. Ta oli sionismi üks varasemaid toetajaid ja tänu tema algatusele taaselustati heebrea keel tänapäeva kõnekeelena.

Ben Yehuda sündis Leedus, Luzkis 1858. aastal Eliezer Perelmani nime all. Tema isa, *chabadi* ortodoksne juut, suri, kui Eliezer oli 5-aastane. 13-aastaselt saatis onu ta Polotski jeshivasse (juudi usukool). Jeshiva juht oli *Haskala* (valgustus) *liikumise* salajane järgija ja muutis Ben Yehuda vabamõtlejaks. Onu üritas teda ketserlusest päästa, saates ta õppima Glubokojesse.

* Haskala, (heebrea sõnast sekhel tähendab "mõistus" või "intellekt"), kutsuti ka Juudi Valgustusliikumiseks, 18. ja 19. sajandi lõpu intellektuaalseks liikumiseks Kesk- ja Ida-Euroopa juutide seas, kes üritas juutidele tutvustada erinevaid Euroopa keeli ja heebrea keelt ning ilmalikku haridust ja kultuuri kui täiendust traditsioonilistele Talmudi õpingutele. (The Editors of Encyclopaedia Britannica)

Seal kohtus Ben-Yehuda Samuel Naphtali Hertz Jonasega kelle vanem tütar Debora õpetas talle vene keelt. Deborast sai hiljem tema naine. Vene keele õpingud võimaldasid Ben Yehudal astuda gümnaasiumisse, mille ta lõpetas 1877. aastal. Temast sai peagi veendunud sionist. Vene-Türgi sõda 1877–1878 ja Balkani riikide vabadusvõitlus innustasid Ben Yehuda't mõtlema selle üle, kuidas taaselustada juudi rahvas oma esivanemate maal. Ta arvas, et juutidel, nagu kõigil teistel rahvastel, peab olema ajalooline maa ja ühine keel.

Ta kirjutas oma sõnaraamatu eessõnas: "See oli justkui taevas oleks äkitselt avanenud ja mu silme ees sähvis hõõguv valgus ja kõrvus kõlas võimas sisemine hääl: Iisraeli taassünd tema esivanemate maal. Mida rohkem see rahvuslik idee minus kasvas, seda enam mõistsin, mida tähendab rahva jaoks ühine keel…" Ta otsustas Palestiinasse (Iisraeli) asuda. Et sealsele rahvale kasulik olla, läks noormees 1878. aastal Pariisi arstiteadust õppima.

Ben Yehuda rahvuskodu plaan ei pakkunud heebrea kirjanikele erilist huvi. Tema esimene essee "Põlev küsimus" (She'elat Hasha'ah) ilmus heebrea perioodilises väljaandes "Koit" (Hasha'har) 1879. aastal, toimetatud Peretz Smolenskini poolt, pärast seda, kui teised selle tagasi lükkasid. Essee kutsus üles juute naasma diasporaast ajaloolisele kodumaale, et rajada seal juutide rahvuslik-vaimne keskus. Nii oli Ben Yehuda ka kultuurilise sionismi tõeline isa, keda hiljem propageeris Achad Haam. (Zionism-Israel)

Pariisis haigestus Ben Yehuda tuberkuloosi. Ta katkestas oma meditsiiniõpingud ja otsustas, et Jeruusalemma kliima on tema tervisele parem. Pariisis olles sai ta rändurite käest teada, et heebrea keel polnud Aasia juutide seas surnud. Ta registreeris end ka Alliance Israelite Universelle seminari, kus pidi saama väljaõppe, et õpetada Mikveh Yisrael põllumajanduskoolis. Ta osales Joseph Halevy loengutel, kes oli juba varakult pooldanud uute heebreakeelsete sõnade moodustamist.

Ben Yehuda kolis 1881. aastal koos oma uue naise Debora Jonas'ga Jeruusalemma. Eliezer ja Debora rajasid esimese heebrea keelt rääkiva kodu Erets Israelis *, ning nende poeg Ben Zion (kes sai tuntuks oma perekonnanime Itamar Ben Avi järgi) oli esimene kaasaegne laps, keda kasvatati täielikult uusheebrea keeles, mistõttu tollest sai esimene uusheebrea keele emakeelne kõneleja. Ben Yehuda üritas maskeerida end ortodoksseks juudiks, et säilitada nendega kontakti ning õppida heebrea keelt ja seda levitada. Peagi aga lükati ta tagasi ja Ben Yehuda muutus aktiivselt religioonivastaseks.

Ben Yehuda kogus Jeruusalemmas sõpru ja liitlasi. 1881. aastal koos Y.M. Pines, D. Yellin, Y. Meyu'has ja A. Mazie-ga asutasid nad "Te'hiyat Yisrael" - *Iisraeli ühiskonna taassünd*, mis rajanes viiel põhimõttel: maal töötamine, produktiivse elanikkonna laienemine, klassikalise heebrea keele alusel uusheebrea keele arendamine, kaasaegse heebrea kirjanduse ja teaduse kujundamine, mis kajastaksid nii rahvuslikku kui ka universaalset vaimsust ning vastuseis Jeruusalemma Jeshiva** õpilasi ülal hoidvale *halukah* (heategevuslikule) süsteemile.

Varsti pärast Jeruusalemma saabumist sai Ben Yehuda Allians'i kooli õpetajaks tingimusel, et tema kursusi õpetatakse heebrea keeles. Nii sai sellest esimene kool, kus mõnda kursust õpetati heebrea

* Erets Yisrael: heebrea keeles tähendab "Iisraeli maa"
** Jeshiva: Ortodokssete juutide kolledz või seminar

keeles. Ben Yehuda kirjutas artikleid heebrea kirjandusajakirja "Ha'havatzelet" (Liilia) jaoks ja andis välja nädalalehte "Hatzvi" (Hirv). "Hatzvi" oli esimene heebreakeelne ajaleht, mis kajastas uudiseid ja teemasid Türgi valitsuse all olevas Palestiinas. See oli märkimisväärne saavutus, arvestades usklike juutide vastupanu, Türgi tsensuuri ja väga limiteeritud rahalisi võimalusi. Kaasaegsete ja moodsate mõistete jaoks pidi Ben Yehuda sõna otseses mõttes "vermima" uusi heebrea nimi- ja tegusõnu.

Tema esimene naine Debora Ben Yehuda suri 1891. aastal tuberkuloosi. Naise noorem õde abiellus peatselt Ben Yehudaga ja sai tema kahe väikese lapse kasuemaks ning hooldajaks. Emantsipeeritud ja suure vaimujõuga ning pühendunud naisele sai Eliezer'i ja tema ettevõtte toetamine elutööks. Ta võttis heebreakeelse nime Hemdah, omandas kiiresti heebrea keele, temast sai ajalehe Hatzvi reporter ja hiljem selle toimetaja. See kõik võimaldas abikaasa Ben Yehuda'l keskenduda kadunud heebrea sõnade uurimisele, mida uuestisündinud keel nõudis, et vermida uusi sõnu.

Ortodokssed juudid olid vihased, et Ben Yehuda oma ajalehes Hatzvi paljastas jeshiva halukah heategevuse süsteemis (valitsuse makstud hüvitised töötutele) valitseva korruptsiooni. Nad tõlkisid teadlikult valesti Hatzvi-s avaldatud ühe Hanukka loo lause, "Kogume jõudu ja jätkame edasi", selliselt, et see tähendas hoopis: "Kogume armee ja astume vastu". Ortodokssed fanaatikud teatasid Ottomanide valitsusele, et Ben Yehuda kutsub oma järgijaid üles mässama. Ta arreteeriti, talle esitati süüdistus mässu vandenõus ja talle määrati aasta vanglakaristust.

Juudid kogu maailmas olid nördinud, Ben Yehudale määratud karistus kaevati edasi ja ta vabastati lõpuks.

Aastal 1904 asutas Ben Yehuda koos Yellini, Mazie ja teistega Heebrea Keele Komitee (Va'ad HaLashon), millest hiljem, 1920. aastal sai Heebrea Keele Akadeemia. Ta töötas 18 tundi päevas oma uusheebrea sõnaraamatu "Complete Dictionary of Ancient and Modern Hebrew" kallal. Keelt arendades kasutas Ben Yehuda peamiselt iidse heebea keele tüvesid. 1910. aastal avaldas ta esimese kuuest köitest, mis ilmusid enne tema surma (1922). Pärast surma jätkasid lesk Hemda ja poeg Ehud käsikirja avaldamist, kuni 1959. aastaks olid avaldatud kõik 17 köidet. Sõnaraamatus loetletakse üles kõik heebrea kirjanduses kasutatud sõnad alates Aabrahami ajast kuni tänapäevani, vältides hoolikalt heebrea Pühakirja sisenenud arameakeelseid sõnu ja muid võõraid mõjutusi.

Ben Yehuda oli sunnitud Palestiinast lahkuma Esimese maailmasõja ajal, kui türklased küüditasid "vaenulikke kodanikke". Koos teiste sionistlike liidritega veetis ta sõja USA-s, naastes Palestiinasse 1919. aastal.

1920. aasta novembris õnnestus tal tolleaegse Palestiina Briti ülemvoliniku Herbert Samueli käest saada luba heebrea keelele, kui ühele kolmest ametlikust Palestiina mandaadi keelest.

Ben Yehuda panuse ja saavutustega on raske liialdada. Tema leksikograafiline saavutus uuendada keelt iidse ja kivistunud keele jäänustel, oli iseenesest monumentaalne, kuid see oli vaid vahend ühe mehe edukas kampaanias, et muuta heebrea keel juudi rahva kõnekeeleks. Tänu tema peaaegu ainuisikulisele algatusele, sai see teoks vähem kui 40 aasta jooksul. (Zionism-Israel)

Balfouri deklaratsioon

Iisraeli riikliku taassünni ja taastamise teel ei saa me unustada kõige olulisemat dokumenti, mida nimetatakse Balfouri deklaratsiooniks.

2. novembril 1917 kirjutab välissekretär Arthur James Balfour Suurbritannia kõige mainekamale juudi kodanikule parun Lionel Walter Rothschildile olulise kirja, milles väljendatakse Suurbritannia valitsuse toetust Palestiinas asuvale juutide kodumaale. Lõpuks saab sellest kirjast Balfouri deklaratsioon.

Suurbritannia toetus sionistlikule liikumisele tulenes murest seoses Esimese maailmasõja suunaga. Peale siira usu sionismi õigusesse, mida omas teiste seas Lloyd George, lootsid Suurbritannia juhid, et sionismi toetav avaldus aitab saada juutidelt tuge.

2. novembril adresseeris Balfour kirja Lionel Walter Rothschildile, silmapaistvale sionistile ja Chaim Weizmanni sõbrale, milles ta teatas, et "Tema Majesteedi valitsuse seisukoht pooldab juutide rahvuskodu rajamist Palestiinas."

Balfouri deklaratsiooni mõju sõjajärgsete sündmuste käigule oli kohene: 1919. aasta Versailles lepinguga loodud "mandaatsüsteemi" kohaselt usaldati Suurbritanniale Palestiina administreerimine, eeldusel, et see töötab nii juutidest kui ka araablastst elanike huvides. (History.com Editors)

Selle ajaloolise dokumendi väljaandmine saavutati, vähemalt osaliselt, tänu juudi teadlase dr Chayim Weizmanni sekkumisele, kellest sai lõpuks Iisraeli riigi esimene president. Dr Weizmann "vahendas" teadust, mis aitas liitlastel Esimest maailmasõda võita Suurbritannia kroonilt saadud lubaduse vastu, rajada juudi rahvuskodu maal, mida tol ajal kutsuti Palestiinaks. Pärast sõda sai Suurbritannia volituse kogu Palestiina üle selle lubaduse alusel, mis sai nimeks Briti mandaat.

Kuid hiljem, Teise maailmasõja ajal ja pärast seda, kui paljud natside okupeeritud Euroopast põgenenud juudid üritasid Palestiinasse pääseda, sulges Briti mandaat kümnete tuhandete *poolsurnud* juutide ees uksed ja küüditas nad kinnipidamislaagritesse Küprosel, India ookeani saartel ja isegi natside okupeeritud Euroopas, kus enamik neist hukkus. Britid kuulutasid juudi põgenike katse siseneda Iisraeli maale natside holokausti ajal ja selle tagajärjed "ebaseaduslikuks sisserändeks" (heebrea keeles *ha'apala või aliya bet*). See kahetsusväärne piiride sulgemine põhjustas paljude holokausti ohvrite ja ellujäänute tarbetu surma.

Brittide mandaatmaale Palestiinasse üritas ebaseaduslikult siseneda üle 100 000 inimese. 120 laevaga tehti 142 reisi. Suurbritannia patrullid peatasid üle poole neist. Kuninglikul mereväel oli Palestiinas ankrus kaheksa laeva ning lisalaevade ülesandeks oli jälgida Palestiinasse suunduvaid kahtlasi laevu. Enamik kinnipeetud sisserändajatest saadeti Küprose kinnipidamislaagritesse. Mõned saadeti Palestiina Atliti kinnipidamislaagrisse ja mõned Mauritiusele. Britid pidasid neis laagrites koguni 50 000 inimest (vt juudid Küprosel Briti laagrites). Merel uppus üle 1600 inimese. Ainult paar tuhat sisenes Palestiinasse.

Ha'apala programmi pöördeliseks sündmuseks oli SS-Exoduse juhtum 1947. aastal. Laev Exodus peeti kinni ja pardale läks Briti patrull. Vaatamata reisijate märkimisväärsele vastupanule, saadeti Exodus sunniviisiliselt Euroopasse tagasi. Selle reisijad saadeti lõpuks tagasi Saksamaale. Selle avalikustamine tekitas Briti valitsusele suurt piinlikkust.

Ajakirjaniku I. F. Stone'i 1946. aastal ilmunud raamatus "Maa alla Palestiinasse" on toodud üks lugu *aliyah bet-ist,* mis on isiklikele kogemustele rajatud jutustus Euroopast väljarändavatest inimestest, kes üritavad jõuda oma juudi kodumaale.

Ligikaudu 250 II maailmasõja ameeriklasest veterani, sealhulgas Murray Greenfield (laevalt *Hatikva*), teenisid vabatahtlikena kümnel laeval ("juutide salalaevastik") USA-st Euroopasse, et viia 35 000 holokausti ellujäänut (pool kogu maailma Palestiinasse suunduvatest ebaseaduslikest immigrantidest) Palestiinasse. Kogu see üritus lõppes hoopis nende *reisijate* väljasaatmisega Küprose kinnipidamislaagritesse. (Wikipedia Contributors)

Briti mandaat eelistas enamasti araablasi juutidele. Veel üks brittide kahetsusväärne otsus oli määrata Haj Amin Al Husseini Jeruusalemma ülemmuftiks, kes on kõrgeim moslemite juht. Tal oli tohutu mõju Araabia elanikkonnale, kes oli olnud Türgi võimu all 400 aastat ja nüüd Briti mandaadi all. Moslemite juhina kihutas Al Husseini 1920. ja 1929. aastal araablasi üles kohutavatele tapatalgutele tervete juudi kogukondade vastu Jafo, Hebroni ja Motsa linnades. See mees astus lõpuks Hitleri poolele, et hävitada kõik Palestiina juudid. Ta on selle algataja ja isa, mida me täna nimetame "Palestiina küsimuseks." Ma nimetan seda "Hitleri lapseks", kuna see sündis Haj Amin Al Husseini ja Adolf Hitleri eraviisilisest kohtumisest Berliinis 1941. aastal. Ta eemaldati pärast 1936. aasta rahutusi ülemmufti ametist. Siiski Haj Amin Al Husseini ülemmufti viieteistkümneastane pärand

Briti ametivõimude alluvuses võimaldas tal avaldada pikaajalist mõju, mis on kahjustanud Iisraeli tänapäevani.

Briti mandaat lõppes ametlikult, kui kuulutati välja Iisraeli riik 14. mail 1948. Britid andsid enamiku politsei- ja armeepostide ning kindluste võtmed üle vastloodud Jordaania armeele, kes seisis Iisraeli Riigi loomise vastu. Nad ründasid vastsündinud riiki vähem kui 24 tundi pärast selle väljakuulutamist. Järgnevat konflikti nimetatakse "Vabadussõjaks." Araabia armeed piirasid Jeruusalemma 1947. aasta detsembrist kuni 1948. aasta juulini. Linnas olevad juudid jäid nälga ja neil puudus laskemoon. Iisraelil ei olnud veel armeed nagu täna, kuid neil oli midagi sarnast maakaitseväele. Paljud neist noortest, kes andsid sellel verisel teekonnal oma elu, et avada tee Jeruusalemma ja tuua nälgivale elanikkonnale toitu ning enda kaitseks relvi, olid shoa (holokausti) ellujäänud. Britid olid Jordaania armee hästi relvastanud ja noor tärkav Iisrael ei oleks suutnud seista oma vaenlase vastu, välja arvatud juhul, kui Iisraeli Jumal oli nendega.

> "Kui ka kallale kiputakse, siis mitte minu poolt; kes sulle kallale kipub, see sinu pärast langeb! Vaata, mina olen loonud sepa, kes puhub ääsituld ja valmistab relva vastavaks otstarbeks: mina ise olen seega loonud hävitaja hävitama! Aga ei kõlba ükski relv, mis valmistatakse sinu vastu, ja sa mõistad hukka kõik keeled, kes tõusevad sinuga kohut käima! See on JHVH sulaste pärisosa ja nende õigus minult, ütleb JHVH!"
>
> — Jesaja 54:15–17

See trend, et Iisrael võidab võimatuid sõdu, mis sai alguse pärast Araabia riikide rünnakuid, on kordunud ikka ja jälle enamus suurte sõdade jooksul. Araablased ründavad Iisraeli tavaliselt esimesena ja Iisraelil pole võidu võimalust, sest tema vaenlaste armeed on kümme korda suuremad ja paremini relavastatud, nagu aastal 1948. Kuid siiski võidab Iisrael millegipärast iga sõja. Sellest oleks pidanud piisama ÜRO-le mõistmiseks, et universumi Jumal, keda nimetatakse ka *Elohei Israel* (Iisraeli ELOHIM), võitleb oma rahva eest, ja kes iganes üritab takistada tema plaani oma rahva taastamiseks nende iidsele kodumaale, seisab silmitsi kohutava vaenlasega.

Viieteistkümne aasta jooksul pärast Briti mandaadi ja selle impeeriumi lõppu, mille kohta öeldi: "Päike ei looju kunagi Briti impeeriumi üle", lakkas see olemast. Tänapäeval nimetatakse seda riiki Ühendkuningriigiks ja Briti impeeriumit ei ole enam. Kuidas mõjutasid Briti mandaadi juutide vastu suunatud meetmed suure Briti impeeriumi langust? Saame tsiteerida ainult seda, mida Pühakiri ütleb nende kohta, kes kahjustavad Iisraeli või ei aita teda. See on see, mida ütleb JHVH Tseva'ot, vägede JHVH, see, kes sõdib Iisraeli sõdu.

"Sest nõnda ütleb JHVH Tseva'ot (vägede) pärast seda, kui ta au mind läkitas paganate juurde, kes teid riisusid, <u>sest kes puudutab teid, see puudutab tema silmatera:</u> tõesti, vaata, ma viibutan oma kätt nende kohal ja nad saavad saagiks oma orjadele! Siis te mõistate, et JHVH Tseva'ot on mind läkitanud!
Hõiska ja rõõmutse, Siioni tütar, sest vaata, ma tulen ja asun su keskele, ütleb JHVH! Sel päeval hoiab JHVH poole palju paganaid ja nad saavad tema rahvaks! Ja mina asun sinu keskele ja sa hakkad mõistma, et JHVH Tseva'ot on mind läkitanud sinu juurde! Ja JHVH võiab Juuda enesele pärisosaks pühal

pinnal ning valib taas Jeruusalemma! Vaiki JHVH ees, kõik liha, sest tema tõuseb oma pühast asupaigast!"

— Sakarja 2:12–17

Nagu näete, pole Iisraeli Jumal "poliitiliselt korrektne" - ta pooldab omaenda poliitikat. Ma nimetan seda "piibellikuks poliitikaks."

Tõde Palestiina küsimuse taga

Adolf Hitler ütles kord: "Rääkige *valet*, tehke see piisavalt suureks, korrake seda ikka ja jälle ning kõik hakkavad seda uskuma." (Wikipedia Contributors)

See avaldus kehtib ka Palestiina küsimuse poliitilise sepitsuse kohta, mis on üks suurimaid kunagi toime pandud pettusi. Ma nimetan Palestiina küsimust "Hitleri lapseks". Saate varsti aru, miks.

See, mida poliitikud nimetavad täna Palestiina küsimuseks, on "laps", kes on sündinud ajaloolisest kohtumisest ühe suurima terroristi ja lihuniku, Jeruusalemma ülemmufti Haj Amin Al Husseini ning kõigi aegade ühe julmima ja õelama mehe Adolf Hitleri vahel. Kohtumine leidis aset 1941. aastal Berliinis, Saksamaal. Mufti palus Hitlerit, et viimane moodustaks ja treeniks temale välja armee Palestiinas, et kohaldada Hitleri juudiküsimuse lõpplahendust Palestiinas elavatele juutidele. Hitler täitis selle kohutava palve ja nii sündis Palestiina Vabastusorganisatsiooni (PLO) eelkäija. Kõik muud organisatsioonid, sealhulgas Fattah, Al Qaeda, Hezbollah, Hamas, Moslemi Vennaskond ja kõik muud terroriorganisatsioonid, on tuletatud Hitleri "lapsest" – PVO' st (PLO).

Palestiina Vabastusorganisatsiooni (PLO) ainus eesmärk on kõikde juutide hävitamine Iisraeli riigis. Seetõttu pole nad vastu võtnud ühtegi "rahuplaani", ükskõik kui palju maad ja raha neile pakutakse. Nad tahavad kogu maad või riiki, aga mitte ühtegi sellel maal elavat juuti. Niinimetatud Palestiina Omavalitsuste kaartidel Iisraeli ei eksisteeri. Kogu maa kannab muudetud nime Palestiina. Jeruusalemma nende kaartidel ei ole, vaid seda linna nimetatakse Al Quds.

Kui roomlased vallutasid Iisraeli, nimetasid nad selle maa ümber Palestiinaks. Nad andsid sellele Iisraeli põlisvaenlaste, vilistide nime. Paljudes Piiblites kutsutakse Iisraeli endiselt Palestiinaks ja lisades olevatel kaartidel kasutatakse terminit "Palestiina kaardid". See on taas üks suur pettus ning solvang Iisraeli Jumalale, kes nimetab oma maad nimega Iisrael. Iisrael on igavene lepingunimi. Jumal on taastanud oma juudi rahva nende maale ja taastanud selle nime. Ta viitab "minu vaenlastele" kui neile, kes keelduvad kutsumast Iisraeli "Iisraeliks". Kui palju kristlasi on üksnes selle maa nime pärast saanud Tema vaenlasteks?

> "Jumal, ära ole nii vait, ära vaiki! Ära jää vagusi, mu Jumal! Sest vaata, su vaenlased möllavad ja su vihkajad ajavad pea püsti! Sinu rahva vastu nad sepitsevad kavatsusi ja peavad nõu sinu varju all olijate vastu! Nad ütlevad: lähme ja hävitame nad rahvaste seast, nõnda et Iisraeli nimegi enam ei mäletata! Sest nemad on ühel meelel pidanud nõu ja teinud lepingu sinu vastu.
>
> — Psalmid 83:2–6

Ajalooliselt ei eksisteeri sellist rahvast nagu Palestiina rahvas. Nad on eri riikide poliitikute poolt "loodud" inimesed, kes kasutavad

Palestiina küsimust nagu Trooja hobust Iisraeli hävitamiseks seestpoolt. Las ma selgitan.

16. – 20. sajandil valitses Palestiinaks kutsutud ala üle Ottomanide impeerium. See piirkond hõlmas kogu Iisraeli ja tänapäeva Jordaaniat. Ottomanide valitsemise ajal rändasid inimesed impeeriumi eri piirkondade vahel, mille hulka kuulus Levanti'ks nimetatud piirkond. Need ränded tõid Palestiinasse araablasi, kes muutsid Palestiina enda koduks. See polnud nende ajalooline kodumaa, kuid Ottomani impeeriumi kodanikena said nad sinna elama asuda.

Palestiina rände ajalugu

Ottomani periood 1800–1918

Teatud osa Egiptuse rändest Palestiinasse leidis aset 18. sajandi lõpus Egiptuses valitseva tugeva näljahäda tõttu. Mitmed varasemad Egiptuse sisserändajate lained leidsid aset loodusõnnetuste, põua ja katkude, valitsuse rõhumise ja kõrgete maksude tõttu ja ka selleks, et põgeneda Egiptuse sõjaväeteenistusest. Kuigi paljud Palestiina araablased migreerusid Egiptusesse, oli siiski vastupidine ränne Egiptusest Palestiinasse domineerivam. 19. sajandil põgenes suur hulk egiptlasi Palestiinasse, et pääseda sõjaväeteenistusest ja sunnitööprojektidest Niiluse deltas Muhammad Ali võimu all. Pärast esimest Egiptuse-Ottomani sõda, mille käigus Egiptus vallutas Palestiina, toodi Palestiinasse palju egiptlastest sunnitöölisi. Teine Egiptuse-Ottomani sõda lõpetas Egiptuse valitsemise Palestiinas. Egiptuse armee taandumise ajal Palestiinast, jäi suur hulk sõdureid maha, et Palestiinasse alaliselt elama asuda. Egiptlased asusid elama peamiselt Jaffasse, rannikuäärsele tasandikule, Samaariasse ja Wadi Arasse.

Lõunapoolsel tasandikul oli 19 egiptlaste küla ja üle 2000 elanikuga Jaffas elas umbes 500 egiptuse perekonda. Sharon oli suurim Egiptuse sisserändajatega täidetud maapiirkond. David Grossmani sõnul näitab statistika, et aastatel 1829–1841 Palestiinasse jõudnud Egiptuse sisserändajate arv ületas 15 000 piiri ning tema hinnangul oli see vähemalt 23 000, ja võimalik, et ulatus kuni 30 000. 1860. aastal toimus Alžeeriast pärit mauride (araabia-berberite hõimud) ja väikese hulga kurdide sisseränne Safedi linna, samal ajal kui umbes 6000 Beni Sakhri hõimu araablast rändasid Palestiinasse praegusest Jordaaniast, et asuda elama Tibeeriasse. Lisaks asusid sinna elama arvukad türklased, kes olid paigutatud Palestiina garnisonidesse.

1878. aastal emigreerusid pärast Bosnia ja Hertsegoviina Austria-Ungari okupatsiooni paljud Bosnia moslemid, kes kartsid elada kristliku võimu all, tolleaegsesse Ottomanide impeeriumi ja suur hulk neist läks Palestiinasse, kus enamik võttis kasutusele perekonnanime Bushnak. Bosnia moslemite sisseränne jätkus järgmistel aastakümnetel ja kasvas pärast seda, kui Austria-Ungari annekteeris Bosnia ametlikult 1908. aastal. Bushnak on tänapäevani Bosnia päritolu palestiinlaste seas levinud perekonnanimi.

7. sajandist Negevi piirkonda asustavate beduiinide arv kasvas Ottomanide võimu ajal tunduvalt lõunast ja idast pärit beduiini hõimude ning Egiptusest pärit talupidajate (fellahinide) sisserände tagajärjel. Egiptuse fellahinid asusid elama enamasti Gaza ümbrusesse ja vahetasid kaupu, et saada kaitset beduiinide eest. Beduiinid tõid Sudaanist Aafrika orje (abid), kes nende heaks töötasid. Konfliktide vähendamiseks ja beduiini hõimude vaheliste piiride stabiliseerimiseks rajasid osmanid 1900-ndate paiku

Beershebasse halduskeskuse, mis on esimene kavandatud asula Negevis pärast Nabatea ja Bütsantsi ajastut. 20. sajandi alguses oli suurem osa Hebroni elanikkonnast beduiinide järeltulijaid, kes rändasid 15. ja 16. sajandil Transjordanist Palestiinasse.

Briti mandaadi periood 1919–1948

Iisraeli statistikainstituudi juhi Roberto Bachi sõnul, alates aastast 1949 ja edasi aastatel 1922–1945, hõlmas araablaste ränne Palestiinasse 40 000–42 000 inimest, välja arvatud 9 700 inimest, kes olid kaasatud pärast 1920. aastat, kui riigi piirides tehti territoriaalseid muudatusi. Nendele arvudele tuginedes ja sealhulgas piirimuutustest tasaarvestatud numbritele tuginedes arvutab Joseph Melzer Araabia majanduskasvu ülempiiri kaheks aastakümneks 8,5%. Ta tõlgendab seda nii, et kohaliku Palestiina kogukonna kasvu põhjustas peamiselt loomulik iive.

Martin Gilbert'i hinnangul aastatel 1919–1939 sisenes naabruses asuvatest maadest mandaatmaale Palestiinasse 50 000 araablast, keda "meelitasid soodsad põllumajanduse arendamise tingimused ja kasvavad tööleidmise võimalused, millest enamus oli juutide loodud". Itzhak Galnori sõnul oli araablaste sisseränne Palestiinasse märkimisväärne, kuigi suurema osa kohaliku araabia kogukonna kasvust tingis loomulik iive. Tema hinnangul immigreerus aastatel 1922–1948 Palestiinasse umbes 100 000 araablast.

Juudi Agentuuri 1947. aasta statistikale tuginedes oli Deborah Bernsteini hinnangul Palestiinas aastatel 1914–1945 araabia elanikkonna kasv 77%, mille jooksul araablastest elanike arv kahekordistus loodusliku iibe tõttu, millest omakorda 23% sisserände tõttu. Bernstein kirjutas, et araablaste sisseränne toimus peamiselt Liibanonist, Süüriast, Transjordanist ja Egiptusest (kõik riigid, mis piirnesid Palestiinaga). (Wikipedia Contributors; Büssow; Bernstein; Merry; Cohen)

Türgi võimu ajal ja kuni Briti mandaadi kehtestamiseni oli Iisraeli maa, mida seejärel kutsuti Palestiinaks, asustatud erinevatesse usunditesse kuuluvate rahvuste poolt, sealhulgas juudid, kristlased ja moslemid. Suurbritannia võimu all kutsuti neid kõiki palestiinlasteks. Ei olnud olemas sellist omariiklust nagu näiteks USA-s. Palestiinlaseks olemine polnud rahvus; see tähendas ainult seda, et inimene elas Palestiinas Briti või Türgi võimu all Ottomanide impeeriumi ajal. Nii juute kui araablasi kutsuti "palestiinlasteks", nagu ka Palestiinas sündinud Suurbritannia mehi ja naisi kutsuti "palestiinlasteks". Sellel polnud tegelikult vahet, kuna Palestiina polnud riik ega rahvas, samuti ei elanud palestiinlased seal ühtse rahvusena. Palestiina maal elasid tegelikult eri rahvustest inimesed, sõltumata parasjagu valitsevast võimust. Polnud ühist kultuuri, isegi mitte ühist ajalugu ega keelt ega "Palestiina" rahva keskset võimu. Nii juute kui araablasi kutsuti sellel maal palestiinlasteks.

Minu enda sefaradi juutidest perekonna sugulastel, kes elasid Briti mandaadi ajal Jeruusalemmas, olid ID-kaardid, millel oli kirjas "palestiinlane". Iisraeli maal on alati olnud juudi kogukond, mille juured ulatuvad tagasi Joshua aega, umbes 3500 aastat tagasi, mil Iisraeli kaksteist suguharu vallutasid Kaananimaa.

Omariiklus algas alles Iisraeli riigi loomisega 1948. aastal. Moodustati Iisraeli riik ja rahvas oma keskvalitsuse ja ühise eesmärgiga saada juutide rahvuskoduks. Iisraeli riigi erinevad mittejuutidest elanikud olid kohustatud alluma Iisraeli riiklikule võimuorganile.

Iisraeli taastamine

Juudi rahvas või õigemini Iisraeli rahvas on olnud selle maa ainsad elanikud, kes vaatamata mitmetele väljasaatmistele ja erinevate impeeriumide valitsemistele on jäänud püsima Kaananimaale (Iisraeli Jumala poolt ümber nimetatud Iisraeliks), peale selle vallutamist 3500 aastat tagasi! Ühelgi araablasel ega poliitiliselt niinimetatud "palestiinlasel" ei ole sellel JHVH lepingumaal juuri. Nad on kõik sisserändajad teistest moslemiriikidest ja erinevate ajastute impeeriumidest, eriti 16. – 20. sajandi Ottomanide impeeriumist.

Kui Iisraeli Jumal õhutas palju juute lahkuma nende rahvaste juurest, kuhu nad olid hajutatud, et naasta Iisraeli, oli see maa mahajäetud ja laastatud - tõeline rämps. Keegi ei hoolinud sellest. Tegelikult olid türklased kehtestanud puumaksu, sundides inimesi maksma makse iga oma puu eest. Enamik inimesi raius maksude vältimiseks oma puud maha, eriti puud, mis ei kandnud söögiks kõlbulikku vilja, muutes sellega maa kõledaks lagendikuks. Sellisena leidsid 19. sajandi lõpu ja 20. sajandi alguse juudi uusasunikud selle eest: malaariaga nakatunud sood, viljatud kivid ja liivaluited. Ei olnud ühtegi "Palestiinlast", kes oleks selle maa eest hoolitsenud. Nn "Palestiina rahvast" ei eksisteerinud. Araabia külaelanikud ei hoolinud sellest maast ja nad ju polnudki "rahvas", vaid Türgi ja tollase Suurbritannia võimualusel maal eri rahvustest koosnev kirev seltskond. Juudid olid väga usklikud - ultra ortodokssed ja vaesed ning elasid peamiselt Jeruusalemma vanalinnas ja veel mõnes linnas, olles sõltuvad Palestiina juudi kogukondade heategevusest.

Kui ilmalikud juudi teerajajad tulid, kuivendasid nad oma elu hinnaga soid ja paljud surid malaariasse. Nad asutasid

põllumajandustalusid (farme), mida nimetati *moshavim ja kibbutzim*.*
Nad pidid oma esivanemate iidse maa taasvallutama raske tööga,
ohvritoomistega ja põllumajanduse rajamisega.

Gladioolide ime

Lõunas asuv Negevi kõrb moodustab üle poole tänapäeva Iisraeli territooriumist. Rahvusvaheline komisjon kaalus, kuidas jaotada maad - kas anda Negev araablastele või juutidele. Komisjon külastas noorte juudi asunike higi ja pisaratega kuival kõrbealal rajatud ühistalu *Kibbutz Revivim*, Vihma sadas seal vähe ja peamine joogivesi saadi kohalikust kergelt soolasest põhjavee allikast. *Kibbutzi* elanikud kohanesid selle soolaka vee joomisega, nagu ka nendes ebainimlikes kõrbekliima tingimustes töötamisega, et vallutada see kuiv ja mahajäetud osa Iisraeli maast põllumajandusele. Tol ajal ei olnud kuskil seda "Palestiina rahvast", kes oleks tühermaad endale himustanud või võistelnud selle nimel, et seda õitsema panna.

Kui rahvusvaheline delegatsioon (mis hiljem töötas koos ÜRO-ga) lähenes põletava kõrbepäikese käes kõnides *kibbutzi*-le, nägid nad "miraaži". Eemalt vaadates nägid nad sätendavat valgete gladioolidega kaetud imelist põldu, mis "naeratas" vastu hämmastunud delegatsioonile. Need komisjoni liikmed ei suutnud oma silmi uskuda! Gladioolid sellel kõrbenud tühermaal? Võimatu! Nad arvasid, et *Kibbutz Revivimi* noored juudid "trikitavad" nendega ja kasutavad "kunstlikult istutatud" lilli neile mulje avaldamiseks. Aga paraku ei! See oli tõeline! Nendel gladioolidel olid juured maas ja see oli võimatuna tunduv gladioolide istandus keset kõrbe.

* Moshavim on teatud tüüpi Iisraeli asula, täpsemalt talude kooperatiiv või põllumajanduslik kogukond, mida noored sionistid rajasid aliya teise laine ajal. Kibbutzim on sotsialistlik versioon moshavim'idest, sarnane nõukogudeaegsele kolhoosile.

Delegatsiooni liikmed oli nii hämmastunud, et nad otsustasid: "Kui juudid suudavad panna lilled õitsema sellel hüljatud tühermaal, siis las nad saavad endale Negevi kõrbe!"

Nii eraldati Iisraeli riigile 50% tema praegusest maismaast! *Kibbutznikud* (noored juudi asunikud) räägivad, et see oli ainus kord, kui gladioolid nende põllul õitsesid. Täna kasvatavad nad auhindadega pärjatud oliivipuid ning toodavad oliiviõli ja muid kõrbepõllumajanduse saadusi. Iisraeli Jumal pani gladioolid õitsema selleks, et anda tema rahvale tagasi muistne kodumaa - kohad, kus Aabraham ja Iisak elasid tuhandeid aastaid tagasi.

Gaza neetud liivad

Kui esimesed juudi asunikud rajasid Gaza sektoris Khan Yunise linna lähedale Gush Katifi külad, võttis kohalik araabia šeik (araablaste juhtfiguur) neid vastu soola ja leivaga, tehes nendega lepingu ja öeldes: "Kui teie, juudid, suudate need neetud liivad põllumajanduse abil õitsema panna, siis olete teretulnud!"

Gush Katifi elanikud arendasid selles kohas suurepärast mahepõllumajandust. Nad vallutasid Gaza sektori "neetud liivad" suure armastuse, higi, pisarate, vere, ohverdamise ja raske tööga. Nemad kasvatasid Iisraeli ja võib-olla kogu maailma parimaid maheköögivilju. See õitseng kestis seni, kuni need juudid halastamatult oma kodudest välja aeti, et rahuldada deemonlikult inspireetitud Oslo valerahulepingu püüdlusi. Tolleaegne Iisraeli peaminister Ariel Sharon loovutas kogu selle maa-ala rahvusvahelise kogukonna ja eriti USA presidendi George W. Bushi survel. Sharon sai insuldi kohe pärast juutide Gazast lahkumist; ta jäi kaheksaks aastaks koomasse ega paranenud kunagi.

Jumal mõistab kohut kõigi nende üle, kes üritavad tema juudi rahvast oma maalt välja juurida. Samal ajal, kui Gush Katif-i kalmistule maetud juutide hauad viidi üle Õlimäele, ulpisid ameeriklaste puusärgid New Orleansi veevoogudes, mille oli vallandanud orkaan Katrina. 12. väravas näeme, kuidas JHVH maksab kätte rahvastele riiu eest Siioniga.

Täna lähtuvad Gazast mahekööngiviljade asemel seal valitseva terroriorganisatsiooni Hamasi juhtimisel lõhkeainetega täidetud süütepallid ja tuulelohed, sajad raketid ja mürsud, et kahjustada Iisraeli maad ja hävitada juudi rahvast. Hamas on kaevanud põrgulikke tunneleid juudi lasteaedade ja kogukonna talude suunas, et mõrvata lapsi ja süütuid tsiviilisikuid. Tuhanded juudi lapsed Gaza sektori ümbruse Negevi kõrbes on üles kasvanud pommivarjendites ja tuhanded tsiviilisikud on korduvalt mürsu-šokki saanud.

2015. aastal möödus 10 aastat kahest üksteisega lähestikku aset leidnud sündmusest - Iisraeli kodanike ühepoolne lahkumine Gaza sektorist ja orkaan Katrina. Pealiskaudsel vaatlemisel tundub, et neil kahel sündmusel pole mingit seost. Edasine uurimine näitab siiski jahmatavat jumalikku seost.

Järgnev artikkel on pärit ajalehest Israel Breaking News, kirjutatud 2015. aastal.

> BeAlates 15. augustist 2005 algatas Iisraeli valitsus, mida juhtis tollane peaminister Ariel Sharon, kõigi Gaza juudi kogukondade asulate lammutamist territooriumi üleandmiseks palestiinlastele. USA valitsuse poliitilise surve tõttu ümberasustati üle 10 000 iisraellase. Ühepoolse lahkumisega ei kaasnenud ühtegi rahulepingut. Sellest ajast alates on Gaza sektor muutunud **terroristliku tegevuse kasvulavaks**, millest on viimase 10 aasta jooksul Iisraeli vastu tulistatud tuhandeid rakette.

Iisraeli taastamine

Orkaan Katrina oli kahtlemata üks rängemaid **loodusõnnetusi**, mis USA-d on kunagi tabanud. Kaheksa päeva pärast Gush Katif-ist väljaviimise algust tabas viienda kategooria orkaan 23. augustil 2005 Mehhiko lahe rannikut, põhjustades üle 108 miljardi dollari kahju ja 1833 inimese surma. Ligikaudu 1,3 miljonit inimest oli üleujutuste tõttu ümberasustatud ja paljusid piirkondi, sealhulgas New Orleansi osi, ei ole Katrina-eelse aja tasemele ikka veel taastatud.

Nagu orkaani käes kannatada saanud, pole ka enamik väljasaadetud Gush Katif-i perekondi inimtegevusest põhjustatud katastroofist emotsionaalselt ega majanduslikult taastunud. Paljud pole siiani saanud valitsuse lubatud alalist eluaset ja kõrge tööpuuduse määr on jätnud enamus **Gush K Katif-i pered** vaesusesse. (Berkowitz)

"Jah, vaata, neil päevil ja sel ajal, kui ma pööran Juuda ja Jeruusalemma vangipõlve, ma kogun kõik paganad ja viin nad alla Joosafati orgu; seal käin ma nendega kohut oma rahva ja oma pärisosa, Iisraeli pärast, sellepärast et nad teda on pillutanud paganate sekka ja on jaotanud minu maa; sellepärast et nad on liisku heitnud mu rahva pärast, on andnud poeglapse hoora vastu ja on müünud tütarlapse veini eest, mida nad on joonud!"

— JOEL 4:1–3

Igasugune "rahuplaan", mis on üritanud JHVH lepingu maad jagada ja juudiriigi kodanikud maalt välja juurida, on langenud kohtumõistmise alla. Selle kohtumõistmise pärast on ka kurikuulus Oslo kokkulepe kadunud.

2. november 1917

Lugupeetud lord Rothschild,

Mul on hea meel teatada Tema Majesteedi valitsuse nimel, et järgmine poolehoiu avaldus juudi sionistlike püüdluste suhtes on esitatud ja valitsuskabineti poolt heaks kiidetud.

Tema Majesteedi valitsuse seisukoht soosib juutide rahvuskodu rajamist Palestiinas ja teeb kõik endast oleneva, et hõlbustada selle eesmärgi saavutamist, sellega andes selgelt mõista, et ei tohi teha midagi, mis võib kahjustada olemasolevate Palestiina mittejuudi kogukondade kodaniku- ja usulisi õigusi ning poliitilist staatust, mis on juutidel mõnes muus riigis.

Oleksin tänulik, kui annaksite selle deklaratsiooni Sionistide Föderatsioonile edasi.

Teie,

Arthur James Balfour (Balfouri deklaratsiooni tekst)

Murtud lubadus ja Jordaania loomine

Jordaania riiki ei olnud kunagi eksisteerinud enne seda, kui Palestiinast sai Briti mandaatterritoorium. Suurbritannia lõi selle kunstliku riigi enam kui 70% -l maast, mida tol ajal kutsuti Palestiinaks ja mis vastavalt Balfouri deklaratsioonile (vt eespool) pidi saama "juutide rahvuskoduks". Suurbritannia rikkus oma lubadust ja asutas Lähis-Idas riigi, mille nad relvastasid ja mida nad said oma eesmärkidel kontrollida.

Iisraeli taastamine

Suurem osa Jordaaniast asub piibellikul maa-alal, mis anti pärisosaks Ruubeni, Gaadi ja Manasse poolele suguharule. (Joosua 13 ja 14).

Transjordaanias asendus Suurbritannia võim Türgi võimuga. Mandaat, mille Rahvasteliit kinnitas juulis 1922, andis brittidele territooriumi haldamisel praktiliselt vabad käed. <u>Kuid septembris jäeti mandaadi klauslitest sõnaselgelt välja juutide rahvuskodu rajamine ning nad tegid selgeks, et piirkond on suletud isegi juutide sisserändele.</u> 25. mail 1923 tunnistasid britid Transjordaania iseseisvust Emir Abdullahi võimu all, kuid vastavalt 1928. aasta lepingus ja põhiseaduses sätestatule jäävad rahandus-, sõjaväe- ja välisasjad Suurbritannia "residendi" kätte. Lõplikult saavutasid nad iseseisvuse pärast II maailmasõda Londonis 22. märtsil 1946. a sõlmitud lepinguga ja Abdullah kuulutas end seejärel kuningaks. Kehtestati (kuulutati välja) uus põhiseadus ja 1949. aastal muudeti riigi nimi Jordaania Hašimiidi kuningriigiks.

Sõdadevahelisel ajal oli Abdullah sõltunud Suurbritannia rahalisest toetusest. Britid abistasid teda ka Araabia Leegioni nime kandva eliitväe moodustamisel, mis koosnes Briti ohvitseride alluvuses väljaõppe saanud beduiinide vägedest, mida kasutati Abdullahi beduiinide lojaalsuse säilitamiseks ja kindlustamiseks. 15. mail 1948, päev pärast Juudi Agentuuri väljakuulutamist iseseisvaks Iisraeli riigiks ja kohe pärast Suurbritannia taganemist Palestiinast, ühines Transjordaania oma Araabia naabritega esimeses Araabia-Iisraeli sõjas. (Encyclopaedia Britannica; Bickerton and Irvine)

Suurbritannia mitte ainult ei loonud Jordaaniat ebaseaduslikult, vaid aitas rahastada ja välja õpetada ka Araabia Leegionina tuntud armeed, mis ründas 1948. aastal Iisraeli riiki.

Maade loovutamine

Pärast seda, kui Araabia Liiga lükkas 29. novembril 1947 tagasi ÜRO kava jagada Palestiina maa araablaste ja juutide riigiks, kutsusid nad Palestiina araablasi üles nende maadest loobuma.

Araabia riikide juhid ütlesid: "Juudid loovad nüüd oma riigi ja nad tapavad teid kõiki, nii et põgenege! Te naasete võiduga, kui meie armeed võidavad sionistliku riigi."

Nad arvasid, et jõuetud juudid, holokausti ellujäänud, purupaljad, ilma organiseeritud armeeta, ei oma vähimatki lootust seista kõigi neid ümbritsevate Araabia riikide vastu. Kuidas nad küll eksisid! Iisrael on võitnud kõik oma sõjad sellest ajast peale, kui neid ründasid araablastest naabrite armeed. Kui Iisraeli Jumal poleks olnud juutidega, poleks nad kunagi suutnud ellu jääda!

> "Palveteekonna laul Taavetilt. Kui JHVH ei oleks olnud meiega - nii öelgu Iisrael - kui JHVH ei oleks olnud meiega, kui inimesed tulid meile kallale, siis nad oleksid meid elusalt neelanud, kui nende viha süttis meie vastu; siis oleksid veed meid uputanud, jõgi oleks läinud üle meie hinge; siis oleksid ülbed veed läinud üle meie hinge! Tänu olgu Jehoovale, kes ei andnud meid nende hammaste saagiks! Meie hing on nagu lind pääsenud linnupüüdja paelust: paelad läksid katki ja me pääsesime ära! Meie abi on JHVH nimes, kes on teinud taeva ja maa!".
>
> — Psalmid 124:1–8

Muidugi kaasnevad sõdadega alati inimohvrid ja julmusi võivad mõnikord panna toime mõlemad pooled. Tegelikult ei kavatsenud Iisrael sihilikult riigist välja ajada 700 000 araablast, kes põgenesid, hüljates hirmust oma maad, ajendatuna nende endi juhtide kuulujuttudest ja propagandalubadustest.

Siin on tsitaat Suurbritannia ajalehe *The Guardian* artiklist.

Kui ma olin varasemalt registreerinud 700 000 araabia põgenikku, siis tegelikult oli nende arv, kellele nende oma kaasmaalastest naabrid soovitasid oma kodudest lahkuda, palju suurem. Uuest dokumendist lähtub selgelt, et Palestiina juhtkond oli põhimõtteliselt vastu araablaste põgenemisele, mis leidis aset detsembrist 1947 kuni aprillini 1948. Samal ajal nad õhutasid üles või käskisid mitmeid külasid oma naisi, lapsi ja vanureid ohtlikust piirkonnast minema saata. Samuti kästi evakueeruda tervetel küladel, eriti rannikualadel, kus valdavalt elasid juudid. Pole kahtlust, et nende ülalpeetavate lahkumine alandas ülejäänud meeste moraali ja sillutas teed ka teiste lõplikule lahkumisele.

Vaadates tervet pilti, ei saa ignoreerida araablaste lööklauset "Pole sionismi - pole Palestiina pagulaste probleemi." Kuid sellise loosungi omaksvõtmine tähendab nõustumist seisukohaga, et Iisraeli riiki poleks tohtinud luua Palestiinas (ega arvatavasti ka mujal). Samuti ei saa ignoreerida sionistide ümberlükkavat lööklauset: "Pole sõda - pole Palestiina põgenike probleemi", mis tähendab, et probleemi ei loonud sionistid, vaid araablased ise, mis sai alguse nende vägivaldsetest rünnakutest Iisraeli vastu. Kui *palestiinlased* ja Araabia <u>riigid oleksid hoidunud sõjast noore tärkava Juudiriigi vastu, poleks põgenikke olnud ei siis ega ka täna.</u> (Morris)

Jordaania/Palestiina

Araabia külaelanikud põgenesid Jordaaniasse, sealhulgas nn Läänekaldale, Gazasse ja muudele araablaste aladele, nagu nende juhid olid käskinud. Palestiina rahvust või rahvast pole kunagi olemas olnud! Need olid eri riikide araablased, nagu näiteks Iraagi, Türgi, Egiptuse, Liibanoni jms. Nad elasid Palestiinas alates Türgi ja Suurbritannia valitsuse aegadest, kuid olid lojaalsed araabia klannidele ja hõimudele, kust nad pärit olid. Seetõttu kuuletusid nad oma juhtidele ja põgenesid värskelt rajatud Iisraeli riigist. Nad hülgasid paaniliselt oma maad ja majad ning uskusid oma juhtide lubadust, et naasevad peatselt võidukalt. Seda lubadust ei suudetud kunagi täita, kuna araabia riigid kaotasid Iisraeli Iseseisvussõja 1948. aastal, kui asusid tärkavat Juudiriiki hävitama.

USA-s rendilepingu sõlmimisel öeldakse, et kui üürnik lahkub ruumidest rohkem kui üheks nädalaks, võib üürileandja kogu tema vara ära võtta ja üürilepingu lõpetada. Iisrael sai oma maa omanikuks pärast 2000 aastat pagendust ja kannatusi, mille peale enamik araabia külade elanikke hülgas oma maa ja majad 1948. aastal.

Araabia rahvaste vastutus

Alates Iisraeli-Palestiina rahuprotsessi algusest 1990-ndatel on Palestiina juhtkond nõudnud Iisraelilt vastutust nii põgenike probleemi tekitamise eest kui ka "põgenike tagasipöördumise õiguse" aktsepteerimist, nagu seda sätestab 1948. aasta detsembrikuu ÜRO Peaassamblee resolutsioon 194. Juunist augustini 1948 kinnitas Iisraeli kabinet seisukohta tõkestada tagasipöördumise poliitikat, väites, et Juudiriiki hävitada üritanud inimeste massiline tagasipöördumine ohustab riigi olemasolu.

See argument on tänapäeval sama kehtiv kui 1948. aastal. Iisraelis on täna 5 miljonit juuti ja üle miljoni araablase. 3,5–4 miljonit Palestiina põgenikku – see arv oli saadud ÜRO loendusel – kihutati üles viivitamatult naasma Iisraeli territooriumile. Selle tagasipöördumise tulemuseks oleks olnud täielik anarhia ja vägivald. Isegi kui tagasipöördumine jaguneks mitmele aastale või isegi aastakümnele, oleks lõpptulemus araablaste kaugelt kõrgemat sündimust arvestades sama: järk-järgult viiks see riigi muutumiseni araablaste enamusega riigiks, kust (allesjäänud) juudid peaksid pidevalt emigreeruma. Kas juudid sooviksid elada teise klassi kodanikena autoritaarses riigis, kus domineerivad moslemid ja valitsevad araablased? See kehtib ka idee kohta asendada Iisrael ja okupeeritud alad ühe unitaarse kahest rahvast koosneva riigiga, mida mõned pimedad või silmakirjalikud lääne intellektuaalid on välja pasundanud. (Morris)

Nendel põgenikel ja nende järeltulijatel ei ole tagasipöördumise õigust. Enamus araablasi (üksikute eranditega) hülgasid ise oma külad ja see ei olnud Iisrael, kes neid välja ajas. Araabia maade valitsused on sihilikult hoidnud neid põgenike staatuses, mängides oma rahvaga nagu "poliitiliste kaartidega." Lisaks sellele nimetatakse tänapäeval Jordaaniaks üle 70% maast, mida Balfouri deklaratsioon lubas juutidele rahvuskoduks ja mida Briti mandaadi ajal nimetati Palestiinaks. Kui "palestiinlased" nõuavad "saada Palestiina tagasi" või tagasipöördumist Palestiinasse, siis <u>oleks nende kohaks Jordaania</u>. Araabia riigid vastutavad oma rahva kõigi hädade eest ja nad on seda poliitilist mängu mänginud piisavalt kaua. Nad on asunud "Hitleri lapse" poolele ja nüüd mõistab kohut Iisraeli Jumal JHVH. Ta mõistab kohut Süüria, Liibanoni, Egiptuse ja Jordaania üle. Sellest, mida nad nimetasid "Araabia kevadeks", on saanud araablaste surma, vaesuse ja põgenike õudusunenägu.

Iisrael on esimene, kes aitab isegi oma vaenlasi

> "Te olete kuulnud, et on öeldud: armasta oma ligimest ja vihka oma vaenlast. Aga mina ütlen teile: armastage oma vaenlasi ja palvetage nende eest, kes teid taga kiusavad, et te saaksite oma Isa lasteks, kes on taevas, sest tema laseb oma päikest tõusta kurjade ja heade üle ja laseb vihma sadada õigete ja ülekohtuste peale.
>
> — MATTEUSE 5:43–45

Hoolimata oma vaenlaste vihast ja rünnakutest, jätkab Iisrael haavatute ravimist kõigist oma piiriäärsetest riikidest, sealhulgas Liibanonist, Süüriast, Gazast ja Jordaaniast.

Minge rääkige sellest ÜRO-le, kes on Iisraeli lakkamatult hukka mõistnud, selle asemel, et hukka mõista oma rahvast kuritarvitavaid, tapvaid ja inimõigusi rikkuvaid Araabia riike.

Seitse haavatut - kaks last, neli naist ja mees - ootasid valudes pimeduse saabumist, et saaksid üle minna vaenlase territooriumile. Nõrgas kuuvalguses "näpsas" Iisraeli sõjaväe meditsiinikorpus patsiendid kiiresti üle vaenuliku piiri soomustatud kiirabiautodesse, mis viisid nad haiglasse intensiivravile.

See oli stseen, mis on kordunud alates 2013. aastast, kui Iisraeli sõjavägi hakkas ravima Süüria tsiviilisikuid, kes said haavata vaid mõne kilomeetri kaugusel paiknevates lahingukolletes. Iisrael väidab, et on märkamatult ravinud umbes 3000 patsienti ja see number arvatavasti kasvab kiiresti, kuna naaberriigis Süürias lahingutegevus ainult kuumeneb keemiarünnakute tõttu ja USA enneolematu raketilöögi tagajärjel.

Kuigi need arvud moodustavad väikese osa sadadest tuhandetest Süüria kuus aastat kestnud sõjas hukkunutest ja haavatutest, on siiski nii arstide kui ka patsientide sõnul abistamise programm muutnud arusaamu ja aidanud leevendada pingeid teisel pool vaenulikku piiri. (McNeil)

Iisrael on esimene riik, kes reageeris ja ulatas abikäe tema vastu seisvatele ja tema vastu hääletavatele ÜRO liikmesriikidele.

Esimese valmisoleku ja reageeringu andis Iisrael pärast laastavat Haiti maavärinat; aastakümneid kestnud humanitaarabi ja suutlikkuse suurendamine Aafrikas; erakorraline meditsiiniabi ja ülekanded Gazasse: Iisraeli valitsus ja rahvas on humanitaarabi andmise eeskujuks nii rahvusvahelisel kui ka kohalikul tasandil.

Isegi pärast aastaid kestnud provokatsioone, raketirünnakuid ja pommiplahvatusi trotsib Iisrael terroriorganisatsioone ja töötab selle nimel, et tagada tsiviilisikute abistamise ja toetamise kõrgeimad standardid kõikjal, olgu see siis Aasias, Aafrikas, Euroopas, Iraagis või Läänekaldal ja Gazas.

Iisraelil on kõrge teadlikkus humanitaarabist ja vastutustundest. Päästemeeskondadega, kes on valmis reageerima loodusõnnetustele või inimese põhjustatud katastroofidele kõikjal maailmas, jõudis Iisraeli 200-liikmeline päästemeeskond pärast 2010. aasta jaanuari Haiti maavärinat esimesena sündmuskohale. Iisrael aitas päästa tuhandeid elusid. 2011. aasta märtsis, pärast Jaapanis toimunud laastavaid maavärinaid, saatis Iisrael esimeste riikide seas Jaapani valitsuse vajadustele ja soovile vastava abi ning oli üks esimesi riike, kes saatis meditsiinimeeskonna ja rajas välikliiniku

Traagilistel asjaoludel on Iisrael massiliste ohvritega õnnetuste käsitlemisel maailmas juhtpositsioonil. Ükski teine riik ei suuda otsingu- ja päästemeeskondi ning välihaiglaid nii kiiresti ja tõhusalt sündmuskohale saata.

IIisraeli jõupingutused hõlmavad ka abi New Orleansile pärast orkaani Katrina ja esimest reageerimisabi 2004. aasta tsunami tagajärjel, 60 tonni rahvusvahelist abi Indoneesiasse ja 82 tonni humanitaarabi ainuüksi Sri Lankale. (Iisraeli Välisministeerium. Israel Ministry of Foreign Affairs)

Iisrael on rahvastele õnnistuseks

Ameerika–Iisraeli Avalike Suhete Komitee (AIPAC) kirjutab järgmist.

Iisraeli tehnoloogia edendab peamisi põllumajandustehnikaid.

Kuna Iisrael on 60 protsenti kõrb, on selle põllumehed ja põllumajandusteadlased pikka aega keskendunud nii põllukultuuride saagikusele, kui selle kvaliteedi parendamisele ning põllumajanduse üldisele tõhusamaks muutmisele.

Tilkkastmine on muutunud populaarseks puu- ja köögiviljakasvatajate seas kuiva kliimaga aladel alates Lõuna-Californiast kuni Lähis-Idani. Maailma esimene maapinna tilkkastmise niisutussüsteem töötati välja 1960-ndatel Beersheba lähedal Kibbutz Hatzerimis.

Iisraeli arstid on välja töötanud elupäästvaid ravimeetodeid ja ravimeid

Iisraeli ajaloo jooksul on Iisraeli arstid ja teadlased saavutanud lugematuid meditsiinilisi edusamme. Ükskõik, kas see on saavutatud sõltumatute uuringute või Ameerika Ühendriikidega tehtud ühisprojektide kaudu, parandavad Juudiriigi meditsiinilised avastused miljonite ameeriklaste ja teiste inimeste elu kogu maailmas.

Iisraeli kõrgtehnoloogilisi arendusi kasutatakse kogu maailmas

Iisraeli kõrgtehnoloogilised arendused tsiviilehituses on jätnud olulise jälje kodudesse, kontoritesse ja ettevõtetesse kogu maailmas.

Nüüd on paljudes kontorites arvutipõhised telefonid, mis ühenduvad internetti, kasutades ära internetikõnede protokolli ehk VOIP eeliseid, mis võimaldab teha interneti kaudu telefonikõnesid. Iisraeli Herzliya-st pärit VocalTec Communications töötas välja esimese internetipõhise telefoni tarkvara. Samamoodi võib neile, kellele meeldib internetis sõpradega vestelda, huvi pakkuda, et see online-nähtus sai alguse Iisraelist. Kuigi tehnoloogia kuulub nüüd AOL-ile, töötas Iisraeli Mirabilis välja esimese populaarse interneti vestlusprogrammi ICQ.

Iga päev vaatavad miljonid ameeriklased veebi voogedastatud videoid meelelahutuslikel või hariduslikel eesmärkidel. Iisraelis asutati maailma populaarsuselt kolmas videote jagamise veebisait Metacafe. Samamoodi mäletavad üle 30-aastased tehnikateadlikud ameeriklased 1980-ndate alguse IBMi personaalarvutit. Nad ei pruugi teada, et selle aju, Intel 8088 protsessori, töötas välja Inteli Iisraeli osakond. Veel hiljuti on Intel Israel disaininud ka Pentium M seeria protsessorid sülearvutitele, mis kasutavad Intel Centrino platvormi, samuti mõned Inteli uusimad protsessorid (Yonah, Merom, Woodcrest).

Lisaks võlgneb Amazon.com-i Kindle e-luger suure osa oma edukusest Iisraelis väljatöötatud tehnoloogiale.

Iisrael aitab kaasa puhtamale maailmale

Kasvava elanikkonna, ressursside vähenemise ja keskkonna halvenemise ajastul juhib Iisrael maailma sellistes kriitilistes valdkondades nagu päikeseenergia tootmine ja merevee magestamine. Kui riigid näevad vaeva oma ressursside parima kasutamise nimel, lubavad Iisraeli tipptasemel tehnoloogiad parandada sadade miljonite tervist ja elatustaset kogu maailmas, muutes samal ajal tööstuse tõhusamaks ja minimeerides inimtegevuse reostavat mõju keskkonnale.

Iisraeli plaan vabaneda bensiinisõltuvusest pakub turule struktuuri ja prognoositavust, ühendades avaliku sektori pikaajalise pühendumuse regulatiivse stabiilsusega, andmaks selge sõnumi, et innovatsioonil on Iisraelis kodu. Investeerimine põhiteadusesse ning tööstuse teadus- ja arendustegevusse ning pilootprogrammide käivitamise ja paljutõotava tehnoloogia laiendamise kaudu, võtab Iisrael juhtpositsiooni meie aja ühe pakilisema julgeolekuküsimuse lahendamisel. Alla 8 miljoni elanikuga riik, Iisrael üksi, ei saa lõpetada bensiini ülemaailmset monopoli ega lääne sõltuvust vaenulikest nafta - režiimidest. Kuid koos rahvusvaheliste partneritega saab Iisrael olla intellektuaalse omandi tekitaja ja uuenduslike lahenduste proovikivi, seades kahtluse alla majandusliku ja julgeolekualase haavatavuse, millega USA ja Iisrael bensiinisõltuvuse tõttu kokku puutuvad.

Samuti on Iisrael seadnud Kopenhaageni kokkuleppega kooskõlas oleva riikliku eesmärgi suurendada taastuvenergia osakaalu elektritootmises 2020. aastaks 10 protsendini. Samal ajavahemikul kavatseb Iisrael vähendada elektritarbimist 20%. (Aipac.org Editors)

Mul on võimatu loetleda kõiki Iisraeli uuendusi ja meditsiinilisi avastusi, mis on parandanud iga inimese elu planeedil Maa. Sellegipoolest mõistab ÜRO Iisraeli hukka rohkem kui ühegi teise riigi, ignoreerides fakti, et Iisrael hoolimata oma väiksusest, aitab rahvaid ja riike rohkem kui ükski teine riik.

Hatikva (lootus)—Israeli rahvushümn

Niikaua kuni sügaval südames,

    Juudi hing igatseb,

Ja idakaare poole, edasi

    Silm vaatab Siioni poole—

Meie lootus pole veel kadunud,

    Lootus, mis on kaks tuhat aastat vana,

Olla vaba rahvas omal maal

    Siioni maal, Jeruusalemmas.

Meeleparanduse palve vabanemiseks Iisraelivaenulikkusest

Kallis taevane Isa, tulen täna su ette sügavas meeleparanduses enda, oma esivanemate ja nende inimeste eest, keda ma esindan ja kelle eest seisan. Ma palun anna meile andeks meie vaenulikkus Siioni vastu, mis on väljendunud kas kergekäelises suhtumises Iisraeli maa ja rahva vastu või selle otseses needmises. Ma parandan meelt oma kange kaela, kõva südame ja mässulise meele eest ning palun, et Iisrael saaks minu jaoks ülemaks rõõmuks (Ps 137:6) Ma pühendan ennast sellele, et Iisraeli õnnistada, sest need, kes Iisraeli ja juudi rahvast õnnistavad, saavad õnnistatud ja need, kes teda neavad, saavad neetud. Jeshua nimes. Aamen!

Edasiseks lugemiseks soovitan oma raamatut Stormy Weather ("Tormine ilm"). *

---

* www.kad-esh.org/shop/stormy-weather/

VÄRAV 12

KOHTUMÕISTMINE RAHVASTE ÜLE

"Siis ma õnnistan neid, kes sind õnnistavad,
panen vande alla selle, kes sind neab, ja sinu nimel
õnnistavad endid kõik suguvõsad maa peal."

—1. MOOSESE 12:3

On üks võti, mis "paneb maailma pöörlema" ja ma nimetan seda *Aabrahami võtmeks*. See avab iga riigi, režiimi, suurvõimu ja rahva jaoks kas needuse või õnnistuse ukse. Iisraeli Jumal on sellesse võtmesse kätketud tõe seadnud vundamendiks oma suhetele tervete rahvaste, riikide ja üksikisikutega

Olen sellest võtmest ka varem rääkinud, kuid kordan seda antud peatükis, et meie mälu värskendada.

Uurime nüüd seda ülaltoodud kirjakohta heebrea keeles.

Now let us study this verse above from the Hebrew:

Sõna õnnistus on *brahha*. Tegusõna *levarehh* sama sõna brahha juurest tähendab "kuulutada kellegi üle elavat sõna, headust, soosingut, tervist, edu ja jõukust". Selles õnnistuses on palju imelisi ja häid asju ning võimalusi, mis toovad suurt rõõmu, õnne, terviklikkust, õitsengut, küllust, viljakust ja *kordaminekuid* (5Ms 28:1-14)!

Selle sõna juurest tuleb ka sõna berehh, mis tähendab heebrea keeles "põlve". Antud salm ümbersõnastatult oleks selline: "Mina (Iisraeli Jumal) painutan oma kuningliku põlve, et üles tõsta ja soosida neid, kes laskuvad põlvili ja alanduvad, et austada, kaitsta ja teha head minu Iisraeli rahvale." (1Ms 12:3a).

JHVH Tsevaot, vägede Isand, universumi Jumal, maa ja taeva Looja on oma eksimatu ja muutumatu sõna kaudu ennast pühendanud oma kuningliku põlve painutamisele, et õnnistada, soosida ja ülendada neid, kes end alandavad ning põlvitavad Iisraeli ülendamiseks ja austamiseks! Kui nad seda ei tee, kohustub Kõigeväeline sama pühendumisega neid needma.

"Ma nean need, kes sind neavad."

— 1. Moosese 12:3B

Selles salmis on kaks heebreakeelset tegusõna needmise kohta. Üks nendest on *klala* ja teine on *meera*. Klala tuleb sõnast *kal*, mis tähendab "kerge" (vastupidine kaalukale). See needus on määratud neile, kes suhtuvad Iisraeli ja juudi rahvasse kergelt või hoolimatult, ega austa neid kui Jumala valitud rahvast. Jumal kasutab sama tegusõna nende kohta, kes neavad oma isa ja ema.

"Kes neab oma isa või ema, seda karistatagu surmaga."

— 2. Moosese 21:17

Need, kes ei austa oma vanemaid, surevad! Kergekäeline suhtumine vanematesse, nende mõnitamine, nende juhiste eiramine või lugupidamatus nende suhtes, toob inimese ellu halbu olukordi. Jumal võrdleb Iisraeli lapsevanemaga, emaga, rahvaste emaga. Ta kutsub riike ja rahvaid üles teda emana austama. Jumal käsib meil austada oma vanemaid isegi nende ebatäiuslikkuses, sest sellest sõltub meie elu!

> "Sa pead austama oma isa ja ema, nõnda nagu JHVH, su Jumal, sind on käskinud, et su päevi pikendataks ja et su käsi hästi käiks sellel maal, mille JHVH, su Jumal sulle annab!"
>
> — 5. Moosese 5:16

Kui me ei alandu, austades oma vanemaid isegi nende ebatäiuslikkuses, ei lähe meil hästi. Kui me suhtume neisse kergekäeliselt *(kal-klala)*, tabab meid needus või häving *(meera)*.

Kõigeväelise jaoks on Iisrael rahvaste ema. Ema, kes andis inimkonnale Piibli, Messia ja head sõnumid (evangeeliumi). Ilma Iisraelita ei oleks päästet ühegi rahva jaoks, samamoodi nagu ilma loomuliku emata ei saa inimene sündida. Ainuüksi sellest piisab, et austada, tänada ja pidada lugu oma emast isegi tema ebatäiuslikkuses. Ta andis sulle elu! Iisrael andis elu kõigile rahvastele. Messia on juut ja pääste tuleb juutidelt.

> "Teie kummardate, mida te ei tea; meie kummardame, mida me teame, sest pääste tuleb juutidelt."
>
> — Johannese 4:22

Meera tähendab "kuulutada kellegile hävingut". Sellele järgnevad mitmed halvad asjad, mis toovad endaga kaasa ahastust, leina, haigusi, segadust, kaotust, puudust, pankrotti, üksindust, riidu, hülgamist, tühjust, hirmu, läbikukkumist, terrorit ja täielikku hävingut. (5Ms 28:14-68)

Kohtumõistmine koputab iga rahva uksele, kes pooldab Palestiina küsimust Iisraeli hävitamiseks ja otsib võimalust, et kustutada Iisraeli nimigi nii, et seda enam ei mäletataks. Kõik ebapiibellik poliitiline ebakorrektsus on karistatud, karistatakse ja saab ka tulevikus karistatud Kõigeväelise poolt. Tal on kiire oma sõna pidamisega peale 2000-aastast pagendust, et taastada kogu maa, mille ta on lepinguga tõotanud anda Abrahamile, Iisakile ja Jaakobile. Ja see maa hõlmab kogu piirkonda Niiluse jõest kuni Eufrati jõeni Iraagis.

Iga plaan, mis üritab kutsuda ellu kahe riigi lahendust on lõppenud nurjumisega. Oslo kokkulepe, mis püüdis pea 20 aastat jagada Iisraeli Jumala maad, on nüüdseks surnud. ÜRO esitas kahe riigi kontseptsiooni maa jagamiseks 29. novembril 1947. See oli üks väga ebasoodne plaan juutide jaoks, kellele eraldati pelgalt siiluke maad, kuid millele vaatamata juudid siiski võtsid selle pakkumise vastu, araablased aga keeldusid, vaatamata sellele, et see plaan soosis araablasi. Araablased ei ole huvitatud mitte mingist rahust. Nad ei olnud sellest huvitatud 1948. aastal ja nad ei ole sellest huvitatud ka täna—nad on omaks võtnud saatana plaani hävitada Iisrael.

Tõsine kohtumõistmise hoiatus selle kurja plaani vastu on allolevas kirjakohas.

> "Nõnda ütleb JHVH kõigi mu kurjade naabrite kohta, kes puudutavad pärisosa, mille ma oma rahvale Iisraelile olen andnud pärida: "Vaata, ma kitkun nad ära nende maalt ja kitkun Juuda soo välja nende keskelt."
>
> — JEREMIJA 12:14

Kohtumõistmine rahvaste üle

ÜRO-le ja kõigile neile, kes päeval ja ööl on ühel meelel Iisraeli hukkamõistmiseks, öeldakse:

"Jumal, ära ole nii vait, ära vaiki! Ära jää vagusi, mu Jumal! Sest vaata, su vaenlased möllavad ja su vihkajad ajavad pea püsti. Sinu rahva vastu nad sepitsevad kavatsusi ja peavad nõu sinu varju all olijate vastu. Nad ütlevad: "Lähme ja hävitame nad rahvaste seast, nõnda et Iisraeli nimegi ei mäletata enam!"

— PSALMID 83:1–4

Ta ei ole ega jää vait. Valge Maja korrespodent võtab selle kokku oma raamatus Eye to Eye *(Silm silma vastu), 2017.* aaasta laiendatud väljaanne.

Üle 100 tuhande miljoni dollari maksma läinud dokumenteeritud katastroofe ja sündmusi on toimunud ajal, mil Ameerika Ühendriikide presidendid George H. W. Bush, Bill Clinton, George W. Bush, Barack Obama ja Donald Trump survestasid või õhutasid Iisraeli jagama nende lepingu maad.

Kõige kulukamad kindlustusjuhtumid, kõige kahjutekitavamad orkaanid, suurimad tornaado puhangud, *Perfect Storm (täiuslik torm)*, 11. septembri terrorirünnakud ja orkaan Katrina - kõik olid vastuseks Valge Maja surve avaldamisele, et Iisrael oma maad jagaks.

- USA-l, ÜRO-l ja EL-il ei ole volitust jagada Jumala lepingulist maad.
- Iisraeli ja Palestiina üles kutsumine "Lähis - Ida rahuläbirääkimisteks" on võlts narratiiv.
- Juutidel on Jeruusalemmaga 3000-aastane ja kristlastel 2000-aastane ajalugu.

- Piibellik Iisraeli süda — Judea, Samaaria ja Ida-Jeruusalemm — ei saa olema Araabia riigi osa.

- Piibel kinnitab, et Jeruusalemmast saab komistuskivi/tõstekivi. Kõik pingutused selle linna ja maa jagamiseks viivad Harmagedoon'i, lõpuaja lahingusse Jeruusalemma pärast.

- Iisraeli Jumal jätkab nende liidrite ja rahvaste noomimist, kes püüavad jaotada tema maad! (William)

Üks määravamaid sündmusi Ameerika Ühendriikide jaoks oli saatkonna üleviimine Iisraeli pealinnast Tel Avivist Jeruusalemma. Paljud presidendid enne Donald Trump'i lubasid seda teha pärast otsuse vastuvõtmist 1960-ndatel Esindajatekojas, kuid vaatamata sellele lükkas iga president seda edasi ja saatkond jäi endiselt Tel Avivi. Kas sa kujutad ette seda põlgust ja lugupidamatust, mida ameeriklased tunneksid, kui kõikidel maailma rahvastel oleksid saatkonnad New York-is, aga mitte Washington DC-s? See näitaks üles täielikku lugupidamatust Ameerika Ühendriikide, kui suveräänse riigi vastu! Selline olukord valitseski kuni 14. maini 2018, kui kõikide riikide saatkonnad asusid Tel Aviv-is ehkki Jeruusalemm on olnud Iisraeli ametlik pealinn alates 1950-ndatest — tegelikult aga kuningas Taaveti valitsemisajast 3000 aastat tagasi. Iisraellased ja ameeriklased tähistasid seda tähelepanuväärset üleviimist ja iisraellased tervitasid president Trumpi kui kangelast, kujutades teda nii loosungitel kui Jeruusalemma tänavail. Ameerika tegi lõpuks õiget asja ja Donald Trump oli esimene president, kes selle läbi viis. Mõned riigid järgnesid Trumpi eeskujule ja nii mõnigi riik on näidanud tahet järgneda.

Kõige paljastavam asi juhtus siiski enne, kui Donald Trump otsustas teostada oma kampaania lubaduse saatkonna üleviimise kohta. Trump, nagu ka kõik teised presidendid enne teda, puikles kõrvale ja viivitas üleviimisega. Ameerika rahvas valis ta presidendiks 2016. aasta novembris ja pea 2 aastat võttis tal aega, et oma lubadus ellu viia.

Orkaan Irma 2017. aasta septembris

Me olime sel ajal St. Augustine'is, Floridas ja seisime palves ning edastasime sündmusi läbi interneti kuni viimase hetkeni. Juudi päritolu Iisraeli apostlina seisin ma müüripraos selle rahva eest, paludes Iisraeli Jumalalt andestust president Trump'i pärast, kes nagu tema eelkäijad oli viivitanud USA saatkonna Jeruusalemma üleviimisega. Ma teadsin, et see üleviimine oli kõige märkimisväärsem tegur Ameerika heaolu jaoks vastavalt Aabrahami võtmele (1. Moosese 12:3). Seoses saabuva orkaaniga andis Kuberner Rick Scott korralduse kõigil evakueeruda. Ma ei unusta tema sõnu:

"Irma võib hävitada kogu Florida osariigi. Valitsus ei saa teid aidata, te peate põgenema."

Irma oleks võinud hävitada kogu Florida osariigi, kuid ma palusin Isalt veel ühte võimalust president Trumpi jaoks teha seda, mis on õige ja saatkond üle viia. Meie palvekoosoleku ajal, mida edastasime ka otseülekandes, taandus orkaan Irma troopiliseks tormiks. 11. septembril, tähistamaks 9/11 aastapäeva, alandas Jumal selle esimese kategooria tormiks.

Ma ei unusta kunagi, kuidas meteoroloogid hüüdsid: "See on uskumatu, Tampa oleks pidanud kaduma tulvavee alla, kuid vesi taandub" (Meie poeg ja pojapoeg olid Tampas) või "See on uskumatu, et Irma on muutunud 4-nda kategooria orkaanist 3-nda kategooria omaks ja nüüd on see troopiline torm,."... "Me ei saa aru, kuidas see võis sündida!"

See hämmastas inimesi; sünoptikud olid segaduses ja šokeeritud. Mina ei olnud. <u>Iisraeli Jumal oli vastanud meie palvetele veel kord ja oli president Trump'ile jätnud avatuks aja akna, et ta teeks, mis on õige ja viiks saatkonna üle Jeruusalemma.</u>

Päev pärast orkaani, läksin ma oma korteri rõdule ja nägin ämblikku, kes oli orkaani üle elanud. Otsekohe andis Püha Vaim mulle ilmutuse kirjutada raamat pealkirjaga *"Ämblik, kes elas üle orkaan Irma"*. See oli hoiatus ja märguanne Ameerika Ühendriikide saatkonna üleviimiseks Jeruusalemma nii kiiresti kui võimalik.

Ma helistasin oma abikaasale ja palusin eemaldada ämblik ja ämblikuvõrk ning vähem kui minuti jooksul tappis ta ämbliku selle peale mürki pihustades. Florida oli nagu see ämblik; me elasime üle orkaan Irma, kuid kui Ameerika Ühendriigid ei oleks teinud seda, mis on õige Iisraeli suhtes, oleksime võinud ka samahästi hukkuda.

Irma oli ajaloo kõige võimsam Atlandi orkaan, mis on registreeritud. See oli 5-nda kategooria torm, kui ta maabus Barbudal 6. Septembril 2017. a. ja ta tuuled liikusid 37 tundi järjest 185 miili tunnis (285 kilomeetrit tunnis). Mitteametlikel andmetel mõõdeti tuule kiiruseks 199 miili tunnis. Need tuuled ulatusid 50 miili kauguseni selle keskmest.

Troopilised tormituuled levisid 185 miili kaugusele. Rannikualade tormilainetus oli 20 jalga üle tavapärase normi u. 6,1 m). Üle keskmise ulatuv ookeanivee temperatuur, 86 kraadi Fahrenheiti järgi (30 °C), hoidis tormi üleval. Temperatuur halveneb veelgi tänu globaalsele soojenemisele.

Irma hoidis endas 7 miljardit vatti energiat. See on kaks korda nii palju, kui kõikides pommides, mida kasutati 2. Maailmasõja ajal. Selle jõud oli nii võimas, et isegi maavärina seismomeetrid registreerisid selle. Ta tekitas kõige akumuleerituma tsükloni energiat 24 tunni jooksul.

Selline rünnak nagu Irma endast kujutas, toimus esimest korda 100 aasta jooksul, kus kaks 4-nda või enama kategooria tormi tabavad Ameerika mandriosa samal aastal. Orkaan Harvey laastas Houstonit 25. augustil 2017.

Ajaskaala

President Trump kuulutas välja hädaolukorra Floridas, Puerto Ricos ja USA Neitsisaartel. 6. septembril andis Florida kuberner korralduse Keys'i elanikel evakueeruda.

- **6. september 2017: Irma tabas Leeward'i saari tuulekiirusel üle 290 km/h. Antigua peaminister ja Barbuda kirjeldasid Barbudat kui "vaevu elujõulist".**
- **7. september: Irma jättis sajad inimesed Puerto Ricos elektrita. See tabas Haiiti põhjaosa ja Dominikaani Vabariiki ja tõi kaasa 381 mm sademeid.**
- **8. september: Irma püsis 5-nda kategooria orkaanina tuulekiirusega 282 km/h. See mõjutas Turksi ja Caicose saari ja ida Bahamat. Torm ületas ookeani, mille veed olid üle 30°C soojad. Barbuda valitsus oli juba valvel ka orkaan Jose tuleku ees.**

- **9. september:** Irma mõjutas Kuuba põhjarannikut, ujutades üle Havanna. Tuulekiirus oli umbes 240 km/h ja lainekõrgus kuni 11 meetrit. Tuuleiilid kiirusel 89 km/h tabasid kagu Floridat. Torm oli vaibunud 3-nda kategooria orkaaniks, kuid prognoositi, et ta kogub uuesti jõudu enne Florida tabamist.

- **10. september:** Irma tõusis 4-nda kategooria orkaaniks. Ta tabas Cudjoe Key'd, umbes 32 km Key West'ist põhjapool ja seejärel Naples'i. Miami't Irma kese ei tabanud, kuid siiski muutusid tingimused eluohtlikeks. Florida Keys'is sadas maha umbes 3,5 m vihma ja tormivee tõus oli 3 m. Vihma sadas keskmiselt 3-4,5 m.

- **11. september:** Irma nõrgenes 1-se kategooria orkaaniks, kui ta lähenes Tampale. 12 miljonit inimest oli ilma elektrita. Irma vaibus troopiliseks tormiks, kui tabas Georgiat. Seal jäi 1.5 miljonit inimest elektrita. Osariik andis korralduse evakueerimiseks 9. septembril.

Surnute arv Irma tagajärjel oli 129 inimest. Florida ametnikud andsid korralduse 6.5 miljoni inimese evakueerimiseks. 77 tuhat inimest oli 450-s varjupaigas. (Amadeo)

Selle päeva pärastlõunal, kui Irma ähvardas pühkida Florida kaardilt, viis USA oma saatkonna üle Jeruusalemma. Kolm kuud hiljem, 6. detsembril 2017. a, sai lõpuks läbi see määramata seisak ja viivitus, mis oli kestnud alates 1960-ndatest.

6. detsembril 2017, kuulutas Ameerika Ühendriikide president Donald Trump välja, et **USA tunnustab Jerusualemma Iisraeli pealinnana** ja andis korralduse kava koostamiseks USA Iisraeli saatkonna üleviimiseks Tel Aviv'ist Jeruusalemma. Iisraeli peaminister Benjamin Netanyahu tervitas seda otsust ja kiitis heaks. 8. detsembril riigisekretär Rex Tillerson selgitas, et presidendi otsus "ei kajastanud Jeruusalemma lõplikku staatust" ja "on väga selge, et lõplik staatus, kaasaarvatud piirid, jäetakse kahe osapoole arutada ja otsustada."

Enamik maailma riikide juhte lükkas tagasi Trump'i otsuse tunnustada Jeruusalemma Iisraeli pealinnana. ÜRO Julgeoleku Nõukogu pidas erakorralise kohtumise 7. detsembril, kus 15-st liikmest 14 mõistsid Trump'i otsuse hukka, kuid Ameerika Ühendriigid pani veto sellele resolutsioonile. (Fassihi)

Suurbritannia, Prantsusmaa, Rootsi, Itaalia ja Jaapan olid nende riikide hulgas, kes sellel erakorralisel istungil kritiseerisid Trump'i otsust. Teised riigid toetasid üleviimist. Guatemaala teatas, et nad järgivad USA eeskuju ja viivad samuti oma saatkonna üle. Paraguai, Tšehhi Vabariik, Rumeenia ja Honduuras ütlesid, et nad kaaluvad üleviimist. Euroopa Liidu välisasjade juht Federica Mogherini ütles, et kõik Euroopa Liidu liikmesriigid on ühel meelel Jeruusalemma küsimuses ja kinnitas veelkord nende toetust Palestiina riigile, pealinnaga Ida-Jeruusalemmas. 32 riigi esindajad viibisid saatkonna avamisel, sealhulgas ka Euroopa Liidu liikmed Austria, Tšehhi Vabariik ja Rumeenia. (Sandhu)

Vaadake, mida Jumal ütleb oma sõnas kõigile neile, kes seisavad vastu JHVH plaanile tuua tagasi oma valitud juudi rahvas tema oma maale:.

"Mu Jumal, tee nad ohakakera sarnaseiks, nagu põhk tuule kätte! <u>Nõnda nagu tuli põletab metsa ja leek paneb lõõmama mäed, nõnda aja neid taga oma marutuulega ja tee neile hirmu oma tuulispeaga! Täida nende silmad häbistusega, et nad otsiksid sinu nime, JHVH!</u> Häbenegu nad ja ehmugu ikka ja igavesti; jäägu nad häbisse ja mingu hukka ning tundku, et sina, JHVH, üksi oma nimega oled Kõigekõrgem üle kogu ilmamaa!"

— Psalmid 83:13–18

COVID-19 ja Iisraeli jaotamine

Ehkki president Donald Trump on olnud Iisraeli suhtes seni kõige toetavam Ameerika president, kõnnib ta väga ohtlikul pinnal, kui üritab rakendada millist tahes Elohimi lepingu riiki jaotavat rahuplaani - andes sellest millise tahes osa, mis tahes viisil või kujul Iisraeli vaenlastele. Iisraeli Elohim ei kannata selles küsimuses kompromisse. Ta ei luba kellelgi, ei suurel ega väikesel, määratleda piire, mille ta on tõotatud ja andnud maa jaoks juba ajast, kui ta kuulutas seda Aabrahamile, Iisakile ja Jaakobile ning vandus tuhandele põlvkonnale.

"Ja ma annan sulle **maa-ala Kõrkjamerest** vilistide mereni ja kõrbest **kuni Frati jõeni**, sest ma annan maa elanikud teie kätte ja sina ajad need ära enese eest."

— 2.Moosese 23:31

"Tema, JHVH, on meie Jumal, tema kohtuotsused on igal pool maailmas! Ta peab igavesti meeles oma lepingut, sõna, mille ta on andnud tuhandele põlvele, lepingut, mille ta on sõlminud Aabrahamiga, ja oma vannet Iisakile! Ta seadis selle Jaakobile määruseks, Iisraelile igaveseks lepinguks!"

— Psalmid 105:7–11

Koroonaviirus järgib sama mustrit, mida kirjeldab Valge Maja korrespondent William Koenig oma raamatus "Silmast silma", kus ta näitab 127 ebapiibelliku Iisraelivastase poliitika põhjustatud sündmust vastusena maa jaotamist ja kahe riigi lahendust pooldavatele USA valitsuse lepetele. Kõigil neil juhtudel leiavad USA-s 24 tunni jooksul aset kohutavad katastroofid või tormid, mis toovad kaasa miljardeid dollareid majanduskahju ja inimelude kaotusi. Mõned neist on üldtuntud sündmused, nagu näiteks 9/11 ja orkaan Katrina, mis tabas Ameerikat 24 tunni jooksul pärast seda, kui USA valitsus võttis endale kohustuse toetada Palestiina lahendust Iisraeli jaotamise või Iisraeli asunduste väljajuurimise osas (nagu näiteks Gush Katif Gazas).

"Jah, vaata, neil päevil ja sel ajal, kui ma pööran Juuda ja Jeruusalemma vangipõlve, ma kogun kõik paganad ja viin nad alla Joosafati orgu; seal käin ma nendega kohut oma rahva ja oma pärisosa, Iisraeli pärast, sellepärast et nad teda on pillutanud paganate sekka ja on jaotanud minu maa; sellepärast et nad on liisku heitnud mu rahva pärast, on andnud poeglapse hoora vastu ja on müünud tütarlapse veini eest, mida nad on joonud!"

— Joel 3:1–3

Pastor Sam Rohreri vestlussaates *Stand in the Gap today* ("Seisa täna müüripraos") oli paasapüha õhtul, 8. aprillil 2020, külalisesinejaks Bill Koenig. Ta mainis järgmist:

28. jaanuaril 2020. esitas president Donald Trump Lähis-Ida arengukava, mida ta nimetas "sajandi tehinguks". Ta tutvustas ka kaarti, milles määratleti tema kava kohaselt Iisraeli piirid. Sellel kaardil oleks 70% Juuda ja Samaaria piibellikust maast läinud Palestiina riigile.

Mõned tunnid pärast Iisraeli jaotamise rahuplaani esitlust tabas Miamit Richteri skaala 7,7- magnituudine maavärin.

Teisipäeval tabas Kuubast lõunas ja Jamaicast loodes võimas 7,7-magnituudine maavärin, teatas USA Geoloogiakeskus. Maavärinat oli tunda Miamis ja politsei sõnul evakueeriti linnas mitu hoonet. (NBC News; Rohrer)

Järgneva 24 tunni jooksul seisis USA administratsioon silmitsi küsimusega, mida teha seoses 31. detsembril 2019. aastal Wuhanis avastatud koroonaviiruse pandeemiaga. <u>30. jaanuaril kuulutas Maailma Terviseorganisatsioon haiguspuhangu rahvusvaheliseks hädaolukorraks, mis oli vaid kaks päeva pärast Iisraeli jaotamist sisaldava rahuplaani esitamist 28. jaanuaril 2020, mille Iisraeli peaminister Benjamin Netanyahu heaks kiitis.</u>

Samal ajal kinnitasid EL ja rahvusvaheline üldsus korduvalt oma poolehoidu Iisraeli maa jaotamise plaanidele. Nad nõudsid Iisraeli naasmist 1967. aasta Kuuepäeva sõja eelsetele piiridele. Rahvusvaheline üldsus nõudis tõotatud maa piiride uut määratlemist, kuigi Iisraeli Jumal oli need piirid juba tuhandeid aastaid tagasi paika pannud.

Koroonaviiruse pandeemiast sai kohtuotsus terve maailma üle, mis pani karantiini suurema osa maailma rahvastikust ja mõjutas kõikide riikide majandust, eriti USA ja Iisraeli majandust, kuna peaminister Netanyahu nõustus rahuplaaniga, mis ei ole aga Jumala plaan Iisraeli jaoks. Lisaks ebaõnnestus peaminister Netanyahu pärast 2020. aasta märtsivalimisi valitsuse moodustamisel, kuni allkirjastati kriisivalitsuse koalitsioonileping B. Ganziga 20. aprillil 2020.

Bill Koenig usub (ka mina usun), et koroonaviirus on kohus terve maailma üle kahel põhjusel:

- Katse pärast jaotada Iisraeli maa kaheks riigiks, määratledes piire ja joonistades kaarte, mis on vastuolus elava Jumala plaaniga.
- Jumala moraalsete seaduste ja käskude eiramise pärast.

On väga tõenäoline, et mis tahes edasised katsed viia ellu mis tahes rahuplaane, jaotades Iisraeli maad ja rajades Palestiina riiki, paiskavad maailma sellesse, mida Piibel nimetab Jumala vihaks. COVID-19 näeb siis selle kõige kõrval välja nagu liivakastimäng. ELOHIM karistab kogu maailma selle eest, et nad on seisnud vastu JHVH Iisraeliga sõlmitud maalepingule ning kõige ebamoraalsuse, mässu, homoseksuaalsuse, mõrvade, abortide ja ahnuse eest (Rm 1:18–32)

"Sest Jumala viha saab ilmsiks taevast kõige inimeste jumalatuse ja ülekohtu vastu, nende vastu, kes tõde ülekohtuga kinni peavad,"

— ROOMLASTELE 1:18

Täna me oleme ristteel, kus rahvad ja üksikisikud peavad tegema valiku, kas kuuletuda Jumalale või saada tema viha poolt minema pühitud.

"Tule, mu rahvas, mine oma kambritesse ja sule uksed enese takka, peitu üürikeseks ajaks, kuni meelepaha möödub! Sest vaata, Jehoova väljub oma asupaigast nuhtlema maa elanikke nende ülekohtu pärast! Siis paljastab maa oma veresüü ega kata enam neid, kes ta peal on tapetud!"

— JESAJA 26:20–21

5-pealise koletise sionismivastase pea tõttu on kogu maailm küps kohtumõistmiseks.

Neid ridu kirjutades on kogu Iisrael ja suurem osa Ameerikast koroonaviiruse tõttu karantiinis. Rahvad, kes ei paranda meelt Siioni vastase tegevuse pärast, pooldades Jahve Iisraelile antud maa jagamist, hävitatakse. Enamik ÜRO liikmesriikide tulevik ripub praegu juuksekarva küljes.

> "Rahvad, astuge ligi kuulma, ja rahvahõimud, pange tähele! Kuulgu maa ja need, kes seda täidavad, maailm ja kõik, kes seal võrsuvad! Sest JHVH'l on raev kõigi rahvaste ja viha kõigi nende väehulkade vastu: ta on pannud need vande alla, ta on andnud need tappa! Kes neist maha lüüakse, visatakse ära, nende laipadest tõuseb lehk, nende verest nõretavad mäed! Kõik taevaväed kaovad, taevad keerduvad otsekui rullraamat: kogu nende vägi variseb, nagu variseb viinapuust leht või viigipuust kuivanud mari!
>
> "Sest taevas sööstab mu mõõk, vaata, see tuleb alla Edomi peale, minu poolt neetud rahva peale kohtumõistmiseks! JHVH mõõk on verine, tilgub rasvast, tallede ja sikkude verest, jäärade neerurasvast, sest JHVH'l on ohver Bosras ja suur tapp Edomi maal! Metshärjadki langevad ühes nendega, värsid sõnnidega seltsis: nende maa joobub verest ja muld muutub rasvast rammusaks!
>
> Sest see on JHVH kättemaksupäev, tasumisaasta riiu eest Siioniga!"
>
> — JESAJA 34:1–8

Juudi Messia Jeshua ise võitleb kõigi rahvastega, kes tulevad tema Iisraeli rahva, tema maa ja Jeruusalemma linna vastu. Tema ise otsustab kõigi rahvaste üle vastavalt sellele, kuidas nad on Iisraeliga käitunud. Enne Jeshua tagasitulekut näeme, kuidas see lahing muutub metsikuks. Jeshua ei istu oma troonile Jeruusalemma templimäel, enne, kui ta alistab kõik rahvad, kes on vastu olnud tema plaanile taastada juudi rahvas tervele esiisade Aabrahamile, Iisakile ja Jaakobile tõotatud maale. Ta ei aktsepteeri kellegi poolt uute piiride tõmbamist ja ükski poliitik ei sunni teda selles küsimuses meelt muutma ega oma sõnast taganema.

> "Siis läheb JHVH välja ja sõdib nende paganate vastu, nagu oma võitluspäeval, lahingupäeval! Sel päeval seisavad ta jalad Õlimäel, mis on Jeruusalemma ees ida pool; ja Õlimägi lõhkeb keskelt pooleks, idast läände väga suureks oruks, sest pool mäge vajub põhja poole ja teine pool lõuna poole! Ja mägede vaheline org suletakse, sest mägede vaheline org ulatub Jaasolist saadik; see suletakse, nagu see suleti maavärisemise tõttu Juuda kuninga Ussija päevil. Ja Jahve, minu Jumal tuleb, kõik pühad ühes temaga!"
>
> — SAKARJA 14:3–5

Kus oled sina päeval, kui Jeshua tagasi tuleb? Kas kuulud nende rahvaste hulka, kes on võidelnud Iisraeli ELOHIMI (Jumal heebrea keeles) plaanide vastu? Kas olete üks neist, kes trotsib tema plaani taastada oma juudi rahvas tõotusemaale ja keda peetakse juudi Messia - Juuda lõvi vaenlaseks? Või oled sa Jeshua sõber ja viibid nende seas, kes tulevad koos Iisraeli Pühaga, et valitseda Jeruusalemmas?

Sinu suhe Kõigeväelisega ja tema Iisraeli täieliku taastamise plaaniga määrab, kas olete Jeshua sõber või vaenlane.

Elumuutev palve

Taevane Isa, anna mulle andeks igasugune teadmatus, apaatia või vastuseis sinu jumalikule plaanile rajada juudi rahvas maale, mille sina, Isa neile igaveseks tõotasid ja andsid. Ma kohustun toetama sinu plaani - taastada Iisrael kogu Aabrahamile, Iisakile ja Jaakobile antud maale. Ma ei ole "poliitiliselt korrektne" sionismivastaste pooldaja, vaid "piibellikult korrektne" tõe taotleja, et kaitsta sinu lepingut Iisraeliga igal võimalikul viisil. Ma ütlen lahti anti-MESITOJUS valitsuse Siioni vastase pea terrorist ja käsin kõigil sionismivastastel mõtetel ja deemonitel minust lahkuda ja mitte kunagi tagasi pöörduda. Jeshua nimes. Aamen!

Sionismivastasuse tagajärgede kohta lisateabe saamiseks soovitan lugeda minu raamatut, *Stormy Weather* *("Tormine ilm")*.*

* www.kad-esh.org/shop/stormy-weather/

LÕPPSÕNA

"Sest Jumal ei ole mitte korratuse, vaid rahu Jumal.
Nõnda nagu kõigis pühade kogudustes."

—1. KORINTLASTELE 14:33

Selle raamatu kirjutamine oli minu jaoks väga keeruline. Teadsin, et Isa esitas mulle väljakutse paljastada see kohutav ja verejanuline asendusteoloogia koletis *anti-MESITOJUS*. See tähendas, et pidin uuesti läbi vaatama kristliku antisemitismi ajaloo kuni tänapäevani. See on valus iga juudi jaoks ja eriti selle juudi jaoks, kes on nii Messiasse uskuja ja tema täisajaga töötegija, kui ka kristliku antisemitismi tõttu nii isiklikult kui oma suguvõsaga kannatanud juut. Oleksin eelistanud, et JHVH oleks selle töö andnud kellelegi teisele. Oleksin tahtnud Messia Ihu teenida millegi "ilusama" ja "kergemini seeditavamaga". Kuid Püha Vaim on juba aastaid "istunud minu peal", et paljastada ja võita see verejanuline koletis. Tunnen, et tema süda on koormatud sügava ahastusega, soovides oma mõrsjat sellest täielikult vabastada ja päästa tulevast kättemaksust riiu eest Siioniga (Js 34: 8). Ta soov on ilmutada ennast oma mõrsja kaudu kui võidukat juudi Messiat, kes igatseb tuua oma armastatud Iisraelile lunastuse.

Minu palve ja lootus selle käsiraamatu lõpuleviimisel on see, et jagate nüüd edasi kõike siin esitatut, nii et me saame päästa paljud selle igivana pettuse eest. Kohus koputab juba paljude kirikute/koguduste ja kogu maailma kristlaste uksele antisemitismi ja sionismivastase kahetsemata patu tõttu - mis on juurdunud asendusteoloogiasse, paganlikesse pühadesse ja seadusetusesse või Tooratusest sündinud amoraalsusesse (Mt 5:17–19; 7: 23-24).

> "Mitmed ütlevad minule tol päeval: ADONAI, ADONAI, kas me ei ole sinu nimel ennustanud ja sinu nimel ajanud välja kurje vaime ja sinu nimel teinud palju vägevaid tegusid? Ja siis ma tunnistan neile: ma ei ole elades teid tundnud, taganege minust, te Jumala Toora seadustest üleastujad!"
>
> — MATTEUSE 7:22-23

Ta igatseb, et mõrsja kutsuks peigmeest tema lepingunimega Jeshua, mis taastab tema juudilikkuse. See toob värskelt ümberistutatud roosile, tema äsja õlipuu külge poogitud mõrsjale "ellusaamise surnuist" (Rm 11:15), kuna puhkeb *Kolmanda päeva ärkamine*, mis toob sisse paganate täisarvu viimase ja suurima saagi. Siis "päästetakse kogu Iisrael" nagu on kirjutatud! (Rm 11:25–27)

Kohtumõistmise ümberpööramiseks ja Siionis alguse saanud tõelise evangeeliumi võidu tagamiseks on hädasti vaja tõelist meeleparandust petlikest religioossetest teoloogiatest ja hüvituse toomist Iisraelile, tema juudi rahvale. Juudi Messia saab avalikuks oma täies hiilguses oma ülistatud mõrsja kaudu, kelle identiteet taastatakse nagu kuninganna Estril. Siis on Jeshua valmis naasma, laskudes Iisraeli tervitushõisete saatel Õlimäele, olles valmis rajama oma tuhandeaastast valitsust - ja me valitseme koos temaga.

"Sest mina ütlen teile: nüüdsest peale ei saa te mind näha, seni kui te ütlete: õnnistatud olgu, kes tuleb JHVH nimel!"

— MATTEUSE 23:39

Baruch HaBah Beshem JHVH/ADONAI, tähendab heebrea keeles: "Õnnistatud on see, kes tuleb JHVH nimes."

"Ja JHVH Tsevaot (vägede Jahve) valmistab Jeruusalemmas kõigile rahvaile võõruspeo rasvaste roogadega, võõruspeo veinidega, üdirasvaste roogadega, selitatud veinidega! Ta hävitab sel mäel loori, mis looritab kõiki rahvaid, ja katte, mis katab kõiki paganaid! Ta neelab surma ära igaveseks ajaks! Ja JHVH ADONAI pühib pisarad kõigilt palgeilt ning kõrvaldab oma rahva teotuse kogu maalt! Jah, JHVH on rääkinud!"

— JESAJA 25:6–8

Olen väga tänulik, et oled kuni selle kohani lugenud ja soovin sinuga edaspidigi ühendust pidada.

Kui soovid meiega ühendust võtta, saada e-kiri: shalom@zionsgospel.com või kirjuta kiri aadressile: 52 Tuscan Way, Ste 202-412 St. Augustine, FL 32092, USA. Õpingute jätkamiseks võid külastada meie *Globaalse Ümberõppe Initsiatiivi* veebilehte www.against-antisemitism.org.

Mine ja ütle teistele: "Kauaoodatud ärkamine on otseses seoses meeleparandusega sellest igivanast juudi Messia identiteedivargusest".

Juuda lõvi nimel - peapiiskop dr Dominiquae Bierman, *Kad-Eshi MAP Teenistuse* ja *Ühinenud Rahvad Iisraeli Eest president.*

Identiteedivargus

LISA I

ELADES HÜVITUSE ELU

"Ta kõrvaldab igaveseks ajaks oma rahva teotuse kogu maalt!"

—JESAJA 25:8

Sinu tegevus osaleda Iisraeli Püha plaanis kõrvaldada igaveseks *kõik solvangud ja pilkamised tema maa ja rahva vastu*, suudab tuua märkimisväärseid muudatusi maailmas, mis on üha enam muutumas antisemiitlikuks. Selle plaani teostumine kõrvaldab katkud ja tõved, taastab rõõmu ja tagab jumaliku soosingu.

Kõiki usklikke maailmas kutsutakse üles tooma hüvitust paljude kristlaste ja kõigi rahvaste poolt aegade jooksul sooritatud väärtegude eest Iisraeli rahva vastu. Hüvitus omab väge kohtuotsused ümber lükata. See pöörab Aabrahami võtit, avades jumaliku soosingu ukse. Hüvituse toomine ja hüvituse tegude tegemine on viimane löök, mis tagab, et deemonlik 5-pealine koletis, kelle mürk oli nakatanud kogu maa, ei tõuse enam kunagi.

Hüvitus on õige asja tegemine iga kristlase ja uskliku jaoks maailmas.

Kutsume teid oma ohvriandidega "ettemaksu tegema", et saaksime jätkata missiooni ja muuta see platvorm "Globaalne Ümberõppe initsiatiiv" (GRI) kõigile tasuta kättesaadavaks. Võite minna aadressile www.against-antisemitism.org, et edasi kanda seda missiooni oma helde toetuse abiga.

Järgnev on pastor Cesar Silva Mehhikos, Tamaulipases kirjutatud kiri.

Iisraeli au taastamine

Olgu minu tunnistus Kõigeväelise headusest ja ustavusest oma igavesele sõnale kõigile õnnistuseks.

See algas siis, kui äkki mõistsin, et Iisraeli au taastamine on niisama pakiline kui ka vajalik minu linna, rahva, elu ja perekonna tervenemiseks. Mõistsin, et pole enam aega vaimsele, füüsilisele, rahalisele ega emotsionaalsele pankrotile, sest see viib ühe ja sama asjani - tühjuse ja hävinguni.

See au taastamise protsess algab imeliste õpetustega, mille oleme saanud apostel Dominiquae Biermanilt, kes Aabrahami võtme ilmutuse esiletoomise kaudu (mis avab uksed) külvas mu südamesse seemne, mis nüüd on kandmas vilja minu elus ja minu ümber.

Ühel päeval andis Ruahh (ELOHIMI Vaim) mulle unenäo. Ma nägin unes, et olin jätnud oma auto Rio Bravo linna (kus ma elan) sissepääsu juurde ja sama maateed mööda voolas verine jõgi (narkoäris toimunud mõrvade pärast). Ma nägin, kuidas jõgi oli peagi meieni jõudmas. Läksin kiiresti oma autosse, sest teadsin, et seal oli meie koguduse kokkupandud ohvriand Iisraeli saatmiseks ja teadsin, et see oli hüvituse ohver ja ainus, mis oleks suutnud seda verejõge peatada.

Ma üritasin kiiresti auto ust avada, et kontrollida, kas see ohvriand oli alles. Ruahh HaKodesh ütles mulle samuti, et see oli tõepoolest vahend verejõe peatamiseks. Tänu JHVH'le, ohvriand oli alles!

Paljudele on teada, et Mehhiko põhjaosas toimub pidev sõda narkokartellide ja teiste relvastatud jõudude vahel. On pidev oht sattuda kahe vaenuliku poole tulevahetuse keskele. Sellepärast ütles Ruach mulle selle unenäo kaudu, et tuleb taastada Iisraeli au ohvriandide kaudu, koos meeleparandusega selle põlastava suhtumise eest, mida maailma rahvad on Iisraeli vastu näidanud. See strateegia toob vabaduse surmast ja verejõest. Samuti toob see esile muutuse, sest võimas Aabrahami võti on asetatud lukuauku vastatud palvete ja raevu asemel halastuse väljavalamise jaoks.

Ajal, mil seda und nägin, hakkasime koguduses palvetama Iisraeli pärast, kuulutama prohvetlikke sõnu Iisraeli üle ja õnnistama Iisraeli tegude ja ohvriandidega. Seepeale hakkasime tasapisi nägema meie linna kaitseks palutud palvete vastuseid ja rahu õhkkonda, mis langes selle linna üle. Kartellide kriminaalne tegevus langes oluliselt.

Au taastamine on Toora käsk!

"Ja JHVH rääkis Moosesega, öeldes: "Kui keegi pattu teeb ega ole ustav JHVH'le ja salgab oma ligimese ees hoiule antud või tema kätte usaldatud asja, või mis ta ise on riisunud või vägivaldselt nõudnud oma ligimeselt, või kui ta on leidnud kaotatud asja, aga salgab seda, või vannub valet ükskõik missuguses asjas, milles inimene iganes võib pattu teha: siis see, kes on pattu teinud ja on saanud süüdlaseks, peab tagasi andma riisutud asja, mille ta on riisunud, või vägivaldselt nõutud asja, mille ta on vägivaldselt nõudnud, või hoiule antud asja, mis temale on hoida antud, või kaotatud asja, mille ta on leidnud, või kõik selle, mille pärast ta on valet vandunud - ta peab tasuma täies ulatuses ja lisama sellele veel viiendiku. Ta tasugu oma süüohvri päeval omanikule ja viigu enese hüvituseks JHVH'le üks veatu jäär pudulojustest sinu hindamise järgi preestri kätte kui süüohver. Ja kui preester nõnda on tema eest lepitust toimetanud JHVH ees, siis antakse temale andeks kõiges, mis ta tegi, milles ta sai süüdlaseks."

— 3.Moosese 5:20-26

Nii, nagu meie soovime hüvitust ja terveks saada, kui keegi meid solvab või laimab või meilt varastab, peame ka meie, maailma rahvad, mõistma, et oleme võlgu äravalitud Iisraeli rahvale. 1. Moosese 12:3 ütleb: "Ma õnnistan neid, kes sind õnnistavad ja nean neid, kes sind neavad."

Peapiiskop Dominiquae Biermani juhitud "Globaalne Ümberõppe initsiatiiv" (GRI) ei ole mitte *ainult vajalik, vaid ka pakiline!* Maailma piitsutavatesse lõpututesse katkudesse surevaid inimesi saab olema miljoneid, välja arvatud juhul, kui ADONAI leiab kellegi, kes mõistab täielikult Iisraeli au taastamise põhimõtet. Taastamine on midagi enamat kui andeks palumine! Tõelise andestuse palumine on esimene asi, mida peame tegema, kui teame, et oleme valesti käitunud, kuid *kellegi au taastamiseks* tuleb teha midagi sellest enamat.

Ajaloost teame, et kui mehe au kahtluse alla seati, esitas solvatud pool väljakutse kahevõitluseks, üteldes midagi sarnast nagu: "Ma kutsun duellile selle rüütli, kes on minu au kahtluse alla seadnud". Igaüks, kes tuli selle inimese au kaitsma, pidas *tema au* kõrgemaks kogu ta vastu suunatud *laimust.*

Meie, maailma rahvad, oleme pannud toime väga alatu teo, kasutades Iisraeli vastu laimavaid ja valelikke sõnu, sellega määrides tema au. Niisiis, on aeg parandada meelt, paluda andestust ja taastada *Iisraeli Jumala au.*

3. Moosese 5:24 ütleb, et kui süüohver oli toodud vale vandumise eest, tunnistas inimene tekitatud kahju ja palus andestust lepituseohvri toomisega ADONAILE. Seejärel tuli tuua hüvitust nagu on kirjutatud:

"...kõik selle, mille pärast ta on valet vandunud - ta peab tasuma täies ulatuses ja lisama sellele veel viiendiku. Ta tasugu oma süüohvri päeval omanikule..."

— 3.MOOSESE 5:24

3 Moosese 5:25 lisab, et ohvriand tuli viia preestri kätte.

"Ja viigu enese hüvituseks JHVH'le üks veatu jäär pudulojustest sinu hindamise järgi preestri kätte kui süüohver."

— 3.MOOSESE 5:25

Lisaks meeleparandusele, hüvituse toomisele tekitatud kahju eest ja viiendiku lisamisele (võrdub 20%) oli vaja ohver viia preestrile. See tähendab, et me peame oma ohvrianni andma sellele, kes võib meie eest paluda ja müüripraos seistes taotleda JHVH armu meie heaks.

Mõnikord tõuseme *üles ainsa inimese vastu, kes kuuleb* ja on selleks kvalifitseerunud. Aga kas teate, kes on sinna müüriprakku ja ukselävele pandud, et paluda meile ADONAI halastust? *Selleks on tänapäeva juudi rahvas.* Juudid on tema valitud rahvas, kutsutud valguseks paganrahvaile - nemad on meie preestrid, kes sillutavad teed meie andekssaamiseks ja JHVH palge leevendamiseks. (Apostlite teod 3:19)

Heebreakeelsed sõnad *shuv* ja *shalem* selgitavad hüvituse või tagastuse põhimõtet. Sõna "tagastab" (3Ms 5:23) on heebreakeelne sõna *shuv*, millest on tuletatud sõna teshuva, mis tähendab "naasma, tagasi pöörduma" või "meeleparandust hüvituse jaoks". Sõna *"taastama,* tasuma"* (3Ms 5:24) on heebrea tegusõna *shalam,* millest on tuletatud sõnad *tashlum ja leshalem* - "makse" ja "maksma". Selleks, et saavutada rahu (shalom), on vaja *tasuda* või *maksta hüvitust.* Jeshua rääkis sellest Matteuse 5:21-26.

> "Te olete kuulnud, et muistsele põlvele on öeldud: Sa ei tohi mõrvata! ja igaüks, kes mõrvab, peab minema kohtu alla. Aga mina ütlen teile: Igaüks, kes oma venna peale vihastab, peab minema kohtu alla, kes aga oma vennale ütleb: "Sa ei kõlba millekski!", peab minema ülemkohtu alla, kes aga ütleb: "Sina jäle!", peab minema tulepõrgusse. Kui sa nüüd oma ohvriandi altarile tood ja sulle tuleb meelde, et su vennal on midagi sinu vastu, siis jäta oma and altari ette ja mine lepi esmalt ära oma vennaga ja alles siis tule ja too oma and! Ole varmalt järeleandlik oma vastasele, kuni sa oled temaga teel, et sinu vastane sind ei annaks kohtuniku kätte ja kohtunik kohtuteenri kätte ja sind ei heidetaks vangi! Tõesti, ma ütlen sulle, sa ei pääse sealt enne välja, kui oled tagasi maksnud viimsegi veeringu."
>
> — Matteuse 5:21–26

See kirjakoht räägib hüvituse tegemise väest, aga vaatame lähemalt, kuidas antijudaism toimib. Antisemitism või antijudaism on toonud nii palju surma ja vihkamist juutide vastu. Suurem osa sellest on peidetud "kristluse maski alla", mis väidab toovat ohvriande JHVH'le ja kogub igal pühapäeval annetusi temale. Aga mina tahan küsida, kas igavene Iisraeli Jumal JHVH vaatab soosinguga nende ohvriandide ja kümniste peale, kus üks käsi annab ande ja teises käes on nuga, määritud Jumala valitud rahva vihkamise ja isegi mõrvadega? Vastus on selge, et ta ei võta neid ohvriande vastu! Seega on Jeshua soovitus minna ja kõigepealt leppida ära oma juudi vennaga/õega ja teha rahu, mis tähendab tuua hüvitust ja suhte taastamist.

See kõik puudutab Iisraeli au taastamist!

Igas kuningriigis on teada, et kuningapoeg on kroonprints ja temast saab ühel päeval kuningas. See on tõepoolest nii kõigis kuningriikides, mida me teame ja on väga huvitav, et kuningate kuningas JHVH nimetas ühte Aabrahami järeltulijaist "Minu esmasündinu" (2Ms 4:22). Seda, keda tunti "minu printsina", kutsuti algselt Jaakobiks, kuid JHVH otsustas hakata teda kutsutama Iisraeliks, mille üks tähendus on "ELOHIMI prints". Milline tohutu erinevus! Milline oluline erinevus on selles, kuidas maailma rahvad Iisraelist räägivad. Nad ütlevad, et see on lihtsalt üks paljudest rahvastest maapeal - nagu iga teine rahvas. ELOHIMI silmis pole see aga lihtsalt "mingi" rahvas, vaid *"tema prints"*.

Tänapäeval räägivad paljud JHVH (Jumala) kuningriigist, tema kuningriigi ilmumisest, sellest, kuidas nad JHVH kuningriiki otsivad, ja oma ülesandest laiendada JHVH kuningriiki. Kuid paljud komistavad selle *hüvituse* põhimõtte taha. Seetõttu nad lihtsalt tallavad ringiratast nagu oravad, tehes pelgalt sõnu ja rohkem sõnu ilma tulemusteta, ilma et JHVH kuningriiki edendataks. Nii kukuvad paljud komistuskivi otsa, aga see, kes usub ELOHIMI sõna, see armastab ja võtab omaks tema printsi - Iisraeli. Nendele saab see olema "otsekui võimsa kalju vari märga igatseval maal" (Js 32:2); samas teistele, kes Iisraeli kergekäeliselt suhtuvad saab sellest "langev kivi, mis teeb pihuks ja põrmuks." (Mt 21:44)

Kokkuvõte

Maailma rahvad on võlgu Iisraelile, sest Iisrael andis meile Toora, lepingud, tõotused, elava ELOHIMI ilmutuse ja Jeshua HaMashiah (Messia heebrea keeles).

Täna peame pöörduma täielikult JHVH Elohimi poole, emmates armastusega tema Toorat, armastades Jeshuat ja taastades tema printsi, Iisraeli au. Olen tema headuse tunnistaja, sest kindlasti peab JHVH silmas seda, mida Ta ütleb:

> Ma õnnistan neid, kes sind õnnistavad, nean neid, kes sind neavad.
>
> — 1.Moosese 12:3

Armastusega Jeshuas HaMashiah's— pastor César Silva, Rio Bravo, Tamaulipas, Mehhiko

Ühinenud Rahvad Iisraeli eest (UNIFY) Mehhiko riiklik delegaat. www.UnitedNationsForIsrael.org

LISA II

ROHKEM TEAVET

Võtke veebikursus GRI antisemitismi vastu

Kui ostsid selle raamatu veebilehe www.against-antisemitism.com kaudu, on sul juurdepääs veebikursusele Globaalne Ümberõppe Initsiatiiv (GRI) antisemitismi vastu! Kursuse läbimiseks mine aadressile www.against-antisemitism.com ja logi sisse samade tunnustega, mida kasutasid raamatu tellimisel. Lahtiütlus: kui soovid kursusel osaleda, pead raamatu tellima meie GRI veebilehelt www.against-antisemitism.com.

Dr Dominiquae Biermani muud raamatud

Telli veebis: https://kad-esh.org/et/pood

"MAP Revolutsioon" (tasuta e-raamat)
Saa teada, miks ärkamine ei ole tulnud…veel?

"Lammas-rahvad"
FOn aeg võita rahvaid!

"Jeshua on see nimi"
Messia tõelise nime taastamise tähtsus

"Kolmanda päeva ärkamine" (tasuta e-raamat)
Naasmine juudi Messia Jeshua juurde

Restoring the Glory – Volume I: The Original Way
The Ancient Paths Rediscovered

The Healing Power of the Roots (Juurte tervendav vägi)
See on elu ja surma küsimus!

Grafted In
The Return to Greatness

Stormy Weather
Judgment Has Already Begun, Revival is Knocking at the Door

The Bible Cure for Africa and the Nations
The Key to the Restoration of All Africa

The Key of Abraham
The Blessing... or the Curse?"

Yes!
Archbishop Dominiquae Bierman's Dramatic Testimony of Salvation

Eradicating the Cancer of Religion
Hint: All People Have It

Restoration of Holy Giving
Releasing the True 1,000 Fold Blessing

Vision Negev
The Awesome Restoration of the Sephardic Jews

Defeating Depression
This Book is a Kiss from Heaven

From Sickology to a Healthy Logic
The Product of 18 Years Walking Through Psychiatric Hospitals

ATG: Addicts Turning to God
The biblical Way to Handle Addicts and Addictions

The Woman Factor by Rabbi Baruch Bierman
Freedom From Womanphobia

The Spider That Survived Hurricane Irma
God's Call for America to Repent

Varustage endid ja saage meie partneriks

Muusikaalbumid

https://kad-esh.org/et/pood
The Key of Abraham
Abba Shebashamayim
Uru
Retorno

Globaalse ärkamise Iisraeli piiblikool (GRM)

Vaadake veebist ühte kõige põhjalikumat asendusteoloogia lammutamisele keskenduvat veebipõhist piiblikooli. Lisateabe saamiseks või tellimiseks võtke meiega ühendust:
www.grmbibleschool.com
grm@dominiquaebierman.com

Liikumine Ühinenud Rahvad Iisraeli eest

Kutsume sind saama meie liikmeks ja partneriks 25$ eest kuus, et

toetada selle lõpuaja visiooni edendamist, mis toob Messia ihusse tõelise ühtsuse. Me näeme ühe uue inimese väljakujunemist, kes on Iisraeli taastamise tunnistajaks ja lammas-rahvaste sünnis osalejaks. Täna on põnev aeg Kõigeväelist Iisraeli Püha teenida!
www.unitednationsforisrael.org/et
info@unitednationsforisrael.org

Liituge meie iga-aastaste Iisraeli reisidega

Reisige läbi Püha maa ja vaadake, kuidas heebrea Pühakiri saab elavaks.
www.kad-esh.org/et/iisraeli-reisid-ja-sundmused

Toetage meie tööd oma annetustega

Teie abi hoiab seda taastamise missiooni edasiliikumises.
www.kad-esh.org/et/annetused

VÕTKE MEIEGA ÜHENDUST
Peapiiskop dr Dominiquae & rabi Baruch Bierman
Kad-Esh MAP Teenistus | www.kad-esh.org/et | info@kad-esh.org
Ühinenud Rahvad Iisraeli eest | www.unitednationsforisrael.org/et
info@unitednationsforisrael.org
Zion's Gospel Press | shalom@zionsgospel.com
52 Tuscan Way STE 202-412, St. Augustine, Florida, 32092, USA
+1-972-301-7087

LISA III

AMALEKIVASTANE PALVE

Et sa ei ole kuulanud Jahve häält ega ole andnud amalekile tunda tema tulist viha, siis on nüüd Jahve teinud seda sinule.

—1 SAMUEL 28:18

Kuuluta seda palvet igal õhtul ja hommikul ja nii tihti, kui Püha Vaim sind selleks juhib! Selle amalekivastase palve valjuhäälne ja järjepidev kuulutamine on toonud minule ja meie tiimile rohkelt vabanemist. Ma palvetan ja loodan, et see võib ka sinu jaoks sama teha!

Abba Shebashamaim (Taevane Isa), väeline ELOHIM, JHVH Tsevaot (Vägede JHVH), me kuulutame, et sinul on sõda amalekiga põlvest põlve. Me palume, et sa peaksid seda sõda täna meie põlvkonnas ning pühiksid amaleki mälestuse taeva alt sootumaks!

Hineni (siin ma olen) Jahve, et sõdida amaleki vastu, kes on õelalt ja alatult selja tagant rünnanud nii meie elusid kui ka Iisraeli, ning luuranud väsinute, laste, naiste ja kõigi meie nõrkade kohtade taga. Meil ei ole võitlemist liha ja verega, vaid me peame sinu sõda amaleki vastu, kasutades vaimset palverelvastust, paastu ja ülistust. See on sinu sõda ja me ütleme: "Tõuse, JHVH. Kihuta oma vaenlased amalekid ning kõik nende sõbrad ja liitlased seitset teed pidi eemale meist, sinu mõrsjast ja Iisraelist, Jeshua võimsas nimes!" JHVH, me palume vallanda täna oma tuline viha amaleki vastu ja meie päästame täna valla sinu tulise viha amaleki vastu. Amalek, me põrmustame ja hävitame sind täielikult meie kõikide eludest, perekondadest, asjatoimetustest, teenistustest, kogudustest ning kogu Iisraelist, Jeshua nimes! Me kuulutame, et ajame taga, võtame kindlasti üle ja same tagasi kõik, mida sina, amalek, oled varastanud. Kaheteralise mõõgaga (JHVH sõnaga) meie käes ning ELOHIMI ülistusega huultel, me seome sind, amalek, kettidega ning sinu sõbrad ja liitlased rauast ahelatega. Me viime täide karistuse, kohtumõstmise ja kättemaksu, mis on juba täna kirja pandud sinu vastu, amalek! Jeshua nimes. Me toome tagasi kõik hinged, kes on kristluses sündinud asendusteoloogia kaudu langenud sinu saagiks, amalek. Me võtame tagasi kogu Iisraeli maa, mis varastati läbi võltsi Oslo leppe ja "Maa rahu eest" lepingute kaudu, sest sinul, JHVH, on maaleping Iisraeliga tuhande põlveni. Me toome tagasi kõik varandused, mis on varastatud antisemitismi, antijudaismi ja juutide tagakiusu, kristlike ristisõdade, Hispaania inkvisitsiooni, pogrommide, natside shoa (holokaust) ja muu sarnase läbi!

Me ajame taga, võtame üle ja toome tagasi kõik meilt endilt, meie perekondadelt, meie teenistustelt, UNIFY ja Kad-Esh MAP Teenistuselt varastatud territooriumid. Me murrame katki sinu väe, amalek, ja asendusteoloogia pettuse kogu Iisraelis ja kõigi rahvaste seas olevates elava JHVH kogudustes. Me juurime amaleki nime ja asendusteoloogia välja kõigist meie elu valdkondadest, meie teenistustest ja kogu Messia Ihust. Amalek ja asendusteoloogia saavad olema ära pühitud nii maa pealt kui taeva alt ning Jeshua väelises nimes toome tagasi kõik asendusteoloogia all vangis olevad usklikud!

Amalek, me hävitame ja juurime sind välja meie rahaasjadest, tervisest, meie lastest, vanematest ja abieludest! Amalek, me saadame välja JHVH püha viha sinu vastu igas meie eluvaldkonnas ja teenistuses. Me saadame välja JHVH püha viha ja täieliku hävituse kõigile amaleki põhjustatud haigustele nagu puukentsefaliit, lihasereuma, vähk, viirused, nakkus-, südame- ja vererõhuhaigused, suhkruhaigus, dementsus, Parkinsoni tõbi, depressioon, bipolaarne häire, ATH (aktiivsus-ja tähelepanuhäire), skisofreenia, nõdrameelsus ja neist tulenevad haigused, mis ründavad inimese nõrku kohti.

Amalek, me läkitame sinu vastu välja JHVH püha viha üle terve Iisraeli (ja minu linna ja rahva), juurides välja kogu terrori, varjatud terrori, terroristlikud rühmitused Gazas, Samaarias, Judeas ja kogu Iisraeli territooriumil Niiluse ojast Egiptuses kuni suure Eufrati jõeni Iraagis ja Vahemereni.

JHVH, Sina ajad oma marutuulega taga amalekki ja kõiki tema sõpru, täidad nende silmad häbistusega ja igaüks tunneb, et sinu nimi, JHVH Elohim, on Kõigekõrgem üle kogu ilmamaa! Me viime täide sinu püha viha otsused amaleki vastu kirikute juhtkondades ning meie rahva (Eesti rahva) seas ja iga teise rahva seas. Me võtame tagasi meie valitsused ja rahvad, et saaksime lammas-rahvasteks, Jeshua ülistajateks ja Iisraeli armastajateks.

Me viime täide sinu tulise viha amaleki vastu ÜRO-s ning Jeshua võimsas nimes me kustutame amaleki ja tema sõprade nimed kõigist Iisraeli-vastastest või antisionistlikest nõukogudest, kirikukogudest ja ametkondadest. JHVH, teosta oma tulist viha amaleki vastu islamis ning juuri välja ja kustuta islami mälestus taeva alt. Jeshua võimsas nimes me võtame tagasi kõik hinged, kes on olnud vangis amalek-islami all.

JHVH, vallanda oma tuline viha amaleki ja kõigis rahvastes olevate kristlaste vastu, kes kiusavad taga Iisraeli õlipuu külge poogitud usklikke ja messiaanlikke, apostellikke, prohvetlikke juute, ja kes seisavad sinu lõpuaja taastamise plaani vastu - kaasaarvatud Yad L'achim organisatsioon Iisraelis, mis püüab hävitada messiaanlikke juute, kes on Messia tõelised järgijad. JHVH, me vallandame Jeshua võimsas nimes sinu tulise viha amaleki ja iga messiavastase vaimu vastu judaismis, kristluses ja islamis!

Amalek, me murrame sinu väe Negevis, Beer Shevas, Ashkelonis, Eilatis, Edomi mägedes, Jeruusalemmas, Mevaseret Zionis (Tsionis), Herzlias, Raananas, Kfar Sabas, Florida osariigi linnas St. Augustine's (nimetage oma linn) ja kogu Iisraelis ning me ei jäta järele mingit jääki! Me palvetame, kuulutame, läkitame, juurime välja ja toome tagasi Jeshua võimsas nimes kõik, mida sina, amalek, oled varastanud meie eludest, meie peredest, teenistustest, suhetest, asjatoimetustest, kogudustest, rahvastest ja kogu Iisraelist. Me võtame palju röövsaaki JHVH kuningriigi laiendamiseks rohkete nägemuste, varustatuse, tervise, soosingu, võidmise ja eduga Jeshua HaMashiah väelises nimes!

Selle palve aluskirjakohad vt 1. Moosese 36:12,16; 2. Moosese 17: 8–16; 3. Moosese 13:29, 24:20; 5. Moosese 25: 17–20, Joosua 1: 4;

Kohtumõistjad 3:13; 5:14; 1. Saamueli 15: 2–20; 28:18; 30; Psalmid 83:7; 105: 8–11; 149: 5–9; Matteuse 18:18–20; Luuka 10:19; Efeslastele 6:10–18

"Iisrael kuula oma ELOHIMI sõna, mis ütleb: "Sa otsid, aga enam sa ei leia neid mehi, kes võitlevad sinuga; olematuks saavad ja lõpevad mehed, kes sõdivad sinuga! Sest mina olen Jahve, su Jumal, kes kinnitab su paremat kätt, kes sulle ütleb: "Ära karda, mina aitan sind!" Ära karda, ussike Jaakob, väetike Iisrael, mina aitan sind, ütleb Jahve ja su lunastaja, Iisraeli Püha!""

— JESAJA 41:12–16

LISA IV

BIBLIOGRAAFIA

Eesti Piibliseltsi 1968. a. võrgupiibel "Piibel.net" (© AD 2005-2018) 24NYT. *New Danish Bible translation purges Israel* | 24NYT. 19 April 2020. 18 May 2020. <https://24nyt.dk/new-danish-bible-translation-removes-israel/>.

Aipac.org Editors. *Israel's Achievements.* 2013. The American Israel Public Affairs Committee. 19 May 2020. <https://www.aipac.org/resources/about-israel/israels-achievements>.

Amadeo, Kimberly. *Hurricane Irma Facts, Damage, and Costs.* 8 September 2017. The Balance. 19 May 2020. . <https://www.thebalance.com/hurricane-irma-facts-timeline-damage-costs-4150395>.

Anti-Defamation League. *Extremist "Zoombombing" Hijacks Meetings; Swastika hits Sanders Campaign Office; Antisemitic Pastor Blames Jews for COVID-19.* https://www.adl.org/blog/extremist-zoombombing-hijacks-meetings-swastika-hits-sanders-campaign-office-antisemitic 2020. ADL. 18 May 2020.

Anti-Defemation Leauge. 2017 *Audit of Anti-Semitic Incidents.* 2020. Anti-Defamation League. 20 5 2020. <https://www.adl.org/resources/reports/2017-audit-of-anti-semitic-incidents#major-findings>.

Avraham, Samantha Ben. The First Aliyah to Israel. 14 April 2016. 18 May 2020. .

<https://www.samanthaisraeltours.com/the-first-aliyah-to-israel/>.

Avrutin, Eugene M., Jonathan Dekel-Chen and Robert Weinburg. "Ritual Murder in Russia, Eastern Europe, and Beyond: New Histories of an Old Accusation." Avrutin, Eugene M. *Ritual Murder in Russia, Eastern Europe, and Beyond: New Histories of an Old Accusation.* Bloomington: Indiana University Press, 2017. 39-40.

Büssow, Johann. "The Ottoman Empire and its Heritage: *Hamidian Palestine.*" *Hamidian Palestine: Politics and Society in the District of Jerusalem* 1872-1908. Vol. 46. BRILL, 2011. 195.

Bachner, Michael. *Polish crowd beats, burns Judas effigy with hat, sidelocks of ultra-Orthodox Jew.* 21 April 2019. 18 May 2020. <https://www.timesofisrael.com/polish-crowd-beats-burns-judas-effigy-featuring-anti-semitic-tropes/>.

—. *Spanish Inquisition | Definition, History, & Facts | Britannica.* 2020. 18 May 2020. <https://www.britannica.com/topic/Spanish-Inquisition>.

Berkowitz, Adam Eliyahu. *Scary Divine Connections Between Gush Katif and Hurricane Katrina Revealed On 10 Year Anniversary.* 24 August 2015. 18 May 2020. <https://www.breakingisraelnews.com/47546/10-year-anniversary-scary-connections-between-gush-katif-hurricane-katrina-revealed-jewish-world/>.

Bernstein, Deborah S. "SUNY series in Israeli Studies: Constructing Boundaries." *Constructing Boundaries: Jewish and Arab Workers in Mandatory Palestine.* 2000, SUNY Press. 20-21.

Bickerton, Ian J. and Verity Elizabeth Irvine. *Jordan.* 2 May 2020. Encyclopædia Britannica, inc. 18 May 2020. <https://www.britannica.com/place/Jordan>.

Burleigh, Michael and Wolfgang Wippermann. "The Racial State." Burleigh, Michael. *The Racial State*. Reprint. Cambridge University Press, 1991. 40.

Cline, Austin. *Adolf Hitler on God: Quotes Expressing Belief and Faith*. 7 August 2007. Learn Religions. 18 May 2020. <https://www.learnreligions.com/adolf-hitler-on-god-quotes-248193>.

Cohen, Philip J. "Eugenia & Hugh M. Stewart '26 Series: Serbia's Secret War." *Serbia's Secret War: Propaganda and the Deceit of History*. Reprint. Vol. 2. Texas A&M University Press, 1996. 123.

Encyclopaedia Britannica. *The Colonial and Postcolonial Middle East*. Ed. Bailey Maxim. First. Rosen Publishing, 2016.

Fassihi, Farnaz. *Fourteen of 15 Security Council Members Denounce US Stance on Jerusalem*. 9 December 2017. The Wall Street Journal. 24 May 2020. <https://www.wsj.com/articles/fourteen-of-15-security-council-members-denounce-u-s-stance-on-jerusalem-1512777971>.

Florida Center for Instructional Technology. *Map of Jewish expulsions and resettlement areas in Europe*. 2013. 18 May 2020.

Fordham University. *Internet History Sourcebooks Project | Medieval Sourcebook: Constantine I: On the Keeping of Easter*. 1996. Paul Halsall. 18 May 2020. <https://sourcebooks.fordham.edu/source/const1-easter.asp>.

Gaines, Adrienne S. *Todd Bentley's New Wife Breaks Silence*. 2009. Charisma Magazine. 18 May 2020. <https://www.charismamag.com/site-archives/570-news/featured-news/7046-todd-bentleys-new-wife-breaks-silence>.

Gerstenfeld, Manfred. *The Origins of Christian Anti-Semitism*. 25 November 2012. 18 May 2020. <https://jcpa.org/article/the-origins-of-christian-anti-semitism/>.

Goldhagen, Daniel J. *Hitler's Willing Executioners: Ordinary Germans and the Holocaust.* Vintage, 2007.

Gottesman, Itzik. *When Christmas Was a Time of Fear for Jews*. 18 December 2019. 18 May 2020. <https://forward.com/yiddish/436870/when-christmas-was-a-time-of-fear-for-jews/>.

Haaretz.com. *Hundreds of Jews Massacred in Prague on Easter.* 2019. 18 May 2020. <https://www.haaretz.com/hblocked?returnTo=https%3A%2F%2Fwww.haaretz.com%2Fjewish%2F.premium-1389-hundreds-of-jews-massacred-in-prague-on-easter-1.5432665>.

Harries, Richard. *After the Evil: Christianity and Judaism in the Shadow of the Holocaust.* Oxford University Press, 2003.

Hay, Malcolm. *Roots of Christian Anti Semitism.* Anti Defamation League of Bnai, 1984.

Heschel, Susannah. "The Aryan Jesus." Heschel, Susannah. *The Aryan Jesus: Christian Theologians and the Bible in Nazi Germany.* Princeton University Press, 2010. 20.

History.com Editors. *Balfour Declaration letter written*. 16 November 2009. 18 May 2020. <https://www.history.com/this-day-in-history/the-balfour-declaration>.

—. *Pogroms*. 21 August 2018. A&E Television Networks. 18 May 2020. <https://www.history.com/topics/russia/pogroms>.

Hitler, Adolf. "Mein Kampf." *Mein Kampf.* 1926. 60.

Ireland, Corydon. *The pogrom that transformed 20th century Jewry*. 9 April 2009. Harvard Gazette. 18 May 2020.

<https://news.harvard.edu/gazette/story/2009/04/the-pogrom-that-transformed-20th-century-jewry/>.

Israel Ministry of Foreign Affairs. *Israel's humanitarian aid efforts.* 2014. 19 May 2020. <https://mfa.gov.il/MFA/ForeignPolicy/Aid/Pages/Israel_humanitarian_aid.aspx>.

Joslyn-Siemiatkoski, Daniel. *Why Good Friday was dangerous for Jews in the Middle Ages and how that changed.* 15 April 2019. 18 May 2020. <https://theconversation.com/why-good-friday-was-dangerous-for-jews-in-the-middle-ages-and-how-that-changed-114896>.

Keter Books. "Israel Pocket Library: Anti-Semitism." *Israel Pocket Library: Anti-Semitism.* Jerusalem: Keter Books, 1974.

Koyzis, Nancy Calvert. *Paul, Monotheism and the People of God.* Continuum International Publishing Group, 2004.

Liardon, Roberts. *God's Generals: Smith Wigglesworth.* Whitaker House, 2001.

Luther, Martin. *On The Jews and Their Lies.* Ed. Coleman Rydie. Trans. Martin H. Bertram. Coleman Rydie, 2008.

—. *On The Jews and Their Lies, Luthers Works.* Trans. Martin H. Bertram. Vol. 47. Fortress Press, 1971.

MacCulloch, Diarmaid. *Reformation: Europe's House Divided 1490-1700.* Penguin UK, 2004.

Marans, Noam E. *On Luther and his lies.* 11 October 2017. 18 May 2020. <https://www.christiancentury.org/article/critical-essay/on-luther-and-lies>.

McNeil, Sam. *Israel treating thousands of Syrians injured in war.* 8 April 2017. The Independent. 19 May 2020. <https://www.independent.co.uk/news/world/middle-east/

israel-syria-assad-treating-airstrikes-military-wounded-injured-war-a7673771.html>.

Merry, Sidney. "How the State Controls Society." *How the State Controls Society*. Null. Lulu.com, 2008. 220.

Michael, Robert. *A History of Catholic Antisemitism: The Dark Side of the Church*. 1. Palgrave Macmillan US, 2011.

Morris, Benny. *What caused the Palestinian refugee crisis?* 14 January 2004. The Guardian. 19 May 2020. <https://www.theguardian.com/world/2004/jan/14/israel>.

NBC News. Ed. Janelle Griffith. NBC News. 28 January 2020. Talk Show.

Nicholls, William. "Christian Antisemitism: A History of Hate." Nicholls, William. *Christian Antisemitism: A History of Hate*. 1. Lanham, Maryland, Boulder, Colorado, New York City, New York, Toronto, Ontario, and Oxford, England: Rowman & Littlefield Publishers, Inc., 1993. 178-187.

Nirenburg, David. "The Rhineland Massacres of Jews in the First Crusade." Nirenburg, David. *The Rhineland Massacres of Jews in the First Crusade: Memories Medieval and Modern*. Cambridge University Press, 2002. 279-310.

Outler, Albert C. "Augustine: Confessions Newly translated and edited." *Augustine: Confessions Newly translated and edited*. 1. Prod. Texas Southern Methodist University Dallas. Dallas, n.d. 18 May 2020. <https://www.ling.upenn.edu/courses/hum100/augustinconf.pdf>.

"Pantheon (Religion)." Wikipedia, Wikimedia Foundation, 31 July 2020, <https://en.wikipedia.org/wiki/Pantheon_(religion)>.

Percival, Henry R. "The Nicaean & Post-Nicaen Fathers." *The Nicaean & Post-Nicaen Fathers*. Vol. XIV. T. & T. Clark Publishers, 1979. 54-55.

Rohrer, Sam. *4/8/20 - Connecting COVID-19 and God's Message to the World*. 8 April 2020. 19 May 2020. <https://subsplash.com/americanpastors/lb/mi/+hjfspf6>.

Süss, René and Martin Luther. *Luthers theologisch testament*. 2. VU University Press, 2010, n.d.

Sandhu, Serina. *The 32 countries that support the US embassy moving to Jerusalem*. 15 May 2018. inews. 19 May 2020. <https://inews.co.uk/news/world/the-32-countries-that-support-the-us-embassy-moving-to-jerusalem-291611>.

Sasse, Martin. *Martin Luther and the Jews*. CPA Books, 1998.

Seltman, Muriel. *The Changing Faces of Antisemitism*. Troubador Publishing Ltd, 2015.

Telegraph.co.uk. *Centuries of Christian anti-Semitism led to Holocaust, landmark Church of England report concludes*. The Telegraph. 5 May 2020. November 21 2019. < https://www.telegraph.co.uk news/2019/11/21/centuries-christian-anti-semitism-led-hol caust-landmark-church/>

Text of the Balfour Declaration. 2020. 24 May 2020. <https://www.jewishvirtuallibrary.org/text-of-the-balfour-declaration>.

The Darker Side of Martin Luther. *Constructing the Past: The Darker Side of Martin Luther*. n.d. Emily Paras. <https://www.iwu.edu/history/constructingthepastvol9/Paras.pdf>.

The Editors of Encyclopaedia Britannica. *Haskala | Judaic movement | Britannica*. 2020. 18 May 2020. <https://www.britannica.com/topic/Haskala>.

The Jerusalem Post. *An American Holocaust? Antisemitism in the 21st Century, Part One of Three*. 16 March 2014. David Turner. 18 May 2020. <https://www.jpost.com/Blogs/The-Jewish-Problem---From-anti-Judaism-to-anti-Semitism/An-American-Holocaust-Antisemitism-in-the-21st-Century-Part-One-of-Three-363922>.

—. *World Council of Churches trainees use antisemitic rhetoric, advocate BDS*. 14 January 2019. Lahav Harkov. 18 May 2020. <https://www.jpost.com/diaspora/antisemitism/world-council-of-churches-trainees-use-antisemitic-rhetoric-advocate-bds-577256>.

The Librarians. *Mark Twain in Palestine - "A Hopeless, Dreary, Heart-Broken Land."* 5 November 2018. 18 May 2020. <https://blog.nli.org.il/en/mark-twain-in-palestine/>.

The Sabbath Sentinel. "Council of Laodicea – 364 AD." *The Sabbath Sentinel*, The Sabbath Sentinel, 10 Nov. 2016, sabbathsentinel.org/2016/11/10/council-of-laodicea-364-ad/amp/.

TIME.com. *Religion: Luther Is to Blame*. 6 November 1944. 18 May 2020. <http://content.time.com/time/magazine/article/0,9171,803412,00.html>.

UN Watch. *2019 UN General Assembly Resolutions Singling Out Israel – Texts, Votes, Analysis - UN Watch*. 19 November 2019. 18 May 2020. <https://unwatch.org/2019-un-general-assembly-resolutions-singling-out-israel-texts-votes-analysis/>.

United States Department of State. *Defining Anti-Semitism - United States Department of State*. 6 March 2020. 18 May 2020. <https://www.state.gov/defining-anti-semitism/>.

VU University Press. *Luthers theologisch testament*. 2018. 18 May 2020. <https://www.vuuniversitypress.com/product/luthers-theologisch-testament/>.

Wikipedia Contributors. *Aliyah Bet*. 14 April 2020. Wikimedia Foundation. 18 May 2020. <https://en.wikipedia.org/wiki/Aliyah_Bet>.

—. *Antisemitism in Christianity*. 3 May 2020. 18 May 2020. <https://en.wikipedia.org/wiki/Antisemitism_in_Christianity#Church_Fathers>.

—. *Benjamin Disraeli*. 15 May 2020. Wikimedia Foundation. 18 May 2020. <https://en.wikipedia.org/wiki/Benjamin_Disraeli>.

—. *Big lie*. 2 May 2020. Wikimedia Foundation. 18 May 2020. <https://en.wikipedia.org/wiki/Big_lie>.

—. *Demographic history of Palestine (region)*. 2 May 2020. Wikimedia Foundation. 18 May 2020. <https://en.wikipedia.org/wiki/Demographic_history_of_Palestine_(region)#cite_ref-44>.

—. *First Crusade*. 16 May 2020. 18 May 2020. <https://en.wikipedia.org/wiki/First_Crusade>.

—. *Identity Theft*. 4 May 2020. Wikimedia Foundation. 18 May 2020. <https://en.wikipedia.org/wiki/Identity_theft>.

—. *Jewish deicide*. 12 April 2020. Wikimedia Foundation. 24 May 2020. <https://en.wikipedia.org/wiki/Jewish_deicide>.

—. *Jewish National Fund*. 3 March 2020. Wikimedia Foundation. 2020 May 2020. <https://en.wikipedia.org/wiki/Jewish_National_Fund>.

—. *List of United Nations resolutions concerning Israel*. 17 March 2020. Wikimedia Foundation. 18 May 2020. <https://en.wikipedia.org/wiki/List_of_United_Nations_resolutions_concerning_Israel>.

William, Koenig R. *Eye to Eye: Facing the Consequences of Dividing Israel*. Revised. Christian Publications, 2017.

Wood, Christopher S. "Albrecht Altdorfer and the Origins of Landscape." Wood, Christopher S. *Albrecht Altdorfer and the Origins of Landscape*. London: Reaktion Books, 1993. 251.

World Israel News. *WZO report: 18% spike in global anti-Semitism*. 20 April 2020. <https://worldisraelnews.com/wzo-report-18-spike-in-global-anti-semitism/>.

YashaNet. *Anti-Semitism of the "Church Fathers."* 2019. 18 May 2020. <http://www.yashanet.com/library/fathers.htm>.

Zionism-Israel. *Zionism & Israel Information*. 2020. 14 April 2020. <http://www.zionism-israel.com/bio/E_Ben_Yehuda_biography.htm>.

—. *Zionism & Israel Resources*. 2020. 14 April 2020. <http://www.zionism-israel.com/bio/echad_haam.htm>.

www.ingramcontent.com/pod-product-compliance
Lightning Source LLC
Chambersburg PA
CBHW021423070526
44577CB00001B/26